LES

HARMONIES

DE L'ÊTRE.

אהיה אשר אהיה

L'ÊTRE EST ÊTRE.

Sceaux. — Imprimerie de E. Dépée.

LES

HARMONIES

DE L'ÊTRE,

EXPRIMÉES PAR LES NOMBRES

OU

Les lois de l'Ontologie, de la Psychologie, de l'Éthique, de l'Esthétique et de la Physique, expliquées les unes par les autres et ramenées à un seul principe.

PAR

P. F. G. LACURIA

TOME SECOND.

PARIS
COMPTOIR DES IMPRIMEURS-UNIS
15, QUAI MALAQUAIS

1847.

CHAPITRE XXIV.

CONSÉQUENCES ET CONJECTURES.

Voilà donc les deux vies de l'homme distinguées et dessinées nettement par chacune de leurs facultés. Cependant elles sont enchaînées l'une à l'autre par d'indissolubles liens, elles sont plus ou moins dépendantes l'une de l'autre, elles agissent et réagissent l'une sur l'autre; leurs deux actions sont tellement mêlées qu'il devient impossible de préciser leurs limites respectives, et surtout d'apprécier d'une manière exacte où s'arrêterait l'une si elle n'était élevée par l'autre, encore moins jusqu'où irait l'autre si elle n'était arrêtée par la première.

Nous avons devant les yeux plusieurs exemples de la vie animale abandonnée à elle-même; et quoique la vie animale soit bien plus parfaite dans l'homme, celle des animaux peut nous donner néanmoins une idée approximative des limites qu'on peut lui assigner dans l'homme même. Mais qui nous dira ce que pourrait la vie intelligente, débarrassée du fardeau de sa compagne? qui nous révélera sa puissance? Peut-être est-ce un bien que l'homme ne la connaisse pas? peut-être Dieu lui a-t-il ôté cette connaissance, comme on ôte des mains de l'enfant une arme tranchante et dangereuse?

Il y aurait cependant à ce sujet d'intéressantes questions à résoudre. Voyons si nous pourrons arriver à des résultats satisfaisants, en nous aidant quelquefois du secours de la conjecture.

Toutes les intelligences sont-elles créées aussi grandes, aussi puissantes les unes que les autres? Cela n'est ni nécessaire, ni probable; cela n'est pas nécessaire, car les intelligences créées, par là même qu'elles sont finies et en tant qu'elles sont finies, sont capables de plus et de moins; cela n'est pas probable, car nous voyons Dieu créateur former toutes les séries d'êtres sur des échelles ascendantes et descendantes; les anges mêmes nous apparaissent, dans la révélation, distribués par ordre de grandeur et de puissance, depuis les séraphins jusqu'aux plus simples anges; et lors même qu'on voudrait attribuer la différence de leur grandeur au mérite plus ou moins grand de leur combat pendant l'épreuve, on serait obligé de reconnaître, dès le principe, un ange plus grand et plus beau que tous les autres, Lucifer, qui a trouvé dans sa grandeur même une occasion de sa perte.

Mais quoique les intelligences soient naturellement différentes, il nous est impossible d'apprécier cette différence dans les individus, parce qu'il nous est impossible de calculer quelle est la force de l'obstacle qu'elle trouve à sa manifestation dans la vie animale de ce même individu.

Autre question. Un esprit peut-il être créé mauvais, c'est-à-dire tourné vers le mal? Non, cela répugne à la sainteté de Dieu. Tout ce qui sort immédiatement de Dieu est bon; autrement Dieu serait auteur du mal. Toute intelligence est donc créée pure et libre, elle est placée à son point de départ entre deux routes, celle du bien et celle du mal; mais elle n'est tournée vers aucune, et la route qu'elle prendra dépendra de son libre vouloir.

Nous pouvons faire les mêmes questions sur l'âme animale. L'âme sensible naît-elle plus ou moins parfaite dans les différents individus? La possibilité et la raison de cette différence est bien plus facile à concevoir dans l'âme animale que dans l'intelligence, car ce qui fait l'individualité ou la différence des êtres, c'est leur forme. Or, comme nous l'avons vu, l'âme animale n'a d'autre forme que le corps; la différence des corps entraîne donc celle des âmes, et ici les faits répondent d'une manière péremptoire à notre interrogation, car nous avons devant nos yeux la vie animale, réalisée dans tous ses degrés de puissance et de développement, depuis l'huître jusqu'au singe et à l'homme. Cette différence de grandeur n'est guère moins frappante dans l'homme, pour celui qui se donne la peine d'observer. Quelle différence en effet entre organisation et organisation, entre le nègre et le blanc, entre un crétin et Alcibiade, en qui la nature, dit Cornélius Nepos, semblait avoir épuisé son savoir-faire!

Ce que nous venons de dire peut jeter un grand jour sur la question de la phrénologie. La phrénologie, comme toute science encore incomplète, est mêlée de vérités et d'erreurs; elle a donné lieu à de graves disputes sur la liberté de l'homme, mais bien à tort, ce me semble. Nous voyons bien la phrénologie triomphante dans tout le règne animal : chaque animal exprime par ses actions ce qu'indique la forme de son crâne; les exceptions sont comme nulles; mais appliquée à l'homme, au contraire, la phrénologie a reçu de formels démentis. Qu'est-ce que cela prouve? sinon que la phrénologie n'a découvert que les lois de la vie animale, et que dans l'homme il y a une vie supérieure dont elle ignore les secrets. Cette conformation cérébrale, ces inclinations écrites avec de la matière présentent, il est vrai, quelque chose de fatal qui repousse l'idée de liberté; mais c'est qu'en effet l'âme animale n'est pas libre. Il est donc clair d'un côté, que ces *bosses*, comme on les appelle, n'ont aucun droit sur la vie supérieure et libre qui doit dominer dans l'homme, mais qu'elles doivent exprimer exactement l'état de la vie animale, puisqu'elles en sont la forme même.

La matière cérébrale peut se diviser en divers groupes qui correspondent aux facultés animales; les yeux et le front répondent aux sens et à l'imagination; le dôme du crâne loge les formes de la sensibilité; les côtés de la tête, le cercle qui va des tempes derrière les oreilles renferme les organes de la spontanéité; le cervelet c'est l'amour, et la moelle épinière avec ses sympathiques veille aux fonctions vitales. La moelle épinière n'a pas donné lieu aux observations; comme la vie qu'elle exprime matériellement, elle est aveugle, fatale et insondable dans ses opérations. Quoique ces formes de la vie animale ne soient pas la loi de la vie spirituelle, elles ont cependant une influence sur elle : cette influence n'est pas la même dans tous les groupes. C'est toujours par le côté négatif que les êtres entrent en contact; c'est par ce côté qu'ils ont le plus d'influence les uns sur les autres : l'influence de la forme animale sur l'être spirituel doit donc être à son maximum à l'endroit où étant la plus négative, elle agit comme limite, c'est-à-dire à l'endroit qui exprime les sens et l'imagination; en effet, à cet endroit, son influence est irrésistible ; l'intelligence ne peut se passer des images pour s'exprimer elle-même. Si donc le front est privé des *bosses philosophiques*, c'est-à-dire du sens des images qui correspondent aux idées philosophiques, ces idées brilleront dans la région spirituelle, comme des éclairs qui disparaissent en naissant, qui éblouissent sans éclairer, qui sont inutiles parce qu'on ne peut ni les saisir, ni les conserver. Celui qui, au contraire, a le sens de ces images, incarnera par leur moyen les idées philosophiques à mesure qu'elles se présenteront, et il les possédera. Mais hors de là, la raison reprend ses droits ; elle peut rester indépendante des formes de la sensibilité. Celui qui n'a pas le sens de la bienveillance, de la justice ou de la vénération, peut être bienveillant, juste et pieux par la seule force de sa raison. C'est dans la région de la spontanéité que la vie animale a l'action la plus positive, et c'est là qu'elle peut être domptée plus complétement.

On peut remarquer une différence complète entre le crâne de l'homme et celui des animaux : on ne voit point chez ces derniers ce front large et haut qui imprime tant de majesté à la figure humaine ; on ne voit point non plus cette noble voûte arrondie comme un des soleils du ciel, et qui semble dans son épaisse chevelure jeter des flots de lumière, de grâce et de beauté. Tout au contraire, chez eux, le front et le haut de la tête sont supprimés, le nez et les yeux, obligés de se rejeter en arrière pour se rejoindre au reste du crâne, forcent la figure à s'allonger en un ignoble museau. Les parties du crâne supprimées chez les animaux sont celles qui correspondent à la sensibilité qui contient le sens des rapports des êtres les uns avec les autres, et à l'imagination qui contient et conserve toutes les variétés de la distinction; on peut donc conclure de l'inspection phrénologique de l'animal que sa sensibilité, quoique vive peut-être, est restreinte dans des limites très étroites, et que son imagination est presque nulle. Cela convenait en effet, car les rapports que les animaux ont à soutenir avec les êtres sont très peu nombreux, tandis que nos rapports, soit avec Dieu, soit avec nos semblables, sont très multipliés; d'autre part, les images sans nombre qui correspondent aux idées seraient inutiles à l'animal qui n'a point d'idée. Mais l'animal a besoin autant que nous de vivre, de voir, d'agir, de se reproduire; c'est pourquoi les parties de la matière cérébrale qui correspondent à ces facultés sont quelquefois aussi développées chez lui que chez nous.

Toutefois il serait encore bien possible que l'âme animale échappât en partie à l'œil observateur du phrénologue. L'âme animale est informée par la matière; mais nous avons vu qu'il y avait deux matières, la matière négative et inerte, dont nous avons étudié les propriétés, et la matière positive ou les trois fluides impondérables. Puisque l'âme a la puissance d'organiser si admirablement et d'absorber dans son individualité la matière inerte qui forme son corps visible, pourquoi n'aurait-elle pas la même puissance sur la matière éthérée des fluides, qui se rapproche davantage d'elle par sa forme positive? On peut donc supposer, et les faits magnétiques dont on parle beaucoup dans le monde appuient cette idée, on peut supposer, dis-je, que l'âme a deux organisations correspondantes, l'une purement matérielle, l'autre fluidique, et il paraît même très naturel que ce soit par l'intermédiaire de l'organisation plus parfaite qu'elle agisse sur l'autre, et que c'est au moyen de cette matière si subtile que les ordres de l'âme courent avec la rapidité de l'éclair, d'un bout de son domaine à l'autre. Ceci posé, il pourrait s'opérer dans l'âme animale, par le moyen du fluide, bien des changements qui ne laisseraient aucune trace visible.

Au reste, cette hypothèse est loin d'être neuve; on la retrouve dans les livres sacrés des Indiens. Voici ce qui est dit dans l'*Oupnek'hat* : « Nous avons trois corps, le corps grossier (*asthoul*), le corps vivant et agissant (*karn*), et le corps subtil ou presque spirituel (*soutchem*). » (*Journal Asiatique*, tome II, page 275.) Il y a déjà longtemps que cette pensée a été reprise avec de nouveaux développements; car voilà ce que j'ai lu dans un livre de sèche et rigoureuse philosophie, daté de 1755, et sans nom d'auteur : « La souveraine sagesse a de grandes vues sur l'homme; elle a placé au dedans de lui le germe d'une immortalité glorieuse; mais qu'est-ce que ce germe qui doit se développer un jour avec tant d'éclat? Un voile épais le dérobe à nos faibles yeux et ne laisse à notre curiosité avide que la ressource des conjectures. Ce germe serait-il un corps organique de matière éthérée, ou d'une matière analogue à celle de la lumière? serait-il le véritable siége de l'âme? le corps calleux n'en serait-il que l'enveloppe grossière? les esprits animaux eux-mêmes seraient-ils d'une matière analogue à celle de la lumière ou de la matière électrique? l'action des viscères n'aurait-elle pour but que de séparer ce feu élémentaire des aliments dans lesquels on sait qu'il est renfermé? les nerfs ne seraient-ils que les cordons destinés à la transmission de cette matière dont la rapidité est si merveilleuse? le corps éthéré contiendrait-il en petit tous les organes du corps glorieux que la foi espère, et que saint Paul nomme corps spirituel par opposition au corps animal? la résurrection ne serait-elle que le développement prodigieusement accéléré de tous ces organes? »

« Tout n'est que changement et développement. Contenus originairement en petit dans les germes, les corps organisés ne font que se développer, et l'instant où ce développement commence, est ce que nous nommons improprement génération. La nature prépare de loin ses productions; elle les fait passer successivement par différentes formes pour les élever enfin au dernier terme de leur perfection. Quelle distance entre la plante renfermée encore dans la graine, et cette même plante parvenue à son parfait accroissement! Quelle différence entre la chenille et le papillon qui en doit naître! entre ce ver, hérissé de poils, qui rampe pesamment sur la terre et qui ne se nourrit que d'aliments grossiers, et cet animal, paré des plus riches couleurs, qui fend l'air d'un vol léger et ne vit que de rosée! Cependant, la chenille est un véritable papillon sous une forme empruntée; la main savante d'un Swammerdam ou d'un Réaumur sait faire tomber ce masque, et produire à nos yeux surpris les parties propres au papillon.

« L'homme ne paraît pas non plus ici-bas sous sa véritable forme; ce n'est point lui que nous voyons, ce n'est que cette enveloppe terrestre qu'il doit rejeter. La mort, si redoutable au vulgaire, n'est pour une âme philosophique, que la mue qui doit précéder une heureuse transformation (1). »

M. Lamennais, cherchant à expliquer, dans son *Esquisse d'une Philosophie*, l'état qu'on appelle somnambulisme, état naturel chez les personnes cataleptiques, et factice chez les personnes magnétisées, s'exprime en ces termes : « Ceci ne saurait se concevoir, à moins qu'on ne suppose que le somnambule, dans l'état de veille et dans l'état de somnambulisme, vit sous des conditions organiques diverses,

(1) Essai de Psychologie ou considérations sur les opérations de l'âme, sur l'habitude et sur l'éducation. Londres, 1755. Chap. LXXV.

en d'autres termes, qu'il existe en lui deux systèmes d'organismes indépendants l'un de l'autre en une certaine mesure, l'un habituellement en exercice, l'autre, pour ainsi parler, habituellement latent; le premier, déterminant dans la phase actuelle de notre existence, notre mode de relation avec le monde extérieur; le second, renfermé dans le premier comme un germe que le temps développera, et se manifestant en des circonstances rares et singulières par le mode particulier de relation qu'il détermine, image et faible essai de cette vie future dont le genre humain a le pressentiment. »

Quoi qu'il en soit, il est physiquement certain que les trois fluides entrent dans notre organisation; ce qui n'est pas admis par tous, mais qui tend de jour en jour à s'établir plus fortement, c'est que ces fluides forment en nous un organisme spécial qui a une action à part et peut même se séparer de l'autre.

L'âme sensible peut-elle naître mauvaise, c'est-à-dire tournée au mal? Ici, il faut distinguer : Au mal absolu? non. Au mal relatif? oui. Expliquons-nous : Il n'y a point de mal absolu sans la liberté; l'âme sensible n'est pas libre par elle-même, donc elle ne peut être dans le mal absolu. L'âme animale, informée par la matière, peut exprimer les mêmes choses qu'elle, sans être plus mauvaise que cette même matière trouvée bonne par Dieu dès le commencement; la cruauté du tigre et la malice du singe ne sont pas plus mauvaises en elles-mêmes que la dureté de la pierre et les épines du buisson; ces êtres se manifestent par leur forme et leur sensibilité, il n'en peut être autrement. Mais la question change complétement si on passe du sens absolu au sens relatif. Ces mêmes penchants innocents dans le tigre et le singe, deviennent des monstruosités si on les suppose dans l'être spirituel dont la forme doit être la justice et qui doit exprimer au dehors l'harmonie universelle. Supposons donc ces deux vies mêlées et unies, les instincts de l'âme seront une invitation au mal pour les nobles facultés de la seconde; la vie inférieure sera donc méchante et mauvaise relativement à l'autre.

Ici se présente encore une autre question. Cet accouplement bizarre de deux natures, non-seulement différentes, mais ennemies l'une de l'autre, cette conformation préétablie et malfaisante de l'âme animale, cette résistance opiniâtre, désespérée de sa part, et telle quelquefois qu'elle ne peut être vaincue que par sa destruction, tout cela peut-il être regardé comme l'état normal de l'homme, l'état dans lequel Dieu l'a créé, approuvant lui-même son ouvrage? Non, mille fois non, je défie de donner aucune preuve ni réelle, ni vraisemblable d'une pareille assertion; le simple bon sens se révolte à cette idée; les hommes l'ont toujours repoussée loin d'eux; dans toute religion, il y a un âge d'or, et personne n'a jamais voulu, dans l'être misérable qu'on appelle homme, voir l'œuvre primitive du Créateur, parce qu'une pareille création répugnait à l'idée qu'on avait de sa bonté.

On dit : Tout, dans la nature, commence par être petit et incomplet; la perfection n'arrive qu'avec le développement; ne fallait-il pas que, selon la loi générale, Dieu formât l'homme petit et incomplet, laissant au développement le soin d'amener la perfection? Cette objection pèche par la base, car elle est tout-à-fait en dehors de la question. L'argument aurait quelque force s'il s'agissait simplement, pour l'homme, de petitesse et d'imperfection, car tous les degrés de grandeur et de petitesse se trouvant dans l'idée du non-être, on conçoit que Dieu ait pu vouloir les réaliser, mais ici il n'y a pas plus ou moins de grandeur, mais disproportion, manque d'harmonie, désordre ; or, dans Dieu, il n'y a nulle disproportion, car, dans sa pensée même, tout est harmonique ; aussi l'harmonie est le cachet de toute œuvre divine ; la désharmonie, c'est le désordre ; si Dieu créait un être dans le désordre, il serait l'auteur du mal ; il a donc pu créer l'homme à un degré quelconque d'ignorance, mais non dans l'erreur ; il a pu le créer plus ou moins parfait, mais il n'a pu lui donner deux natures contradictoires ; ainsi donc, lors même que la révélation ne nous le dirait pas formellement, la raison nous indiquerait que le désordre qui est dans notre nature, ne pouvant venir de Dieu, a nécessairement une autre source.

Dieu a donc créé l'homme beau et heureux, et s'il lui a donné deux natures, il les lui a données dans une parfaite harmonie l'une avec l'autre, c'est-à-dire que la vie animale, soumise, souple, à la volonté intelligente, était prête à obéir à son moindre signe. L'homme était bien alors le roi de la création ; sa volonté et son intelligence, nullement entravées par la vie inférieure, se développaient largement et librement, et par cette vie inférieure, instrument docile entre ses mains, il dominait toute la nature, selon le dessein de Dieu : *Faisons l'homme à notre image et ressemblance, qu'il commande aux poissons de la mer, aux oiseaux du ciel, aux animaux et à toute la terre, et à tout reptile qui se meut dans la terre.*

Comment a pu se perdre tant de grandeur ? il est facile de le comprendre. Dieu a créé l'homme libre de choisir entre le bien et le mal ; trompé par l'esprit de mensonge, il a fait un pas vers le mal : qu'a-t-il dû arriver ? Pour s'en faire une juste idée, il faut se souvenir que tout avait été mis par Dieu sous cette volonté puissante, la vie sensible, le corps, les animaux et toute la nature. Or, plus tout cela était soumis à la volonté de l'homme, plus le désastre a dû être épouvantable; cette volonté a tout entraîné dans sa chute, elle a imprimé le sceau du mal à tout ce qui était sous le coup de sa puissance; la terre entière a été frappée de stérilité, et toute la nature animale dégradée comme l'indique ce texte de saint-Paul : *Vanitati etiam creatura subjecta est non volens,* « La créature a été malgré elle soumise au mal. » Mais surtout cette vie sensible qui était en lui-même et qui a reçu le premier coup a été atteinte d'une blessure profonde, et qu'il n'était pas au pouvoir même d'Adam de guérir, car c'est une loi et une nécessité que tout être qui se dégrade perd de sa puissance; la volonté d'Adam ne pouvait relever la masse qu'elle avait ébranlée dans le moment de sa force. Peut-être fût-ce une nécessité, peut-être une miséricorde de Dieu que cette condamnation à la mort, car la mort, d'après ce que nous avons dit, ce n'est plus seulement une dissolution du corps, mais aussi l'extinction réelle d'une des deux vies de l'homme, de son moi sensible; cette extinction entraînée par la dissolution du corps était le moyen le plus efficace pour effacer et détruire cette dégradation imprimée par le péché; le tombeau devient, pour cette vie animale, un bain dont elle peut ressortir neuve et pure à la résurrection.

Comment le triste héritage d'Adam est-il parvenu jusqu'à nous? Cette question dépend d'une autre. Qu'est-ce que la génération nous transmet de la nature humaine? Quelques philosophes ont prétendu que les esprits devaient s'engendrer comme les corps et en même temps qu'eux, mais je crois qu'ils se trompent. Dans tout ce que la révélation nous apprend de l'histoire des anges, rien ne fait soupçonner qu'ils soient engendrés les uns par les autres;

or, c'est de là seulement qu'on pourrait tirer une preuve directe de la reproduction des esprits. Tout au contraire, cette reproduction est inconciliable avec la liberté. Où en serait le monde, si le père transmettait à ses enfants sa volonté? Celui dont la volonté est enracinée dans le mal ne pourrait enfanter autre chose que des scélérats de naissance, pourrait-on parler encore de l'innocence de l'enfance?

Mais, dit-on, pourquoi des créatures si parfaites seraient-elles privées d'une des plus belles perfections de Dieu, la fécondité qu'il a communiquée même aux êtres inférieurs? Il y a plusieurs manières de concevoir la fécondité; il me semble que c'est précisément parce qu'ils sont faits à l'image de Dieu, que les esprits ne s'engendrent pas les uns les autres. En effet, dit-on que Dieu a engendré les créatures? Non, il les a créées; Dieu n'a engendré qu'une fois, et il a engendré son fils unique, le Verbe. Dieu n'engendre donc pas en dehors de lui, et sa fécondité génératrice s'épuise dans le sein de sa propre nature. Or, on voit que les choses se passent ainsi dans la vie intelligente; la vie engendre l'intelligence qui est son fils; elle s'épanouit dans sa petite trinité, complète par son activité ses sept termes, et lorsque arrivée à la sainteté elle multiplie son être, elle le multiplie sans le diviser, parce qu'elle le multiplie dans l'unité; l'esprit est donc fécond, mais il l'est à la manière de Dieu de qui il est l'image.

L'âme animale, au contraire, manque de la fécondité radicale, puisque sa forme qui est matérielle, au lieu d'être engendrée par elle, lui est imposée; la reproduction de l'être animal ne représente pas la fécondité radicale de Dieu le Père.

Lorsque l'âme animale réalise la faculté complémentaire de son être ou l'amour sensible, elle acquiert la puissance de multiplier cette même forme qu'elle n'avait pu engendrer d'abord, mais cette forme toute matérielle est soumise aux conditions négatives de la matière, elle ne peut se multiplier qu'en se divisant, et elle se reproduit en cessant d'être elle-même. Ainsi donc, l'âme animale, à la manière imparfaite des plantes qui ne sont que matière, se reproduit dans la division; l'esprit, imitant la fécondité de Dieu même, engendre et se multiplie dans l'unité, que pourrait-il donc regretter?

Il nous est facile maintenant de préciser ce qui est transmis par la génération. D'abord rien ne se transmet de la vie intelligente; quant à la vie animale, ce n'est pas la vie même ou la substance qu'un père donne à son fils; Dieu seul dispense la vie, parce que la vie, une, indivisible et infinie par conséquent dans son essence, ne peut venir que de l'infini qui se donne lui-même; la vie de Dieu, de l'homme père et de son fils est toujours la même vie; c'est la forme, comme nous l'avons déjà vu, qui fait la personnalité et l'individualité, qui fait qu'un être n'est pas un autre être; c'est donc la forme seulement de l'âme animale qui est transmise par la génération, forme matérielle qui est le double organisme négatif et positif, le corps grossier et le corps fluide. Il suit de tout ceci que la tache originelle ne peut être ailleurs que dans cette forme matérielle de l'âme transmise par le père, et comme la forme est une partie constituante de l'être, le péché ne peut être dans la forme de l'âme sans qu'il soit vrai de dire qu'il est dans l'âme même. Adam, en transmettant à ses descendants sa forme défigurée, inclinée au mal et rebelle à la volonté, a donc fait passer le péché dans toutes les âmes qui ont eu un père parmi les hommes.

Adam a fait passer la nature humaine du bien au mal, en

outre la puissance qu'avait sa volonté a donné à cette première dégradation un caractère spécial de ténacité et de contagion ; mais, quoique dans un moindre degré, une foule de péchés originels sont venus se surajouter au premier, avec cette différence que le premier a fait passer du bien au mal et que les seconds aggravent seulement un mal commencé. On a vu en effet des familles, des peuples entiers se dégrader peu à peu dans le vice ; on voit le plus souvent les enfants montrer, dès le jeune âge, les inclinations de leurs parents, c'est-à-dire qu'ils ont une volonté libre de combattre ou de céder, mais qu'ils ont une âme qui a déjà ses habitudes et ses penchants, une âme, en un mot, engendrée par celle de ses parents et telle que les parents se l'étaient formée à eux-mêmes par l'action de leur volonté.

Ne conçoit-on pas cependant que la volonté se souille en entrant en contact avec cette âme pervertie et imprégnée de l'influence d'une autre volonté mauvaise? N'est-elle pas compromise par la solidarité qu'établit entre elle et cette âme l'unité de personne ? Un être ainsi composé qui renferme en lui non pas seulement un désordre matériel, mais un mal vivant, n'a-t-il pas quelque chose qui doit répugner à la sainteté de Dieu ? Il faut donc qu'avant d'oser se présenter devant lui cette volonté efface cette souillure. Cette souillure étant dans une nature qui n'est pas libre, peut s'effacer par une cause étrangère, on conçoit donc qu'elle puisse être détruite soit par la volonté même qui lui est adjointe, soit par la volonté de Dieu opérant seule dans le sacrement de baptême. Aussi dit-on que les enfants morts sans baptême ne sont pas admis à la vision intuitive ; c'est qu'en effet, privés de l'action extérieure qui aurait pu les purifier, ils n'ont pu y suppléer par l'acte de la volonté que l'on appelle acte de désir. Remarquons bien ici que ces enfants n'ont point commis de fautes personnelles, ils ne restent éloignés de Dieu que par incapacité, aussi ne leur supposons-nous aucune peine positive, mais seulement la privation d'un bien dont leur nature se trouve actuellement incapable, ils ne jouissent pas ou ils jouissent moins, mais ils ne souffrent point. Cette conclusion est celle dont la théologie se rapproche de plus en plus après s'en être écarté autrefois.

Néanmoins, pour admettre même cette privation, il faut supposer que le jugement subi par chaque homme au moment de la mort, tombe non-seulement sur la vie intelligente abstraite du reste de la personne, mais sur les deux vies solidairement unies, ce qui porterait à penser que le jugement a lieu avant que les deux vies soient complétement séparées. La résurrection apportera-t-elle quelques modifications à toutes ces conclusions? Nous n'avons à ce sujet aucunes données. Dieu a ses secrets, espérons que les secrets de Dieu seront des secrets de bonté!

Nous voyons nettement notre position sur la terre, notre volonté naît accouplée à une âme que nos parents nous ont transmise plus ou moins façonnée et habituée au mal, il nous faut prendre l'ouvrage où ils l'ont laissé, nous continuons selon cette volonté à réformer ou à empirer cette âme, et nous laissons à nos enfants une tâche plus facile ou plus rude encore à remplir. Voilà pourquoi on retrouve dans l'homme la vie animale à tous ses degrés, degrés que la bête exprime fatalement, mais que l'homme parcourt librement. Les enfants naissent plus ou moins lions, chiens, renards, singes, lièvres, agneaux, colombes, etc., devenus grands ils se rapprochent ou s'éloignent de ces types par l'action de leur volonté. Il y a réellement dans une société d'hommes quelque chose de tous les animaux, c'est pour cela que les fables de La Fontaine et les caricatures de Grandville sont si vraies et si piquantes.

Le devoir et la tâche de la volonté est donc de mettre dans l'âme qui lui appartient, au lieu de la férocité du tigre, la douceur de l'agneau, au lieu de la lâcheté du lièvre le courage du lion, au lieu de la malice perfide du singe la candeur de la colombe. Heureux celui qui trouve à son point de départ l'ouvrage déjà avancé dans le bien. Oh! quelle profonde reconnaissance les enfants doivent à des parents vertueux! Mais aussi que des parents vicieux sont mal venus à se plaindre de l'ingratitude de leurs enfants!

Ce qui fait la bonté intrinsèque de l'homme, cette bonté qui le rend bon aux yeux de Dieu, qui sera l'objet du dernier jugement et qui seule pourrait fournir une base équitable à nos propres jugements sur le prochain, ce n'est point l'état actuel de l'âme animale, mais celui de la volonté, ce n'est point le résultat extérieur manifesté par les actes, mais l'effort intérieur pour réaliser le bien. S'il en est ainsi, avons-nous entre les mains les éléments nécessaires pour porter un jugement absolu? Celui qui a reçu de ses parents une nature d'ours ou de tigre peut avoir sous des dehors rebutants une volonté héroïque qui fait de sublimes efforts pour arriver au bien à travers son épaisse écorce, qui nous donnera la mesure de ces efforts? Celui qui a reçu de la nature l'âme calme et inoffensive de l'agneau, peut recéler une volonté froide, lâche, profondément égoïste qui, satisfaisant à l'aise le peu de passions qu'elle a, présente tous les dehors de la modération la plus tolérante et de la douceur la plus inaltérable. Le premier n'avait que des défauts de caractère, celui-ci a des vices de volonté, qui nous les fera distinguer? La volonté, seule base du jugement exact, ne nous apparaît qu'à travers le prisme de la vie inférieure qui nous la transmet défigurée et revêtue de couleurs qui ne lui appartiennent pas, nous ne devons donc jamais porter sur un homme un jugement définitif. Aussi, Dieu faisait-il dire à son peuple par Moïse : « *Mea est ultio et ego retribuam in tempore,* « à moi la justice et je la rendrai en son temps, » et Jésus-Christ dit-il aux chrétiens : *Nolite judicare*, « ne jugez pas.... »

La volonté en domptant l'âme agit visiblement sur le corps, surtout lorsque dans l'enfance il est encore souple et flexible. Nul doute que deux enfants parfaitement semblables à l'âge de sept ans, s'ils reçoivent une éducation différente, s'ils prennent des habitudes contraires et surtout si la volonté de l'un se tourne vers le bien, celle de l'autre vers le mal, ne se ressembleront plus à trente ans. L'action de la volonté doit avoir bien plus de puissance encore sur le fluide qui n'a point la raideur du corps grossier; la beauté du corps a donc aussi une harmonie avec la vertu et la sainteté, mais cette modification de la matière à cause de sa résistance est lente et difficile, celui qui reçoit de la nature un type dégradé ne peut se relever dans une seule vie, de même qu'une seule vie vicieuse ne suffit pas pour effacer la beauté des traits d'un noble corps; il faut, pour ramener un type à sa beauté, les efforts constants des générations pendant de longs siècles. De cette manière, quoiqu'un beau corps soit l'indication naturelle d'une belle âme, il est quelquefois le riche sépulcre d'une âme corrompue et d'une volonté perverse, il ne peut donc faire la base d'un jugement. La vraie grandeur de l'homme c'est la grandeur de sa volonté; sa beauté, c'est la lumière qui guide la volonté ou la perfection de son amour ; sa richesse, c'est son intelligence et sa science, cela est nécessaire, cela seul suffit; mais lorsqu'à cette grandeur, à cette beauté essentielle viennent se joindre la grandeur de l'âme qui est le courage, sa beauté qui est la sensibilité, sa richesse qui est la finesse et la pénétration des sens, quand la matière vient encore ajouter son harmonie par la noblesse et la beauté de ses formes, alors on a le plus beau spectacle qui puisse se voir sur la terre, on a toute la beauté spirituelle incarnée, rendue visible aux sens, on a le Fils de l'homme qu'on a appelé le plus beau d'entre les enfants des hommes « *speciosus formâ præ filiis hominum;* » Jésus-Christ, que le peuple ne pouvait se lasser de voir ni d'entendre, et qu'il suivait dans le désert pendant trois jours, ravi, hors de lui-même, oubliant jusqu'à ses nécessités corporelles, Jésus-Christ nourrissant par sa puissance et sa bonté le peuple qu'il a entraîné par sa grâce.

Voilà maintenant une connaissance complète de l'homme: au sommet de son être brille comme une couronne lumineuse le cercle des sept facultés, reflets des attributs éternels, la vie ou la volonté, la liberté, la lumière ou l'harmonie, la conscience morale ou la sainteté, l'entendement, l'intelligence ou la mémoire; au-dessous, nous voyons encore les six facultés de la vie sensible, l'âme, la spontanéité, la sensibilité, l'amour sensible, les sens et l'imagination. Mais l'homme dans sa double organisation fluide et grossière, ou si l'on veut positive et négative, possède aussi toutes les propriétés de la matière; en lui nous voyons donc encore la forme, la dissolubilité, la divisibilité, l'inertie et l'impénétrabilité. C'est ainsi qu'il mérite à juste titre le nom qui lui a été donné par la philosophie grecque, de *Microcosme* ou abrégé de l'univers; ce nom n'est encore pas assez étendu, on devrait l'appeler *Micropane* ou l'abrégé de tout ce qui existe, puisqu'il n'est point d'être existant ni possible dont il ne renferme les propriétés ou l'image.

L'homme est donc l'expression la plus complète de la pensée de Dieu; aussi sa prédilection pour lui est manifeste, la divine sagesse le dit elle-même : « Mes délices sont d'être avec les enfants des hommes, *deliciæ meæ èsse cum filius hominum.* » Lorsque le Verbe a rattaché à son principe tous les êtres dont il avait trouvé le type dans l'épanouissement, dans le jeu de sa pensée, dans le sourire éternel, lorsqu'il a voulu se constituer lui-même médiateur universel et sauveur de ce qui était tombé, prêtre qui pût en lui-même offrir toute créature à Dieu, roi qui pût entrer en rapport avec tous les sujets du vaste empire de la création, il a choisi, adopté la nature humaine ; il l'a identifiée avec sa propre personne et il y a eu un Homme-Dieu. Par là, il a comblé l'espace infini qui séparait le fini de l'infini, il s'est fait lui-même le premier anneau de la chaîne par lequel toute la création se rattache immédiatement à Dieu, *Fecit utraque unum.* Par lui il y a un chemin non-interrompu depuis la dernière molécule de la matière jusqu'à l'essence divine, il peut dire : Je suis la voie, *Ego sum via*, car il est tout à la fois Dieu, esprit, âme et matière, *et Verbum caro factum est;* ainsi, la nature humaine a été élevée en Jésus-Christ au plus haut point qu'il soit possible d'atteindre. « Et j'entendis, s'écrie saint Jean, toute créature qui est dans le ciel et sur la terre, et sous la terre, et celles qui sont dans la mer, et tout ce qui est, disant à celui qui est assis sur le trône et à l'agneau : Bénédiction! honneur! gloire! puissance dans les siècles des siècles ! » *Et omnem creaturam quæ in cœlo est et super terram et sub terrâ, et quæ sunt in mari et quæ in eo audivi omnes dicentes sedenti in throno et agno : Benedictio et gloria et potestas in secula seculorum.*

CHAPITRE XXV.

DU PROGRÈS ET DE LA GRACE.

On parle beaucoup du progrès, mais on ne s'entend guère, parce qu'on se met peu en peine de préciser le sens de ce mot; commençons donc par là, et ensuite, il faut l'espérer, nous nous comprendrons les uns les autres.

Il est beaucoup de choses auxquelles on pourrait appliquer le nom de progrès, car, au fond, tout développement est un progrès; il y a donc progrès dans la plante qui sort de son germe, étend son feuillage, ouvre ses fleurs et produit des fruits; il y a un progrès dans l'animal qui arrive de l'état de fœtus à celui d'individu parfait, mais ce progrès est individuel, il n'y a pas progrès dans le genre plante ni dans la race purement animale. Le progrès, tel qu'on l'entend aujourd'hui, est celui qui ne convient qu'à l'homme, qui s'applique non à l'individu, mais à une race, à un peuple, à l'humanité tout entière; ce progrès, par conséquent, n'a point d'autre limite que la durée possible de la race humaine, et comme cette durée possible est sans mesure, le progrès prend le nom d'indéfini. C'est donc le progrès indéfini qu'il s'agit spécialement d'étudier.

Qu'y a-t-il dans l'être qui soit capable de progrès? Est-ce la substance? Non, la substance c'est l'unité, l'unité c'est l'infini, la substance est ou n'est pas, et cela absolument. Ce sera donc la forme, car la forme pouvant être finie et par là même capable de plus et de moins, l'harmonie aussi sera susceptible du même progrès que la forme, car l'harmonie n'étant que le rapport de deux termes, et la forme étant un de ces deux termes, elle ne peut changer sans que le rapport ne change aussi. La matière est essentiellement finie, c'est-à-dire limitée sous tous les rapports, la forme matérielle ne peut donc être que l'élément d'un progrès fini, le progrès indéfini est impossible aux plantes et aux animaux. La forme de l'esprit créé, comme nous l'avons vu, est complexe, c'est la double idée de l'être et du non-être, elle est à la fois positive et négative, infinie et finie. Ces deux faces de la même forme sont solidaires et inséparables, elles ne subsistent que l'une par l'autre. C'est dans l'idée positive ou infinie que l'idée négative se dilate, c'est par l'idée négative qui est finie que l'idée positive s'exprime et se manifeste. L'une a donc un champ sans limites à parcourir, l'autre un fonds inépuisable à exprimer; il est donc évident que l'intelligence créée renferme, par sa constitution même, la possibilité d'un progrès indéfini. Mais comme dans l'homme la nature spirituelle s'exprime par la nature animale, l'animal raisonnable n'est point comme l'animal qui ne l'est pas, enfermé dans un cercle étroit qu'il ne saurait franchir; c'est pourquoi la race humaine, même sous le rapport animal, peut se perfectionner, et cette perfection peut se transmettre et s'accroître de génération en génération. Si ce progrès n'est pas indéfini, du moins n'en connaissons-nous pas les limites ; car l'action de l'intelligence non-seulement développe la forme matérielle, mais encore elle la modifie : de sorte qu'elle devient pour ainsi dire une autre forme, et s'il est certain qu'une forme matérielle est finie, nous ne savons pas si le nombre de formes différentes qui peuvent se réaliser sans sortir d'un type primitif est fini, et si, comme la série négative des nombres qui est indéfinie quoique limitée par la série positive, il n'est pas en un sens sans limites.

La possibilité du progrès est démontrée, mais le progrès est-il une loi? Beaucoup ont fait cette question, mais qu'entendent-ils par loi? Le mot loi a un sens trop différent suivant qu'on l'applique à l'esprit ou à la matière ; la loi de l'esprit c'est ce qu'il doit faire ; la loi de la matière, c'est ce qu'elle fait ; on reconnaît une loi de l'esprit quand elle est dans sa conscience ; on reconnaît une loi de la matière à l'invariabilité de son exécution ; les lois de l'esprit sont les conditions de son bonheur, les lois de la matière sont les conséquences de sa forme. Or, il est clair, comme l'a si bien démontré M. Blanc Saint-Bonnet, qu'un être libre de choisir entre le bien et le mal, l'est par là même d'enfreindre toutes les lois qui ne sont pas constitutives de son être, qui n'ont pas précédé sa liberté et qui dépendent d'elle ; l'être infaillible seul est toujours fidèle à ses lois.

Le progrès est une loi de l'esprit, c'est à dire qu'il est une condition de son bonheur, et qu'il a dans la conscience l'obligation de le réaliser. Mais il n'est point une loi qui, comme celles de la matière, s'accomplisse fatalement ; le progrès est une possibilité et non une nécessité ; il n'est pas une nécessité pour l'individu qui s'abrutit et rétrograde, il n'est pas une nécessité pour les peuples qui se sont ensevelis dans leur propre corruption, il ne l'a pas été pour les Assyriens, les Egyptiens, les Grecs et les Romains. Le progrès est un fait dans l'humanité, parce que l'humanité dans son ensemble ne se trompe point; mais là encore, il n'est point une loi fatale qui s'accomplisse régulièrement, il marche par oscillations et par sauts, avec les événements et la libre activité des hommes, il dort pendant des siècles entiers et se réveille tout-à-coup pour courir pendant un jour. Le progrès n'est donc point une loi comme on l'entend ordinairement; constatons-le, j'y consens; provoquons-le, encore mieux! Mais ne nous endormons pas, car il sera grand ou petit, lent où rapide, selon que nos volontés seront nombreuses ou en petite quantité, lâches ou actives. Continuons à l'étudier.

Nous avons vu dans l'homme le progrès prendre sa source dans sa nature spirituelle, et se communiquer jusqu'à la nature sensible. Pour comprendre la question dans toute son étendue, il faut se rappeler tout ce qui a été dit du développement de l'esprit humain dans le chapitre de la certitude. Ce développement peut se faire de trois manières : il est négatif, si l'idée du non-être ou la distinction se développe seule; il est positif si l'idée de l'être se développe seule; il est harmonique si elles se développent toutes deux, ou plutôt si c'est le rapport des deux premiers développements qui pénètre et se dilate dans la conscience. Les trois développements forment trois certitudes, la certitude négative ou scientifique, la certitude positive ou de la foi, la certitude harmonique ou philosophique sur la terre, et intuitive dans le ciel. Toutefois, il ne faut pas appliquer ces mots dans un sens trop absolu; toute certitude est harmonique, car les deux idées sont inséparables; nous ne pouvons avoir la conscience de la distinction sans l'unité, et aucun développement de l'unité ne peut parvenir à notre intelligence sans distinction. La distinction peut néanmoins se multiplier beaucoup en se rattachant toujours à l'unité, sans que le sentiment de l'unité augmente : c'est ce développement que nous appelons négatif ; d'un autre côté, si c'est l'ouvrage d'une distinction étrangère qui nous est communiqué, nous pouvons acquérir des notions très étendues sur l'unité sans les comprendre, c'est à dire sans que la distinction se développe beaucoup en nous : c'est ce développement que nous appelons positif, parce qu'en effet le positif y domine. Les trois développements dont nous venons de parler sont trois progrès, ou, si l'on veut, trois faces du progrès.

Nous avons démontré qu'abandonné à ses propres forces, l'esprit créé ne pouvait réaliser qu'un seul de ses développements, et voici en peu de mots le raisonnement dont nous nous sommes servi. Toute lumière est un rapport, toute certitude est un rapport certain et immuable par là même ; or, entre l'idée de l'être et celle du non-être, telles qu'elles sont dans l'homme, c'est-à-dire entre le fini et l'infini, il n'y a qu'un rapport essentiel, c'est celui qu'il y a entre un point quelconque et une sphère infinie, qui, comme dit Pascal, a son centre partout et sa circonférence nulle part, c'est-à-dire que le fini peut et doit se considérer comme atteignant l'infini à son centre : cette notion est celle même de l'unité, notion qui est la lumière naturelle de l'homme. Celui-ci peut bien ensuite, par ses propres forces, développer l'idée négative dont les mathématiques sont l'expression la plus générale, et coordonner ce développement au point de départ considéré comme centre ; il répandra ainsi la lumière dans ce développement en le faisant participer au rapport nécessaire qu'avait ce point de départ avec l'unité ou l'infini. Cependant il n'y a jamais qu'un rapport ; de même qu'un cône, appuyé par son sommet sur une surface et se développant sans mesure, ne toucherait jamais la surface que par un point.

Mais il est impossible de trouver dans la constitution de l'intelligence des éléments par lesquels elle puisse développer la conscience de l'idée de l'être, c'est à dire trouver d'autres rapports que celui de l'unité entre son idée finie et son idée infinie ; pour que la découverte de nouveaux rapports fût possible, il faudrait que l'idée négative ne fût pas limitée, et eût une puissance infinie comme l'intelligence divine qui est la justice même. Dieu seul peut nous faire pénétrer dans l'unité en nous communiquant, par la révélation, le travail de sa propre intelligence, et c'est ce qu'il a fait en nous révélant la Trinité qui est le grand mystère de l'être. Cependant, quand Dieu se révèle à nous par la parole, nous ne pouvons pas comprendre cette parole comme il la comprend lui-même ; il faudrait pour cela devenir aussi intelligent que lui. Nous sommes tout-à-fait semblables, en cette occasion, à un ignorant qui entend dire par un astronome que les planètes, en vertu des lois de l'attraction, décrivent des ellipses autour du soleil ; il peut retenir cette parole, savoir cette vérité et la répéter à d'autres sans la comprendre, tandis que l'astronome a la conscience des causes et des effets. L'homme, par la révélation, en sait donc plus qu'il n'en comprend ; il possède plus qu'il ne distingue ; il croit un mystère dont il ne discerne pas quelques points ; il a progressé dans l'idée de l'être sans progresser simultanément dans l'idée du non-être. Ainsi, il est donc incapable de sortir, par ses propres forces, de l'unité, qui est sa lumière naturelle, pour s'élever à la Trinité qui est le principe de sa lumière surnaturelle ;

quand le raisonnement ne serait pas là, notre expérience suffirait : comment, en effet, l'homme pourrait-il acquérir ce qu'il ne sait pas conserver? Nous voyons dans l'antiquité presque tous les peuples nous transmettre de vieilles traditions qu'ils avaient eux-mêmes reçues, défigurées et impossibles à comprendre sans une nouvelle lumière ; ces traditions n'ont pu se conserver chez le peuple juif qu'au moyen de révélations successives, multipliées, et de précautions infinies de la part de la Providence. Qu'on réfléchisse bien et qu'on uous dise ce que seraient devenus les dogmes catholiques si l'Eglise ne les avait conservés avec fidélité contre les attaques multipliées de l'hérésie et de l'ignorance? L'homme n'a donc, dans sa nature, que les éléments d'une seule certitude, la certitude mathématique ou négative ; s'il avait été réduit à lui-même, tous ses efforts pour pénétrer dans l'idée de l'être n'auraient abouti qu'à élargir autour du point central un cercle de probabilités décroissantes, et sa philosophie n'aurait jamais pu être que les rapports de ses connaissances avec l'idée fondamentale de l'unité. La Trinité, révélée par Dieu, change tout d'un coup la destinée de l'humanité ; elle constitue une nouvelle certitude dans la région positive de la pensée, fournit l'élément d'une philosophie plus parfaite, en un mot elle pose le fondement de tout un ordre de choses surnaturel. C'est ce qu'il faut développer ici.

La connaissance est le principe de toute la destinée de l'être intelligent, car l'être aime comme il connaît, et comme il aime il faut qu'il possède. Si donc l'homme connaît Dieu d'une connaissance surnaturelle, il l'aimera d'un amour surnaturel et il tendra à le posséder d'une possession surnaturelle aussi, voilà toute la destinée du chrétien. Le chrétien commence par la foi, selon la parole de saint Paul :

Justus ex fide vivit, le juste vit de la foi, et d'ailleurs, nous sommes justifiés par la foi, *justificati ex fide ;* ce que la nature de l'homme n'a pas pu commencer par ses propres forces, pourra-t-elle l'achever seule? Il est évident que non, terminer est aussi grand que commencer, ce qui est au-dessous de l'un est aussi au-dessous de l'autre, et l'être qui, dès le commencement, n'a pu que coopérer, ne pourra faire davantage dans toute la suite de la même œuvre. Par la révélation, Dieu nous trace une route dans les airs; il ne suffit pas de la voir pour être capable de la suivre, il faut encore qu'il nous donne des ailes pour que nous puissions agir, et un point d'appui dans l'air afin que le mouvement des ailes nous élève en haut. Il nous faut donc un secours de Dieu pour connaître, il nous en faut un pour saisir cette connaissance et nous y attacher, car « *la foi est un don de Dieu ;* » il nous en faut un encore pour réaliser tout ce qui est contenu dans cette connaissance.

Ce secours de Dieu, sous toutes les formes qu'il prend, et dans toutes les circonstances où il nous arrive, est renfermé sous le nom général de grâce. Or, comme il est physiquement impossible qu'un corps s'élève au-dessus de lui-même sans être attiré par une force supérieure s'il est inerte, et sans un point d'appui s'il est vivant; comme il est métaphysiquement impossible qu'un être quelconque accomplisse sans un secours étranger un développement qui n'est pas élémentairement dans la constitution de sa propre nature, il est impossible aussi que nous puissions rien réaliser sans la grâce dans cet ordre surnaturel auquel Dieu nous invite par la révélation, et c'est pourquoi saint Paul nous dit : « que nous ne pouvons pas même prononcer le nom de Jésus dans un but surnaturel sans l'assistance de l'Esprit-Saint. *Et nemo potest dicere : Dominus Jesus nisi in Spiritu sancto.* »

L'homme ne peut rien sans la grâce, mais la grâce ne peut rien sans lui, car il est libre, et l'être libre ne peut être forcé sans être détruit; l'homme coopère donc à la grâce, et lorsqu'il s'est élevé en s'appuyant sur elle, s'il cesse de vouloir avec elle, il abandonne l'appui qui le soutenait et retombe à son point de départ; de même qu'il n'avait pu s'élever sans la grâce, il ne peut remonter sans elle : il faut donc aussi une grâce réparatrice.

Ce qui précède peut nous faire comprendre plus clairement la question du péché originel. La foi nous dit qu'Adam a été créé en état de grâce; il est facile de comprendre que tout étant en harmonie dans l'être et ses manifestations, il devait y avoir dans la nature sensible de l'homme une perfection intime, correspondante à cet état surnaturel dans lequel il avait été créé; Adam, par le péché, tombant dans l'état naturel, a détruit cette perfection animale correspondante; il nous a transmis sa nature sensible, privée de cette perfection, et il a fallu une grâce de salut pour y remédier. Si l'on suppose, comme tout porte à le croire, que le péché originel soit principalement pour nous la privation de cet état surnaturel primitif, il nous est facile de comprendre comment il atteint même la partie spirituelle de notre être; Dieu, créant notre âme pour la placer dans une nature animale privée de la perfection surnaturelle, doit la créer en harmonie avec cette nature inférieure : il nous crée donc dans l'état naturel, nous naissons donc incapables du ciel, qui est la fin surnaturelle, et cela est une conséquence de la nature sensible transmise par la génération. On conçoit bien que la foi rende à l'intelligence cette vie surnaturelle; mais comment remédier à l'imperfection de la nature sensible, en quoi consiste cette imperfection ? Les données nous manquent pour résoudre complétement cette question. Voici cependant quelques conclusions que semblent indiquer les faits. Il est de foi qu'il y a une réparation : la raison nous montre que cette réparation doit atteindre la matière qui est la forme de l'âme; d'un autre côté, l'expérience nous atteste que cette réparation n'est pas entière, puisque nous restons soumis aux tristes effets du péché, l'ignorance, la concupiscence, la douleur et la mort. Tout cela pourrait se concilier si l'on supposait que le corps fluide, plus souple et moins éloigné de l'action spirituelle, cède à la volonté et à l'action sacramentelle, tandis que la matière grossière, rebelle et opiniâtre dans sa dégradation, recule à peine devant le travail prolongé des siècles, et n'est complétement vaincue que par la mort.

Dieu ne peut pas ne pas donner à un être tout ce qui est renfermé dans la constitution même de sa nature, mais il peut parfaitement ne rien donner au-delà, et s'il donne plus, ce sera un don gratuit; voilà pourquoi on appelle grâce tout l'ensemble des moyens que Dieu nous donne pour atteindre notre fin surnaturelle. Dieu aurait donc pu nous créer et nous laisser dans un état purement naturel; et si dans cet état nous avions accompli toutes les lois de notre nature, notre bonheur aurait été encore de contempler Dieu; mais nous ne l'aurions vu que dans la lumière naturelle de l'unité, et nous aurions pu nous dilater indéfiniment dans cette lumière inépuisable. Nul doute que Dieu n'ait réalisé quelque part cet homme naturel; cela lui a été facile, car il y a bien des demeures dans le majestueux édifice qu'a construit sa main divine; la création est assez grande pour tout contenir, et les globes sont assez nombreux dans l'espace pour loger tous les êtres dont sa pensée a donné le modèle.

Regardez l'enfant, comme il s'amuse, comme il est absorbé dans ses jeux! il grandit, et voilà que tout-à-coup son ardeur s'éteint, ses jeux cessent, ils ne peuvent plus remplir son âme et la rendre heureuse comme autrefois; c'est qu'un nouvel ordre de choses s'est révélé à lui : il a acquis l'instinct d'un bonheur plus parfait, il n'aura plus de repos qu'il ne l'ait réalisé, l'amour a frappé à la porte de son cœur, et sa vie s'est troublée. La révélation produit un effet semblable sur la société; en appelant l'homme à une félicité supérieure, elle ôte la paix de dessus la terre : « Je ne suis pas venu apporter la paix, mais le combat, *Non veni pacem mittere sed gladium.* » Telles sont les paroles de Jésus-Christ. Si l'homme était un esprit pur, à la voix de la révélation il pourrait s'élever dans le sein de Dieu avec la vitesse de la pensée; s'il pouvait avoir subitement une organisation en harmonie avec le nouvel état de son intelligence, il monterait encore sans difficulté, et son bonheur pourrait être inaltérable; mais il a une organisation matérielle viciée. Or, la matière a ses lois aussi, auxquelles elle ne peut échapper, et une de ces lois, c'est qu'elle ne peut changer sa forme constitutive, sans une dissolution de la forme précédente; la fusion des métaux, toutes les opérations de la chimie attestent cette loi : « Insensé! s'écrie saint Paul, le grain que tu sèmes ne peut arriver à une nouvelle vie sans mourir auparavant : *Tu quod seminas non vivificatur nisi priùs moriatur.* » Jésus-Christ applique formellement cette comparaison à la vie matérielle : « Le grain ne porte point son fruit qu'il ne meure dans la terre, de même celui qui aime son âme la perdra. » Ainsi la mort seule ou la dissolution peut préparer notre corps à la transformation qui le mettra en harmonie avec notre intelligence; néanmoins, en attendant cette mort, la désharmonie règne entre les deux natures de l'homme, et l'homme souffre, partagé entre cette organisation matérielle qui n'est faite que pour la terre, et cette intelligence qui n'a plus de repos depuis qu'elle a entrevu une plus haute destinée. La société s'agite et s'inquiète d'autant plus qu'elle est plus éclairée; et tandis que le Chinois ressemble à une pétrification anté-diluvienne, tandis que l'Indien voit passer avec indifférence ses siècles monotones, tandis que le Mahométan, après avoir rapidement épuisé son ancienne vie, s'engourdit dans la croyance de l'unité, les sociétés chrétiennes, dans un perpétuel changement, remuent la terre entière pour trouver le trésor caché, et poursuivent sans relâche la solution du problème dont elles peuvent approcher plus ou moins sur la terre, mais qu'elles n'atteindront qu'au ciel. Dans ce travail, l'intelligence, soit de l'homme, soit de la société, sent la résistance de cette matière qui ne peut suivre sa course; alors l'homme s'écrie comme saint Paul : « Malheureux ! qui me délivrera de ce corps de mort; » et encore : « Je désire la dissolution qui me rejoindra à Jésus-Christ, *Cupio dissolvi et esse cum Christo.* » Il voudrait pouvoir spiritualiser cette chair, et les efforts qu'il fait pour cela élèvent à une plus grande perfection le corps humain; quant à la société, la terre, qui est comme une organisation à son usage, ne peut plus lui suffire. Dans le but de réaliser le type idéal que la révélation a déposé en elle, elle tourmente toute la nature pour en faire sortir des prodiges; elle ne peut plus souffrir ni le temps ni l'espace, elle s'efforce de rendre ineffaçable et universel le souvenir du passé, et invente l'imprimerie; elle voudrait se trouver partout en même temps, et parvient à faire des routes où l'on dépasse la vitesse de l'oiseau; les bras de chair n'ont plus assez de force pour exprimer sa pensée, et elle forge des bras de fer qui arracheraient les rochers de leur base; c'est le besoin de la transformation qui est le mobile de tout ce mouvement, c'est l'idée d'une plus haute destinée qui fait naître ce besoin, c'est la révélation qui enfante cette idée; et si c'est une souffrance, c'est une sublime souffrance, car c'est elle qui mène à la gloire. Honte à ceux qui, au milieu de la vie européenne, se sont pris à regretter la léthargie chinoise. Tout le monde parle du repos, mais personne n'en veut; toutes les déceptions de l'ambition n'arrêtent pas les ambitieux; les terribles chances du commerce ne rendent point l'avare plus prudent; la peinture de tous les orages de l'amour a peu fait d'indifférents; à leur point de vue, les hommes passionnés ont raison; le bonheur ne peut se trouver dans l'absence de la vie, et il y a toujours dans l'expansion vitale des compensations qui font passer par-dessus les souffrances; aussi, quelques souffrances que l'inégalité introduite par la révélation entre les deux natures de l'homme ait causées, elle a causé plus encore de bonheur, et il sera toujours vrai de dire que nul sur la terre n'approche plus du vrai bonheur que le vrai chrétien. Le chrétien et la société chrétienne peuvent donc dire comme saint Paul : « Je surabonde de joie au milieu de mes tribulations, *Superabundo gaudio in omni tribulatione nostrâ.* » Et la société le dira d'autant plus qu'elle sera plus chrétienne et plus sainte; cependant sa félicité ne sera jamais, sur cette terre, parfaite et sans mélange; le péché d'Adam, en changeant radicalement le type surnaturel du corps, a fait de la mort un remède nécessaire pour préparer à la régénération, par la dissolution, ce corps vicié; mais en dissolvant la tache originelle qui l'avait rendue nécessaire, la mort se rendra elle-même inutile désormais et impossible, comme le feu s'éteint de lui-même et devient impossible lorsqu'il a consumé dans un édifice tout ce qui pouvait lui servir d'aliment. La mort périra donc nécessairement dans son propre triomphe, selon cette parole de saint Paul : *Absorpta est mors in victoriâ.*

Résumons les conclusions auxquelles nous avons été conduit. Il y a pour l'être spirituel trois développements possibles, et conséquemment trois progrès : le progrès positif ou le développement de l'idée de l'être ; le progrès négatif ou le développement de l'idée du non-être ; le progrès harmonique ou la pénétration dans le rapport de ces deux développements. Le développement négatif, qui est le moins parfait, paraît se réaliser par l'action de l'intelligence. Le développement positif, bien plus important, puisqu'il nous élève au-dessus de nous-mêmes, et a pour conséquence une intime union avec la forme infinie de Dieu, est au-dessus de toute force créée et ne peut se réaliser que par la coopération de l'être libre à la grâce divine. Mais de même que le développement de l'électricité positive dans un des côtés de la pile voltaïque provoque vivement l'action de l'électricité négative qui se trouve en rapport avec elle, de même aussi le développement de l'idée de l'être par la foi a dû exalter l'intelligence et lui faire produire des merveilles de science. Enfin le développement harmonique, renfermant un élément hors de la portée de l'intelligence, ne peut s'exécuter qu'avec la double action naturelle et surnaturelle de l'intelligence et de la grâce ; ce développement, c'est sur la terre la philosophie chrétienne ou l'explication universelle par la Trinité, ce sera dans le ciel la vision intuitive.

Tous ces développements de la nature intelligente ont un retentissement et une manifestation dans la nature sensible; mais la nature sensible oppose à l'esprit bien des résistances dont voici les causes. Dieu, en créant Adam, lui avait donné une organisation parfaite, et en harmonie avec l'état surnaturel de son esprit; Adam, par son péché, a détruit en lui cette perfection matérielle qui correspondait à l'état surnaturel; en outre, il a altéré plus ou moins sa perfection naturelle, ainsi que le fait en général tout péché; la perte de la perfection surnaturelle a été un changement radical qui n'a plus d'autre remède, du moins dans la partie grossière de notre organisation, que la mort; quant aux effets produits par le mal dans la perfection naturelle, il est toujours au pouvoir de l'homme de les réparer avec plus ou moins de peine. Le péché d'Adam a donc eu une influence fatale sur tous ses descendants, tandis que les péchés des autres hommes, n'ayant plus de perfection surnaturelle à détruire, ne peuvent que dégrader de plus en plus la perfection naturelle : tout péché est donc originel en un sens; celui d'Adam, seul, est irréparable. Les peuples avant Jésus-Christ ont pour la plupart, par leur corruption, dégradé davantage la beauté naturelle de l'homme; le christianisme et la grâce sont venus relever l'homme languissant, ils ont répandu la lumière de la foi dans l'intelligence, ils lui ont inspiré d'attirer en haut et d'ennoblir le compagnon de son pèlerinage. C'est ainsi que s'est amélioré le type européen; toutefois ils ne pourront lui faire retrouver la perfection surnaturelle de la matière : la mort seule peut y conduire l'homme; cependant, sous l'influence du christianisme, la société peut revenir à toute la perfection naturelle des premiers temps, et atteindre aussi haut que possible sur cette terre.

Ne nous berçons donc point de chimères, en espérant réaliser sur la terre une félicité sans nuages : notre corps est un nuage qu'une nouvelle vie peut seule dissiper; ne nous décourageons point, parce que nous ne sommes pas encore dans la patrie; il y a de belles destinées à accomplir dans l'exil; il y a loin de l'exil passé dans un cachot à l'exil passé dans un palais. Que nous sommes encore éloignés de la perfection naturelle! que de travail encore avant d'en atteindre le sommet! Mettons-nous donc à l'œuvre. Le progrès matériel n'est que l'écho, l'image d'un progrès plus élevé, celui de l'esprit. Ici le champ est vaste, nous pouvons reconquérir la perfection surnaturelle et réaliser les trois progrès. Ne restons donc point au-dessous de notre destinée, ne mettons aucunes bornes à une noble ambition. Puisque nous pouvons avoir les trois progrès, il nous faut les conquérir tous les trois. Gardons-nous de penser que le développement positif, c'est-à-dire la foi, suffise; l'harmonie ne se réalise qu'avec deux éléments; la foi, pour jeter une vive lumière dans l'homme, a besoin de la science : *Rationabile sit obsequium vestrum* (saint Paul). Soyons pleins d'ardeur pour la science; n'oublions pas néanmoins que la science seule, par là même qu'elle est négative, est un instrument de destruction; que c'est dans la foi seule qu'elle peut se dilater, se développer largement; que la foi a provoqué et centuplé l'activité de la science; que la loi universelle de l'être, c'est qu'en tout, le positif est le principe ou la vie, le négatif la forme, et leur union la lumière. Tout ce qui est grand commence donc par un mouvement vers l'infini. Si donc nous sommes des hommes de progrès, soyons savants; mais avant tout, soyons des hommes de foi, des hommes surnaturels; attachons-nous à la grâce divine qui nous tend la main; ne nous lassons point de monter cette échelle mystérieuse qui conduit jusqu'au trône de Dieu; en un mot, soyons saints, soyons de grands saints, et dans notre puissante aspiration vers l'infini, entraînons le monde après nous.

CHAPITRE XXVI.

DES SEPT SACREMENTS.

Les manifestations de la grâce nous ramènent au nombre sept, car les sacrements, qui sont appelés les canaux de la grâce, parce qu'ils en sont pour nous la plus abondante source, sont au nombre de sept. Pourquoi cela? sinon à cause de nos sept facultés. Sans doute la grâce reçue par un sacrement quelconque répand son heureuse influence sur l'homme tout entier; mais chacun d'eux doit spécialement s'adresser à une de nos facultés, et par elle réagir sur les autres. Les sacrements, faits pour la terre, cesseront au ciel. Ils doivent donc transmettre principalement la grâce, en tant que réparatrice; il faut donc qu'ils agissent sur tout ce qui est malade et déchu en nous, sur l'âme animale comme sur l'âme intelligente; et comme on ne peut agir sur un être que par sa forme, et que l'organisation est la forme de l'âme, le sacrement doit avoir une influence sur l'organisation, au moins sur l'organisation fluide; ceci nous explique pourquoi chaque sacrement est attaché à un signe sensible et ne peut opérer sans lui.

Des esprits se sont cru supérieurs en faisant de grandes phrases contre le culte et en traitant de *momeries* les cérémonies les plus saintes : en cela, ils n'ont montré autre chose que leur ignorance des lois de l'être et des destinées de l'homme. En effet, s'ils ont parlé ainsi, c'est qu'ils n'ont pas vu que la matière, étant l'expression de la distinction divine, devait renfermer une profonde harmonie avec tous les mystères de l'être, que ces formes matérielles n'étaient donc point arbitraires, puisqu'elles avaient chacune leur correspondance dans la vie ; qu'elles n'étaient point méprisables, puisqu'elles étaient une manifestation d'une des personnes divines ; ils n'ont pas vu non plus que l'homme, élevé par la révélation à un état surnaturel dans son esprit, ne pouvait par lui-même deviner quelles étaient les formes matérielles les plus en harmonie avec ces vérités mystérieuses qu'il ne pouvait encore qu'entrevoir ; enfin ils n'ont pas compris que pour élever à l'état surnaturel la nature sensible de l'homme, rien n'était plus convenable qu'une forme sensible surnaturalisée par la parole vivante, aidée de la grâce divine. S'ils avaient compris toutes ces choses, ils auraient admiré la sagesse de Jésus-Christ, qui a donné à chaque sacrement une forme sensible et une parole sainte.

La plupart de nos facultés intellectuelles sont accolées à une faculté sensible, correspondante, faculté viciée par le péché, portée au mal et rebelle à la faculté intelligente qui se trouve à son égard comme le cavalier sur un coursier rétif qui recule au lieu d'avancer. Que faut-il pour remédier à tout cela? Donner à la faculté qui doit dominer plus de force pour entraîner, et mettre la faculté qui doit obéir en harmonie avec l'autre en détruisant son opposition

Si la faculté animale, comme le cheval ombrageux, es quelquefois un dangereux obstacle, elle est aussi comm lui un puissant moyen de réalisation, il faut donc biei se garder de la détruire, à moins qu'il ne soit plus possibl de faire autrement, ce qui n'arrive peut-être jamais. On voit ici l'excès ou sont tombés certains moralistes qui ont posé en thèse générale qu'il fallait tendre à la destruction entière de l'être sensible, et que là était la perfection. Ceci est faux ; et en proclamant cette erreur ils ont été funestes à la religion et à la morale qu'ils croyaient défendre, car ils ont choqué le bon sens au nom de la religion et en ont aliéné les cœurs. La perfection n'est pas de tuer son cheval, mais de le dompter et de voler sur son dos au but qu'on veut atteindre ; celui qui éteint en lui une faculté sensible avoue sa faiblesse et sa défaite, ne se sauve que par un pis-aller, à moins que ce ne soit au bien de tous qu'il fasse un sacrifice exigé par les circonstances. Il ne faut donc détruire, c'est-à-dire réduire à l'inaction, ni l'âme, ni les sens, ni la sensibilité, ni l'imagination, ni la spontanéité, ni l'amour ; sans tout cela, l'homme est incomplet et en s'en privant il se rend incapable de beaucoup de bien.

Nous avons dit, par exemple, que la grande volonté faisait le grand homme, mais elle ne le fait pas complet, car il y a deux espèces de courages qui se prêtent un mutuel appui. Le courage guerrier, le courage du soldat, comme on l'appelle, n'est pas l'effet de la volonté, car il se trouve dans les animaux qui n'en ont point, il est l'effet et la manifestation de l'âme. Ce courage est très actif, très impétueux. Celui de la volonté a une activité spirituelle qui ne paraît pas aux sens, et quand il est seul il semble souvent réduit à la passivité ; c'est le courage des martyrs qui peut s'allier avec la pudique timidité de la jeune fille, la faiblesse du vieillard et de l'enfant. La volonté a donc besoin, pour se montrer dans toute sa puissance, d'être manifestée et incarnée par l'âme qui donne cet ascendant personnel si utile pour agir sur les autres. La volonté seule se trouve souvent dans l'impossibilité de se manifester, le courage seul manque de suite et de persévérance.

La lutte gigantesque d'Octave et d'Antoine qui a mis fin à la république romaine donne un exemple frappant de ces deux courages aux prises l'un avec l'autre. Octave, disent les historiens, était timide, craignait le tonnerre et les ténèbres, n'osait presque parler en face à sa femme, laissait, sans oser élever la voix, mépriser ses ordres au théâtre et tuer un centurion qui avait pris sa défense devant les soldats. Certes, ce n'est pas lui qui eût osé dire le fameux *Quirites* de César; il n'avait, dit-on, qu'un seul courage, le courage politique et il l'avait prouvé en venant réclamer l'héritage de César, c'est-à-dire qu'il avait de la volonté. Antoine, au contraire, était un grand cheval de bataille, bon et courageux soldat qu'on éloignait au moment de la mort de César, craignant son impétuosité et sa force athlétique, mais cette énergie sans consistance et sans suite était le jouet d'une femme; qui ne sait que ce sort a été mille fois celui du courage, à commencer par Hercule et Samson. Donc, Antoine et Octave étaient en lutte, le courage s'est noyé dans son propre sang, la volonté a eu l'empire du monde. Antoine est un exemple du courage seul, Octave un exemple de la volonté seule aussi; ni l'un ni l'autre n'était complet, ni l'un ni l'autre n'a excité l'enthousiasme de la postérité. Alexandre, César, Charlemagne, Napoléon et plusieurs grands saints nous offrent le modèle de la volonté unie au courage et le dominant; cependant quelques-uns de ces hommes ont eu des faiblesses, il y a dans leur vie des taches ineffaçables, et ces taches se sont faites quand, la volonté perdant les rênes, le courage animal se ruait dans une vengeance que la volonté pleurait ensuite; c'est alors qu'Alexandre tuait Clitus.

Il en est de même des autres facultés qui font faire tant d'étourderies et contrarient les plans de la liberté quand elles lui sont insoumises, et qui, lorsqu'elles sont soumises, lui ajoutent cette franchise d'action, cette promptitude, cette soudaineté si précieuses dans les moments critiques.

L'amitié ou la charité sans la sensibilité semble se perdre dans l'infini, on dirait qu'elle fait du bien aux hommes, et qu'elle soulage leurs misères, sans les voir; mais la sensibilité lui ajoute ce ton et ces manières qui prêtent tant de charme au bienfait, ce retentissement de chaque petite misère dans un écho sensible que celui qui souffre sent toujours et qui lui fait tant de bien. La sensibilité seule est exclusive, la charité seule manque d'un certain charme qu'ajoute la spécialité de l'affection; réunies, ce sont toutes les beautés, toutes les douceurs de l'amour d'harmonie, incarnées et rendues reconnaissables aux yeux de tous.

L'homme qui ne vit que de la vie des sens s'abrutit bientôt, mais l'intelligence qui sait les dominer et les forcer à la servir ne trouve-t-elle pas en eux de puissants auxiliaires pour pénétrer les secrets de la nature, exécuter ses conceptions et même approfondir les mystères de l'être? La pensée de l'homme s'est agrandie par le perfectionnement artificiel qu'on est parvenu à donner aux sens par le télescope, le microscope et tous les instruments qui mesurent la chaleur, la pesanteur, la vitesse à des degrés qui échapperaient à nos sens. La matière exprime l'être à sa manière, elle en est la manifestation négative, et si cette manifestation est moins belle, moins sublime que la manifestation positive, elle a aussi l'avantage d'être plus distincte et plus facile à saisir ; l'intelligence peut donc, par son moyen, distinguer dans l'être même des propriétés que la plus haute contemplation n'avait pu lui faire découvrir et lui faire comprendre, des mystères que son œil ébloui ne voyait pas dans la lumière même de l'intuition. J'avoue, quant à moi, que c'est l'électricité qui m'a fait approfondir la grande distinction de l'être et du non-être, et l'arc-en-ciel qui m'a fait compter les attributs de Dieu et les facultés de l'âme. Les sens peuvent donc être un précieux complément de l'intelligence.

Quand l'imagination domine la mémoire, il semble que l'homme est sur le point de perdre son identité, il n'a plus la conscience nette et sûre de sa vie, il confond l'image et la réalité, et voilà pourquoi les personnes chez qui l'imagination domine sont menteuses quelquefois sans le vouloir et sans le savoir, leur existence semble nager dans une atmosphère dont il est impossible d'assigner les limites parce qu'elles varient continuellement ; cela est frappant, surtout lorsque les organes cérébraux qui correspondent aux sentiments de la limite et de la distinction sont peu développés. Mais quand la mémoire domine l'imagination sans l'étouffer, elle emprunte d'elle mille couleurs, mille formes variées qui la rendent sensible et agréable aux hommes, et par là même utile, car il en est plus d'un qui ont eu de grandes pensées, de ces pensées qui suffisaient pour rendre une vie féconde ; elles sont restées néanmoins inconnues et inutiles, parce qu'elles ont manqué de l'imagination pour les manisfester et les rendre sensibles à tous.

Il ne faut donc point éteindre nos facultés, mais les harmoniser en élevant la faculté animale jusqu'à la faculté spirituelle. C'est en partie pour nous aider à obtenir ce but que Dieu nous a donné la grâce des sacrements. Voyons maintenant à laquelle de nos facultés correspond chacun des sacrements.

§ Ier. — *Du Baptême.*

La première grâce dont l'homme ait besoin, celle qui doit précéder toutes les autres, c'est la grâce qui doit le faire rentrer dans l'ordre surnaturel dont il a été exclu par le péché originel. Or, que faut-il à l'homme pour cela? Nous avons-vu que c'était la révélation qui invitait l'esprit de l'homme à monter dans cette voie supérieure par la foi, et que la foi n'était qu'un développement de l'idée de l'être ou de l'entendement. Il faut donc d'abord que ce soit une grâce de révélation et de foi; nous avons vu ensuite que cet état surnaturel trouvait un obstacle dans la forme viciée de la nature animale, qui est l'organisation soit fluide, soit grossière, il faut donc encore que cette grâce lève cet obstacle par une purification qui atteigne cette forme sensible dans ce qu'elle a de plus intime.

La forme de l'être spirituel est complexe puisqu'elle renferme la double idée de l'être et du non-être; la forme de l'être animal est simple et purement négative: aussi l'âme animale n'a-t-elle qu'une faculté à opposer à l'entendement et à l'intelligence, et bien qu'en tant que négative elle soit spécialement correspondante à l'intelligence, surtout par les sens par lesquels l'animal se distingue lui-même, cependant, en tant que forme, elle correspond aussi à l'entendement, surtout par cette partie d'elle-même qui, placée en dehors des sens, reste aveugle, obscure, indistincte, à jamais inconnue à l'animal, et que seule l'intelligence supérieure a pu pénétrer et comprendre. La grâce qui ouvre la voie surnaturelle doit donc correspondre à l'entendement, et en un sens, à la forme animale. L'Eglise nous offre le sacrement du Baptême comme la porte de la vie surnaturelle; examinons s'il a toutes les conditions nécessaires.

Les théologiens, dans tous les sacrements, distinguent deux choses essentielles pour son intégrité, qu'ils appellent la forme et la matière. La matière est un signe sensible, la forme une parole qui détermine le sens de ce signe et lui donne une valeur spirituelle; c'est précisément ce qu'il fallait pour que ce sacrement pût correspondre aux deux facultés, spirituelle et animale; la forme a rapport à la faculté spirituelle, la matière à la faculté animale. Or, la matière du Baptême, c'est l'ablution du corps par l'eau, le purificateur naturel de toute la matière; ce signe exprime parfaitement la purification qui doit se faire de la matière, forme de l'âme et souillée par le péché, et pour opérer réellement cette purification, il lui suffit que sa vertu naturelle acquière une force surnaturelle par la grâce qui est indiquée par la forme et qui l'accompagne.

La forme du Baptême, ce sont les paroles que prononce le prêtre : « Je te baptise au nom du Père, du Fils et du Saint-Esprit. » Admirons combien cette forme est appropriée à son but. Son but, c'est d'abord d'élever l'entendement à l'état surnaturel, et nous savons que c'est la révélation de la Trinité qui a élevé l'homme à cet état; celui donc qui baptise en énonçant la Trinité, montre le but, et la grâce accompagnant les paroles, donnant la force de croire et établisant la foi, l'entendement est régénéré par là même. Ces mêmes paroles élèvent aussi la matière, car celui qui lave en invoquant, non pas la vertu naturelle de l'eau, vertu qui lui a été donnée par le Créateur, mais en attestant la Trinité, c'est-à-dire la lumière surnaturelle, indique dans quel sens se fait cette ablution, et la grâce donne à l'eau la vertu qu'indiquent les paroles.

Le Baptême est donc le sacrement qui régénère la forme de l'âme et élève l'entendement, mais il correspond encore à un des attributs divins, qui est l'idée de l'être ; en effet, la foi dans la Trinité que nous donne le Baptême n'est qu'un écoulement de la sagesse divine ou de l'intuition que Dieu a de lui-même, intuition à laquelle nulle force créée ne peut atteindre, et que possèdent ceux-là seuls que Dieu prend dans sa main puissante, élève en haut, et fait ainsi entrer en participation de sa forme divine et infinie.

§ II. — *De l'Eucharistie.*

« *In principio erat Verbum.* Au commencement était le Verbe, et le Verbe était en Dieu. » Le Verbe, c'est la grande distinction, la double conception de l'être et du non-être. « *Omnia per ipsum facta sunt* : toutes choses ont été faites par lui. » La création, en effet, n'a été possible que par la réalisation de la divisibilité renfermée dans l'idée négative. « Il était la vraie lumière qui illumine tout homme venant en ce monde. » C'est la double idée de l'être et du non-être qui donne à l'homme une forme spirituelle, le sépare des animaux, et le rend intelligent ; toute intelligence est donc une communication du Verbe, et, par lui, de l'Esprit-Saint, et il ne peut point y avoir d'intelligence sans cette double idée qui procède du Verbe ; ainsi donc, par le fait même de la création, le Verbe se donne à l'être raisonnable dans l'idée de l'unité et de la divisibilité, c'est là la lumière naturelle *qui éclaire tout homme venant en ce monde.*

Mais le monde qui a été fait par cette lumière infinie est loin de la comprendre tout entière ; il n'en reçoit qu'un seul rayon, à peine l'entrevoit-il ; c'est tout au plus s'il en soupçonne la source infinie, « *mundus eum non cognovit.* » Cette lumière peut donc se communiquer de plus en plus au monde et l'élever ainsi au-dessus de lui-même à des hauteurs où il ne serait jamais parvenu par ses propres forces. C'est ce que Dieu a fait par la révélation. D'abord, la Sagesse, en créant l'homme, s'était donnée à lui dans le mot *être* qui est la forme la plus simple sous laquelle elle puisse être conçue ; Dieu ne s'en était pas tenu là, il avait fait connaître à Adam que ce mot était triple dans son unité. Dieu seul pouvait le lui apprendre, car l'homme pouvait bien, par sa seule intelligence, compter tout ce qui était divisible, mais il ne pouvait pas distinguer les nombres mystérieux de la substance une et indivisible. Cette révélation fondamentale de la Trinité, que la mémoire infidèle des hommes laissait peu à peu altérer par la mobilité de l'imagination, Dieu la renouvela à Moïse dans le buisson ardent en lui donnant les trois sens du mot *être*, et il lui ordonna de la graver en traits inaltérables sur les tables de la loi ; Moïse transmit aux anciens d'Israël de plus amples explications qui se perpétuèrent dans la tradition juive ; les formules qui contenaient le grand mystère étaient conservées précieusement dans le Saint des saints ; les prêtres appelaient cela *le nom de Dieu*, et la souveraine importance de cette lumière surnaturelle qui éclaire le monde, se défigurant dans ces esprits grossiers, il était cru chez le peuple juif que le vrai nom de Dieu était caché dans le sanctuaire, et que la vertu de ce nom était si grande, que celui qui le connaîtrait pourrait par son moyen commander à la nature entière et faire toute sorte de miracles. Enfin, Jésus-Christ a déchiré le voile, et réalisant dans l'ordre spirituel ce que les juifs entendaient dans l'ordre matériel, il a renouvelé le monde en communiquant à tous ce nom mystérieux, en chargeant ses apôtres d'aller jusqu'aux extrémités de la terre instruire les nations, les baptisant au nom de la Trinité, laquelle Trinité est *Père, Fils et Saint-Esprit*; c'est de cette manière que le Verbe s'est communiqué de plus en plus aux hommes en tant qu'idée de l'être ou sagesse.

Toutes les intelligences cependant n'ont pas voulu accepter ce don d'un prix infini; beaucoup ont préféré leur lumière naturelle à la lumière divine qu'on leur offrait.

« Elle est venue chez ceux qui étaient l'ouvrage de ses mains, continue saint Jean, et les siens ne l'ont point reçue. *In propria venit et sui eum non receperunt.* » Mais ceux qui ont accepté la parole de Dieu, qui ont conçu le Verbe dans leur sein, ont été par là même remplis d'une nouvelle vie, non d'une vie matérielle, mais d'une vie surnaturelle, d'une vie produite par la lumière; ils ont pris, selon l'expression de Jésus-Christ à Nicodème, une nouvelle naissance dans l'Esprit-Saint, qui est lumière : connaissant Dieu surnaturellement, ils l'aiment surnaturellement, ils doivent donc le posséder surnaturellement; dès-lors destinés à la vision intuitive, leur demeure n'est plus sur la terre, ils doivent habiter dans le ciel, chez Dieu, où était le Verbe dès le commencement. « *Apud Deum*; ils sont ses enfants, » comme le dit encore saint Jean, et il a donné le pouvoir de devenir enfants de Dieu à tous ceux qui l'ont reçu, à ceux qui croient en son nom. « *Quotquot autem receperunt eum dedit eis potestatem Dei filios fieri, his qui credunt in nomine ejus.* »

Le Verbe ne s'est point encore donné à l'homme autant qu'il le peut; car le Verbe est à la fois intuition et distinction, idée positive ou de l'être, idée négative ou du non-être. Par la révélation du mystère de la Trinité, il s'est donné autant que possible comme idée de l'être, mais pour compléter le don qu'il fait de lui-même, il faut qu'il se donne aussi spécialement comme idée du non-être. Or, qu'est-ce qui exprime spécialement l'idée du non-être? c'est la matière; le Verbe devra donc se faire matière, et se donner sous cette nouvelle forme. « Et le Verbe s'est fait chair et il a habité parmi nous. *Et Verbum caro factum est, et habitavit in nobis.* » Ce Verbe fait chair, c'est Jésus-Christ Dieu et Homme. C'est ainsi que Saint-Jean, l'aigle des évangélistes, avant de dire les actions de Jésus-Christ le Verbe fait chair sur la terre, raconte en traits sublimes et rapides toute l'histoire antérieure du Verbe, datant de l'Éternité même son immortelle page.

Nous voyons que le Verbe s'est communiqué à l'homme sous sa double forme, comme idée de l'être, il s'est donné naturellement d'abord dans le mot *être*, source du langage, et dans l'idée de l'unité, puis surnaturellement dans la révélation du mystère de la Trinité. Comme idée du non-être, il s'est manifesté à l'homme, d'abord dans la création même de la matière qui l'exprime, et qui a fait comprendre à l'homme la divisibilité, puis surnaturellement dans l'incarnation, où se concentrant corps, âme et divinité, il se met tout entier à la portée de l'âme et du corps de l'homme, et est possédé totalement par lui, comme il se possède éternellement lui-même. Il ne restait plus pour mettre le comble à ce bienfait, qu'à le perpétuer pour toujours, et c'est ce qu'il a fait. Il a perpétué le don de lui comme idée de l'être dans la révélation par le baptême, auquel il a ajouté une grâce de purification pour le corps; il a aussi perpétué le don de lui comme idée du non-être dans l'incarnation, par l'eucharistie qui n'en est que l'écho prolongé de siècle en siècle. Le baptême est donc un écoulement de la sagesse ou de l'entendement divin, l'eucharistie aussi est un écoulement de la justice ou de la distinction divine, c'est le Verbe sous son côté matériel et négatif.

La confraternité, si l'on peut parler ainsi, qui existe entre la révélation et l'eucharistie, comme étant toutes deux manifestations du Verbe, a été de tout temps reconnue par les pères de l'église. Voici les paroles attribuées à Saint-Césaire d'Arles, et si souvent citées : « Je vous demande, mes frères, laquelle de ces deux choses vous semble de plus grande dignité, la parole de Dieu ou le corps de Jésus-Christ? Si vous voulez dire la vérité, vous répondrez, que la parole de Jésus-Christ ne vous semble pas moins estimable que son corps ; ainsi donc, autant nous apportons de précautions pour ne pas laisser tomber à terre le corps de Jésus-Christ qu'on nous présente, autant en devons-nous apporter pour ne pas laisser tomber de notre cœur la parole de Jésus-Christ qu'on nous annonce, parce que celui-là n'est pas moins coupable qui écoute négligemment la sainte parole, que celui qui laisse tomber par sa faute le corps même de Jésus-Christ. »

Tertulien dit, que la parole de vie est comme la chair du Fils de Dieu, et Origène, que la parole qui nourrit les âmes, est une espèce de second corps dont le Fils de Dieu s'est revêtu.

Remarquons que l'union des êtres se fait toujours par le moyen de leur forme ou de leur limite, deux corps ne pouvant se toucher que par la ligne qui les termine; c'est par le contact des formes ou par les caresses que s'expriment l'amitié et l'amour de l'âme animale; les intelligences qui ont une double forme s'unissent, soit par l'idée de l'être ou la communauté de la foi, soit par l'idée du non-être ou la communication des différentes pensées; or, dans ce cas, c'est la communication des pensées ou l'union par la forme négative, qui est la plus spéciale, la plus douce et la plus agréable, elle a, en un mot, tous les genres de mérite que nous avons déjà reconnus aux beautés négatives, moins de grandeur que les positives, plus de grâce, moins de puissance, plus de variété et un charme plus facile à saisir. L'union entre Dieu et nous, n'a donc pu commencer et se réaliser que par l'union des formes, d'un côté, par l'union de notre entendement avec l'entendement divin, manifesté par la révélation, c'est-à-dire par la foi, d'un autre côté par l'union de notre intelligence, et de nos sens avec Dieu incarné; mais la manifestation du Verbe nous paraît bien plus touchante dans l'incarnation que dans la révélation, sa pensée seule inonde notre cœur, et nous lui disons avec le prophète : « Oh! le plus beau des enfants des hommes, la grâce est répandue sur vos lèvres, faites triompher votre grâce et votre beauté, que tout vous prospère, régnez par la vérité, la douceur et la justice. *Speciosus forma præ filiis hominum, diffusa est gratia in labiis tuis ; specie tua et pulchritudine tua intende, prospere procede et regna, propter veritatem et mansuetudinem et justitiam.* »

L'eucharistie, complément de l'incarnation, est aussi, de toutes les manifestations de la grâce, la plus suave et la plus touchante.

Nous savons que l'amour qui est l'être tout entier, présente trois caractères, et revêt les trois formes positive, négative et harmonique, il est l'expansion qui veut se donner, il est le vide de l'être qui sent un besoin impérieux de posséder, il est l'harmonie qui relie et unit tous les êtres. Mais si nous y faisons attention, nous verrons que définitivement c'est par la forme, et surtout par la forme négative, que l'amour se réalise entre les êtres divers; c'est par le contact des formes que les corps s'unissent, c'est par l'union de la forme matérielle que l'amitié et l'amour sensible se réalisent, c'est la communication des pensées distinctes qui établit tous les rapports entre les intelligences. Celui qui veut se donner se donne dans sa forme, c'est pour cela, que Dieu voulant se donner à nous, s'est donné dans son Fils et par son Fils : celui qui sent le besoin de posséder, cherche à s'identifier ce qu'il aime, on boit, pour ainsi dire, les pensées de l'intelligence qu'on admire, on étreint dans ses bras la forme de l'objet que l'on aime, on en prend possession par le baiser. L'eucharistie qui est le contact de la forme la plus négative de Dieu avec la forme la plus négative de l'homme, est donc la dernière réalisation de l'amour, l'eucharistie, c'est le baiser de Dieu et de l'homme, il n'est donc pas étonnant qu'on soit tenté, au premier abord, de regarder l'eucharistie comme le sacrement correspondant à l'amour, puisqu'il en est l'effet et la réalisation; mais il n'en est l'effet et la réalisation, que parce qu'il est l'écoulement de la justice ou la distinction divine dans l'intelligence, forme spirituelle de l'homme, et dans les sens sa forme matérielle. Le rapport d'amour qui nous frappe tout d'abord dans l'incarnation et dans l'eucharistie, qui n'est que l'incarnation individualisée dans chaque homme, ne doit pas nous faire oublier les autres, qui ne sont pas moins importants, et peut-être plus caractéristiques.

La religion se compose principalement de deux grands mystères : la Trinité et l'incarnation, la Trinité qui nous a été transmise par la parole, l'incarnation qui nous a été manifestée par la présence de Jésus-Christ sur la terre. La Trinité nous donne toute la connaissance positive que nous avons de Dieu, c'est elle qui nous apprend les conditions mêmes de l'être. L'incarnation nous donne toutes les connaissances négatives, c'est-à-dire l'appréciation des différences et des rapports entre les êtres, et surtout entre Dieu et l'homme.

Qu'est-ce qui exprime la différence qu'il y a entre Dieu, être infini, et l'homme qui n'est qu'un néant devant lui? Une seule chose pourrait l'exprimer, c'est la réalisation même de cette différence, c'est-à-dire l'anéantissement de l'homme ou le sacrifice de lui-même. De tout temps, les hommes ont reconnu la souveraine grandeur de Dieu, par le sacrifice d'une victime qu'ils mettaient à leur place, mais tout le monde sait que les sacrifices anciens n'étaient pas d'invention humaine, qu'ils n'étaient pratiqués par les hommes qu'à cause d'anciennes traditions, et que dépourvus de sens par eux-mêmes, ils n'ont trouvé que dans l'incarnation et sur le Calvaire leur véritable explication. C'est donc le Verbe incarné qui, seul, nous a donné par la grandeur de son sacrifice, une mesure exacte de la différence qu'il y a entre Dieu et l'homme, c'est encore l'incarnation qui nous donne la mesure des rapports entre Dieu et nous; ces rapports sont établis par l'amour infini de Dieu, et cet amour infini n'a point d'autre mesure que l'incarnation; l'amour de Dieu, pour nous, dit Saint-Jean, apparaît, en ce qu'il nous a donné son Fils unique. « *In hoc apparuit charitas Dei in nobis quoniam filium suum unigenitum misit in mundum.* » Un Dieu mort pour les hommes, voilà la formule et l'équation de l'amour infini. Le sacrifice que Jésus-Christ fait à Dieu, de lui-même, comme homme, sur la croix ; voilà la seule expression complète de l'amour que l'homme doit à Dieu. Qui nous a appris l'énormité du péché? la croix. Qui nous a enseigné la différence que nous devions mettre entre l'esprit et la matière? la croix. En un mot, la croix est entre les mains du chrétien, un mètre avec lequel il mesure toutes choses, et qui seul peut lui donner d'exactes proportions entre le fini et l'infini.

Le rôle de l'eucharistie dans la religion, est le même que celui de l'incarnation.

La plupart des peuples ont de l'infini la même idée quant au fond, mais tous n'en ont pas la même intelligence, peu savent la distinguer convenablement de tout ce qui n'est pas elle. Or, la variété des conceptions des peuples au sujet de Dieu, se manifeste par le culte, le culte est donc la manifestation de l'intelligence, au sujet de la divinité. Aussi, comme le dit M. Gerbet. « Lorsque les traditions s'affaiblissent, la foi à la grâce s'affaiblit avec elles, comme on l'a vu chez plusieurs peuples payens, un effroi gigantesque de la divinité se manifeste par des rites dont la seule pensée épouvante. Il ne nous est pas facile de nous représenter ces croyances terribles. Reçue à sa naissance dans le tendre berceau du christianisme, notre âme y a été abreuvée de confiance. »

Et comme il l'a encore si bien développé dans son livre admirable du *Dogme générateur*, c'est dans l'eucharistie qu'est le culte tout entier des catholiques, c'est elle qui en est le principe, le centre, le but, le moyen et la règle, ce n'est que par elle, en effet, qu'on peut honorer convenablement un Dieu, infini dans sa puissance, dans sa sagesse et aussi dans sa bonté, un Dieu est la seule victime, la seule offrande digne d'un Dieu tout puissant, la communion à la divinité par cet ineffable sacrement, est la seule manière d'honorer et d'apprécier un Dieu tout amour. La fraternité des enfants de Dieu, et l'égalité des hommes que Jésus-Christ a proclamés du haut de la croix, en les rachetant tous d'un prix infini ; l'eucharistie les réalise en faisant asseoir à la même table l'empereur et le mendiant, l'eucharistie seule nous fait toucher au doigt la dignité du chrétien, elle nous fait comprendre la hauteur des destinées que prépare à l'homme l'ordre surnaturel. L'eucharistie est donc à la fois le principe et le moyen de manifestation de l'intelligence catholique, au sujet de la divinité et de l'homme, ainsi que des rapports qui les unissent.

La forme de l'âme animale, qui est le corps, semble se diviser en deux parties, l'une plus extérieure qui est les sens par lesquels nous entrons en rapport avec le *non-moi* matériel, l'autre plus intérieure et plus sourde dont nous n'avons qu'un sentiment confus, et qui semble se réveiller dans l'amour sensible pour arriver à notre sensibilité et produire ainsi la conscience intérieure de notre *moi* animal. C'est sur cette forme intérieure et qui pourrait se regarder comme positive par rapport à l'autre, qu'agit plus spécialement et presque naturellement le bain du baptême ; l'eucharistie qui correspond à l'idée négative doit agir spécialement sur les sens, cette forme extérieure qui peut se dire négative par rapport à l'autre, elle doit les élever autant que possible à un ordre surnaturel. Et en effet les sens ne pouvant entrer en rapport qu'avec la matière, sont naturellement à jamais incapables de voir Dieu ; mais le Verbe, en se faisant chair, s'est mis à leur portée et les apôtres annonçaient aux hommes ce qu'ils avaient vu et touché du Verbe de vie, « *Quod vidimus oculis nostris et manus nostræ contractaverunt de Verbo vitæ.* » L'eucharistie aussi met Dieu à la portée de nos sens, mais il y a ici quelque chose de plus admirable encore; les sens ne voient et ne goûtent que du pain et du vin, il faut donc qu'ils s'élèvent au-dessus d'eux-mêmes pour consentir à se prosterner et à adorer Dieu sous le voile eucharistique, ils sont donc élevés à la hauteur de l'intelligence et de la foi. Par cet acte le plus sublime pour eux, les sens semblent spiritualiser la matière autant que possible, se rendent dignes d'accompagner l'intelligence lorsqu'elle sera admise dans la vision intuitive, alors ils auront déjà fait comme un apprentissage de cette vie supérieure de l'éternité, et l'eucharistie aura été pour eux un gage de glorieuse résurrection.

L'eucharistie se présente à nous sous deux points de vue différents, elle se présente d'abord comme un sacrifice, puis comme un saint banquet. Sous le premier point de vue, elle n'est que le sacrifice de la croix continué mystiquement jusqu'à la fin des siècles; c'est considérée ainsi qu'elle agit spécialement sur l'intelligence et la fait communiquer avec la distinction divine, c'est surtout dans le sacrifice que gît le culte, c'est dans l'acte même du sacrifice que se prononce la parole sainte qui est la forme de l'eucharistie : *Ceci est mon corps, ceci est mon sang répandu pour la rémission des péchés.* Le banquet semble correspondre davantage aux sens et à la vie animale, c'est là que l'eucharistie se présente comme pain et comme aliment, il faut donc expliquer maintenant toute la convenance de la matière eucharistique.

Pourquoi l'eucharistie est-elle un aliment? Nous avons déjà vu que l'intelligence était la faculté d'intus-susception; en effet, le côté négatif de l'être est comme un vide qui éprouve un besoin continuel de se remplir, la curiosité est la faim de l'intelligence et la vérité qui est la forme de Dieu est sa nourriture. L'être est absolu dans son essence, il ne peut se modifier que par sa forme, il n'y a donc d'accroissement possible à l'esprit que par le travail de l'intelligence, et le travail de l'intelligence n'est autre chose qu'une manducation spirituelle. L'expression matérielle de Dieu se communiquant à l'intelligence de l'homme ne pouvait par conséquent être autre chose qu'un festin, où en même temps que l'intelligence humaine s'assimilant les pensées divines, se changeant en elles, se divinise pour ainsi dire le corps se surnaturalise de son côté, se divinise, si on peut ainsi parler, en s'assimilant le corps et le sang du Verbe fait chair sous les apparences du pain et du vin, ses aliments naturels.

§ III. — *Du sacrement de Pénitence.*

L'homme n'est pas infaillible, il peut se tromper à tout instant, mais Dieu lui communiquant par la foi sa propre lumière, il peut en la suivant fidèlement marcher avec une rectitude absolue, cette rectitude absolue, c'est la sainteté ou la conscience morale élevée à l'état surnaturel ; et comme cette conscience est la dernière des facultés humaines, complète et résume toutes les autres, la sainteté est donc l'état surnaturel arrivé à toute sa perfection. L'homme qui a été élevé à cet état surnaturel qui est la sainteté par la foi donnée dans le baptême, peut perdre cette sainteté soit en perdant la foi qui en est la source, soit en èn détournant son attention et en cessant de se conduire d'après elle ; alors il s'égare et s'égare par sa faute, puisqu'il a négligé de suivre la lumière qu'on lui avait donnée. Par là même que la sainteté est surnaturelle, une fois que l'homme en est déchu il lui est impossible d'y remonter par ses propres forces, il lui faut donc une grâce. Jésus-Christ l'a préparée dans le sacrement de Pénitence. Voyons comment elle est appropriée aux effets qu'elle doit produire.

Jusque là les sacrements se sont emparé des moyens naturels et les ont élevés par la grâce à un effet surnaturel. Ainsi, le baptême prend le moyen naturel de purifier qui est le bain, pour enlever une tache surnaturelle. L'eucharistie se sert de la manducation, moyen naturel de se nourrir pour faire arriver à l'homme une nourriture surnaturelle.

La sainteté est la direction de l'être, c'est la route parfaitement droite qui le mène à sa fin ; celui qui perd la sainteté prend donc une fausse route, il s'égare ; il faut donc qu'il retourne sur ses pas, qu'il se convertisse selon l'énergie du mot : voyons les circonstances naturelles qui accompagnent cet acte de conversion. Un homme suit une route qu'on lui a indiquée, mais voilà qu'il commence à douter de la bonté de l'indication, et il essaie un chemin qui se présente et qui lui paraît meilleur et plus court. Au bout de quelque temps il reconnaît son erreur ; alors il se repent d'abord intérieurement de sa démarche : Que j'ai mal fait ! s'écrie-t-il ensuite avec amertume contre lui-même ; aussitôt il se hâte de réparer sa faute en revenant sur ses pas, et le long de la route il se promet de ne plus commettre la même sottise. Ce sont précisément ces actes naturels dont le sacrement de Pénitence fait sa matière, car, disent les théologiens, la matière du sacrement de Pénitence, ce sont les actes du pénitent, c'est-à-dire la contrition, la confession, la satisfaction ou réparation et le ferme-propos. Mais ces moyens naturels ne peuvent par eux-mêmes réparer une faute dans l'ordre surnaturel, il faut pour être efficaces qu'ils soient inspirés et surnaturalisés par une foi vive, ou qu'une forme mystérieuse venant en aide à la foi languissante, fasse descendre sur elle une grâce d'en haut qui lui donne la force d'opérer. Cette forme, c'est l'absolution, l'absolution se compose de deux choses, d'un geste et d'une parole. Le geste, c'est l'imposition des mains; l'imposition des mains est un acte qui se présente à la fois comme mystérieux et naturel, il a été de tout temps employé pour faire descendre sur quelqu'un une influence supérieure : c'était par l'imposition des mains que se donnaient ces bénédictions patriarchales auxquelles on attachait un si grand prix et dont les résultats étaient si frappants; c'est aussi un geste naturel qu'on emploie pour exprimer sa bienveillance à un être inférieur, à un enfant, par exemple, enfin on sait qu'elle est un des plus puissants moyens d'influence de ceux qui exercent le magnétisme. Cette imposition des mains, le prêtre en détermine le sens surnaturel par une invocation; il brise les liens qui retiennent le pécheur dans l'ordre naturel, et il les brise au nom de cette même foi dont le pénitent a eu le tort de ne pas suivre la lumière, au nom de cette même Trinité qui lui avait donné la naissance spirituelle : « Je t'absous au nom du Père, du Fils et du Saint-Esprit, *Ego te absolvo in nomine Patris et Filii et Spiritûs Sancti.* »

La faculté animale qui correspond à la sainteté, c'est l'amour sensible; ces deux facultés jouent un rôle important dans l'être auquel elles appartiennent; les autres ne sont pour ainsi dire que des moyens; mais celles-ci résument l'être en le complétant : elles sont sa fin, car elles renferment dans les deux ordres le sens de la béatitude et sa réalisation; c'est aussi dans ces deux facultés que le péché a principalement porté ses ravages et qu'il a introduit le plus profond désordre. Le péché a certainement une grande influence sur toutes les facultés supérieures, et il les altère jusqu'à un certain point; mais il change totalement la nature de la sainteté : il la détruit comme sainteté, lui fait perdre son nom pour lui laisser celui de *conscience*. C'est dans la sainteté que l'ordre surnaturel, préparé par les autres facultés, vient se réaliser; aussi, quand elle est dénaturée par le péché, elle est comme morte; et comme elle résume l'âme spirituelle, sa mort est appelée la mort de l'âme. Tout être qui a péché a donc une de ses facultés mortes; c'est pour cela que saint Jean voyant dans l'Apocalypse un envoyé de l'ange des ténèbres, sous la forme d'une bête monstrueuse, la décrit ainsi : « Et j'ai vu une bête sortant de la mer et ayant sept têtes..... et j'ai vu une de ces têtes comme blessée et morte. *Et vidi de mari bestiam ascendentem, habentem capita septem..... et vidi unum de capitibus suis quasi occisam in mortem.* »

D'un autre côté, de toutes les facultés animales, c'est la faculté complémentaire qui a été le plus soustraite à la puissance spirituelle, qui forme avec elle la désharmonie la plus tranchée; cela devait être en effet; l'âme animale n'a pas la même fin que l'esprit, ou si cette fin est identique au fond, elle ne peut être cherchée et atteinte par les deux natures de la même manière. C'est donc à cet endroit où chaque être prend sa direction que les deux vies de l'homme tendent à se séparer pour aller chacune en sa voie; elles y tendent avec toute l'impétuosité qui porte l'être vers ce qui lui apparaît comme bonheur; c'est là que la désharmonie des deux natures doit surtout se faire sentir; cette vie animale est en cet endroit une tentation continuelle pour la vie supérieure, qui n'a sa béatitude qu'en espérance, en l'entraînant vers une béatitude présente; c'est une importunité de tous les moments. C'est cet ange de Satan, qui, selon l'énergique expression de saint Paul, allait le souffleter jusqu'au milieu de ses travaux apostoliques, jusqu'au sein de ses sublimes visions; c'est en un mot la concupiscence de la chair contre l'esprit. Aussi c'est là l'écueil universel de la sainteté qui a failli la détruire entièrement au déluge, et a toujours le plus puissamment concouru à sa ruine; c'est son écueil quotidien, et c'est la plupart du temps sur cette plaie sans cesse renaissante que le sacrement de Pénitence doit répandre ses grâces.

Une des parties de la matière du sacrement, la satisfaction, renferme toutes les œuvres de mortification, le jeûne et l'abstinence qui affaiblissent la chair; l'aumône qui lui retranche les moyens de se satisfaire, la prière qui attire en haut son attention. La matière du sacrement de Pénitence guérit donc spécialement la faculté animale, en refrénant son impétuosité et sa révolte, et la parole sainte rappelle l'âme à sa véritable fin, en remettant devant ses yeux Dieu, connu surnaturellement, ou la Trinité, au nom duquel on la délivre.

§ IV. — *Du sacrement de Confirmation et des sept dons du Saint-Esprit.*

Dans l'être, c'est la vie ou le Père qui engendre, la forme ou le Fils qui distingue, la lumière ou l'Esprit qui éclaire; puis l'éternité possède, la sainteté dirige et la liberté met en œuvre; mais à cause de l'unité substantielle de la vie, tout est simultané, de sorte que les sept facultés sont engendrées par la vie, distinguées par la forme, mises en œuvre par la liberté, et ainsi de suite. Les choses se passent d'une manière analogue dans la vie animale : ainsi, de même que toutes les facultés spirituelles sont manifestées par la liberté, de même toutes les facultés animales sont mises en œuvre par la spontanéité. La liberté n'est qu'en germe dans l'enfant, ce n'est pas d'elle que procèdent ses actes : l'enfant, comme l'animal, agit spontanément et selon les impressions fugitives des sens ; aussi rien n'est fixe chez lui, rien ne demeure, et son caractère est la mobilité et la légèreté. Plus tard vient ce qu'on appelle l'âge de raison, le rapport de la double idée répand la lumière, et la liberté, qui jusque-là était restée presque inactive, se présente, à la vue de la lumière qui doit la guider, pour gouverner le petit monde de l'homme, détrôner la spontanéité qui avait été maîtresse, et se la rendre obéissante. Cependant, pour coordonner son action à la fin surnaturelle, la liberté a besoin d'une double grâce, d'une grâce de lumière qui l'éclaire sur les sept facultés qu'elle doit mettre en jeu, d'une grâce d'onction qui assouplisse et élève la spontanéité dont la fougue contrarierait son action. Et c'est ici la double grâce du sacrement de confirmation.

Le pontife commence par faire sur ceux qui doivent être confirmés l'imposition des mains, qui, comme nous l'avons vu, appelle une influence supérieure ; puis il demande à haute voix pour eux l'esprit de lumière avec ses sept dons. Pourquoi ces sept dons, sinon pour les sept facultés de l'âme intelligente ? Qui ne voit que la lumière divine venant se briser dans la trinité humaine, se divise en sept nuances, comme la lumière du soleil dans le triangle de cristal ? Au reste, l'analogie entre les dons du Saint-Esprit et nos facultés est si évidente, qu'il suffira presque de les énoncer.

Le don de force convient à la volonté : il augmente l'expansion et la puissance de la vie, il la rapproche de plus en plus de son modèle, la vie toute-puissante du Père.

Le don de conseil est nécessaire pour diriger la liberté

dans son action, et surtout dans le choix d'une souveraine importance qu'elle va faire entre le bien et le mal.

Qu'est-ce que la piété? On donne ce nom à l'affection dévouée que nous avons, soit pour nos parents, soit pour notre patrie, soit pour Dieu; ces trois affections renferment presque tous les rapports que nous avons à supporter avec les autres êtres. La piété est donc le sentiment même de l'harmonie universelle; mais la piété exprime surtout ce qu'il y a de religieux dans ces trois sentiments, c'est-à-dire qu'elle exprime ces trois sentiments, en tant que fondés sur des idées religieuses, autrement sur la révélation. Et en effet la révélation nous donnant une nouvelle connaissance de Dieu, nécessite de nouveaux rapports entre nous et lui d'abord, puis entre nous et ceux qui représentent Dieu, nos parents et notre patrie. La piété est donc le sentiment des harmonies surnaturelles; c'est pourquoi nous avons besoin d'une grâce pour nous y élever, et cette grâce est une communication de l'esprit d'amour et de lumière à notre propre amour d'harmonie qui est notre lumière naturelle.

Par la crainte, disent tous les livres ascétiques, il ne faut pas entendre cette terreur de l'esclave qui tremble et n'aime pas, mais la crainte filiale de déplaire, qu'accompagne et qu'inspire l'amour. La sainteté de l'homme est bien imparfaite; il est si distrait! si négligent! il commet si légèrement les petites fautes! Jésus-Christ ne dit-il pas que le juste pèche sept fois par jour! Le don de crainte stimule sans cesse la conscience, il lui inspire cette vigilance qui ne laisse rien échapper et conserve la fidélité dans les moindres choses, cette vigilance qui a toujours fait le caractère des plus grands saints, et qui rapproche sans cesse la sainteté de l'homme, de cette sainteté éblouissante de Dieu, qui n'admet pas la moindre tache, et devant laquelle les anges eux-mêmes se voilent.

Le don de sagesse est une communication de cette sagesse divine que nous savons être l'idée de l'être. Dieu en a une conscience infinie, et nous n'en avons qu'une conscience très bornée, parce que l'idée du non-être n'y correspond pas. Lors même que Dieu nous révèle par la parole ce qu'il est, cette parole, loin d'entrer dans notre conscience, ne fait que l'effleurer; mais lorsque l'Esprit-Saint se communique à notre entendement, il nous communique avec lui un sentiment intime et ineffable qui nous fait goûter ces vérités révélées, et nous rend heureux de les posséder; c'est alors que la foi est vivante en nous, c'est alors qu'elle produit tous ces fruits admirables de l'ordre surnaturel, dont elle est la première source. « Tous les biens, dit Salomon, sont venus avec elle... et j'ai été heureux de toutes choses, parce que cette sagesse guidait mes pas. *Venerunt autem mihi omnia bona pariter cum illâ... et lætatus sum in omnibus quoniam antecedebat me ista sapientia*. (SAP. VII.) »

Le don d'intelligence rapproche l'intelligence de l'homme de cette justice divine à qui rien n'échappe; il lui apprend à distinguer le bien du mal, le vrai du faux, le juste de l'injuste, surtout les choses saintes de celles qui ne le sont pas, et lui fait ainsi éviter les mille piéges qui sont sous les pas de l'homme dans ce monde de non-être, où il y a tant d'apparences et si peu de réalités.

Enfin le don de science vient enrichir la mémoire de l'homme : il lui donne la force de conserver tout ce qu'elle a jamais appris de ces belles choses de la grâce, tout ce que l'esprit a pu concevoir ou pressentir des mystères divins. Il fait prédominer la science divine et surnaturelle sur la science naturelle et matérielle qui ne doit tenir que le second rang dans l'âme régénérée; et en donnant à la mémoire cette puissance de conservation et d'unité, qui est la condition nécessaire de la science, il la rapproche de plus en plus de cette magnifique éternité par laquelle Dieu possède son existence tout entière dans l'unité d'un seul regard.

Comme on le voit, les sept dons du Saint-Esprit ne s'adressent qu'aux facultés supérieures et ne sont point, comme les sept sacrements, des remèdes qui agissent aussi sur la faculté animale.

Lorsque le pontife a ainsi invoqué les sept dons de lumière, il prend une huile embaumée, qu'on appelle le saint-chrême, et fait une onction sur le front de celui qu'il confirme. Que signifie cette huile? L'huile a plusieurs usages naturels qui peuvent servir de symboles. On use de l'huile pour adoucir la rudesse de la peau et calmer l'inflammation d'une partie malade et irritée. L'huile est le type et le principe de tout ce qui tient à l'art du parfumeur; alors elle environne le corps comme d'un vêtement de grâce et de beauté, elle change l'imperfection naturelle d'une nature corruptible qui répand autour d'elle une continuelle odeur de mort et de décomposition, en un rayonnement suave qui semble émaner d'une nature incorruptible et d'une jeunesse immortelle. Sous ce rapport, l'huile devient un symbole qui peut accompagner tout acte revêtant une nature inférieure de l'influence d'une nature supérieure, surtout quand c'est une influence de lumière et de beauté. Aussi c'était avec l'huile sainte qu'on revêtait les rois de cette puissance qui était une participation de la nature divine, à qui seule appartient en propre toute royauté; c'est avec l'huile sainte qu'on sacrait les prophètes et les prêtres, ministres de la grâce et de l'Esprit-Saint. L'onction réelle, c'est celle de la grâce qui nous revêt de l'influence divine ; mais l'onction la plus parfaite, celle qui est le type de toutes les autres, c'est celle qui a revêtu l'humanité de Jésus, fils de Marie, de la personnalité divine ; aussi est-il appelé par excellence l'*Oint* ou le *Christ*.

L'onction que l'on fait au confirmé signifie donc à la fois l'onction de la grâce qui guérit, adoucit et modère la spontanéité, et l'onction de la grâce qui revêt la liberté de la lumière, de la beauté et des parfums de l'Esprit-Saint. A la fin de la cérémonie, comme pour éprouver la docilité de la spontanéité et la nouvelle domination de la raison, le pontife donne un léger soufflet au confirmé, en lui recommandant de conserver le calme et la paix, *Pax tecum*.

C'est ainsi que la confirmation vient, par la grâce, réaliser dans l'ordre surnaturel ce qui se fait naturellement dans l'homme au sortir de l'enfance, lorsque sa liberté, éclairée par la raison dont la lumière se fait sentir, arrache à la spontanéité les rênes de la vie et se charge dès-lors de produire les actions de l'homme et de diriger ses pas. Encore une réflexion. La grâce de force, qui est une des principales du sacrement de Confirmation, peut être regardée comme une conséquence même de la lumière. En effet, qu'est-ce qui arrête les pas de l'homme ? qu'est-ce qui paralyse sans cesse son action, sinon le doute et l'incertitude? La puissance de l'être spirituel, c'est la simplicité même de sa nature ; c'est l'unité : l'unité par elle-même est sans limites ; c'est une force infinie qui est enchaînée par les ténèbres : approchez-en la lumière, et la lumière la délivrera de ses liens et la laissera s'échapper en torrents de liberté ; c'est la lumière seule qui délie l'action de la puissance, la détermine et lui donne son caractère propre, selon qu'elle est elle-même grande ou petite, naturelle ou surnaturelle.

§ V. — *Du sacrement de Mariage.*

La religion a des grâces préparées pour toutes les époques décisives de la vie, et une de ces époques, c'est le mariage. Le mariage se présente sous deux points de vue, d'abord comme réalisation de l'amour sensible et reproduction de l'espèce, ensuite comme un contrat entre deux êtres libres pour concourir à une fin. C'est le mariage considéré comme contrat, qui, recevant la grâce, est élevé par elle à la dignité de sacrement.

L'indissolubilité du contrat de mariage ne ressort point de la nature de l'homme, et n'aurait pas eu lieu dans l'état de nature pure. En effet, il est impossible de trouver dans la nature même de l'homme des raisons de cette indissolubilité. On pourrait dire que par l'amour sensible deux âmes se complètent et ne sont plus qu'une seule âme; mais il faut remarquer que cette union, qui ne se réalise que par la forme matérielle, participe nécessairement à l'inconstance et à la mobilité de la matière, et qu'entre ceux mêmes qui restent liés par le contrat, cette union n'est qu'accidentelle et momentanée. La nécessité d'élever les enfants n'est pas une raison d'admettre l'indissolubilité dans l'état de pure nature, car la difficulté de fournir aux besoins des enfants vient de l'état actuel de la société et non pas de la nature même. Supposez en effet un climat doux et égal, une terre produisant d'elle-même les fruits nécessaires à la vie, après l'allaitement, l'enfant peut suffire lui-même à ses besoins corporels; et quant à la vie intellectuelle, si elle est purement naturelle, elle se développera d'elle-même, car tout ce qui n'est que naturel se développe, à moins d'obstacles. Il en serait de même dans une organisation sociale où la communauté se chargerait du sort des enfants. Je sais bien que dans l'ordre même de la nature on peut trouver de hautes et belles convenances, je sais qu'une amitié peut durer autant que notre vie éphémère, je sais que rien n'est plus beau que le dévouement de deux êtres l'un pour l'autre, que le sacrifice mutuel qu'ils se font des affections qui peuvent survenir, que la promesse qu'ils se donnent, eux qui sont destinés à vieillir et à mourir, de ne pas s'abandonner lorsque la mort commencera à étendre son ombre sur cette forme si séduisante maintenant; je sais que le souvenir et l'affection impérissables d'une veuve sont un spectacle sublime; mais d'abord il serait impossible de démontrer que ces sentiments n'ont pas leur racine dans un ordre de choses plus élevé que celui de la pure nature; et ensuite tout ceci n'est pas absolu : cela est quelquefois, mais le contraire est aussi et peut être plus souvent : on ne peut donc en faire la base d'une loi absolue; or l'indissolubilité du mariage catholique est absolue.

Mais supposez l'ordre surnaturel, tout change. Alors, dans le plan divin, l'homme n'est plus là seulement pour engendrer, il est dépositaire de la révélation qui lui a donné la vie surnaturelle, et il doit la transmettre à sa femme et à ses enfants; il doit rester là comme un témoin qu'on vient consulter dans les difficultés que l'esprit humain ne peut résoudre par lui-même et que la seule parole de Dieu peut trancher; il doit veiller aux égarements de la nature dans ses enfants qui ont encore besoin de lumière, lorsque déjà depuis longtemps ils suffisent à leurs besoins matériels; enfin il faut que dans les contradictions qu'engendre dans les rapports, soit intérieurs, soit extérieurs, le mélange des deux vies naturelle et surnaturelle, il aie l'autorité de juger les différends et de maintenir l'ordre. Le père, dans cet ordre de choses, n'est donc pas seulement père, il exerce le sacerdoce et la royauté, et c'est avec tous ces caractères que l'histoire nous représente les premiers patriarches du monde; leur sacerdoce a été plus utile au monde que leur fécondité; ils sont plus grands comme pères des croyants que comme pères selon la chair; c'est la lumière précieusement conservée par eux qui a sauvé le monde d'une ruine complète au moment du déluge, et qui a préparé le nouveau salut du monde dans l'avènement du Christ. Ce sont des pères croyants qui ont enfanté ces races d'hommes supérieurs qu'on voit à toutes les époques dominer le monde et le remplir tout entier; mais, sans la permanence du mariage et la perpétuité de la famille, les traditions n'auraient pu se transmettre, et se seraient bientôt entièrement perdues, car tout ce qui est naturel vient de lui-même et sans peine; mais nous savons par expérience combien il faut de soin pour conserver et perpétuer toutes les œuvres où l'art s'ajoute à la nature, telles que les plantes étrangères, certaines fleurs doubles, certaines races croisées d'animaux.

La conservation des traditions révélées exigeait donc la perpétuité du mariage; l'idée même que nous nous faisons de la révélation l'exige aussi et lui impose en outre d'autres conditions. L'union de l'homme et de la femme, comme nous l'avons déjà remarqué, représente l'union qui se fait en Dieu du positif et du négatif, c'est-à-dire du Père et du Fils. Or le Père n'a qu'un Fils, et son union avec lui est éternelle. Dès que l'homme connaît le mystère de la Trinité, il doit conformer à ce divin type qui lui est présenté, l'union des deux parties de l'être sensible séparées par le sexe. L'homme croyant ne doit donc avoir qu'une femme et l'avoir pour toujours. C'est ainsi que le mariage a été institué dans le paradis terrestre, c'est ainsi que nous le voyons conservé par la race fidèle, presque jusqu'au déluge. La pureté du mariage s'altère ensuite avec la foi, Moïse tolère chez les Juifs la polygamie et, en certains cas, le divorce, mais selon la parole de Jésus-Christ, *ad duritiam cordis,* « à cause de la dureté de leur cœur. » Enfin Jésus-Christ, qui vient rétablir la foi dans toute sa pureté, ramène le mariage à sa première institution; et c'est avec cette perfection que lui a rendue Jésus-Christ, qu'il s'est perpétué dans l'Église catholique. L'union du Verbe fait chair avec les hommes qui croient en lui, c'est-à-dire l'Église, son influence continuelle et féconde sur elle par la révélation, est aussi une image de l'influence éternelle de la substance divine qui est le Père, dans la forme qui est le Fils; aussi l'union de Jésus-Christ et de l'Église a toujours été considérée comme un mariage; c'est pourquoi saint Paul le proposait pour modèle aux chrétiens : « Époux, disait-il, chérissez vos épouses comme Jésus-Christ chérit son Église; et comme l'Église est soumise à Jésus-Christ, que les femmes le soient à leurs maris. » Il cite ensuite les paroles d'Adam : « L'homme quittera son père et sa mère et s'attachera à son épouse, et ils seront deux en une seule chair; » et il termine par ces paroles remarquables : « Ceci est un grand sacrement, je vous le dis en Jésus-Christ et son Église, *Sacramentum hoc magnum est, ego autem dico in Christo et in Ecclesiâ.* »

Nous pouvons comprendre maintenant quelle est la grâce dont l'homme a besoin dans le mariage. Jusque-là la vie lui a paru légère, il l'a portée seul; mais il va prendre sur lui une autre vie qui va se multiplier entre ses mains : il faut qu'il en prenne la responsabilité, et pour toujours.

Quelle force, quelle constance ne faudra-t-il pas à sa volonté pour ne point se démentir? quelle puissance pour assujétir à la même fixité la vie animale si inconstante, si mobile de sa nature? Il a donc besoin d'une grâce de constance pour la volonté, et d'une grâce d'enchaînement pour l'âme inférieure; il a besoin, en un mot, d'une grâce pour exprimer dans son union l'unité et la permanence indéfectibles du Père uni avec le Verbe.

Tout ceci est très bien exprimé par la forme et la matière du sacrement. La matière, c'est le contrat naturel qui se fait entre les deux époux par leur consentement réciproque. Le contrat entre les hommes n'est autre chose qu'un frein imposé à l'âme par la volonté : c'est une garantie que les êtres libres se donnent entre eux contre la mobilité des passions de la vie inférieure; mais il est dans la nature qu'un contrat puisse se dissoudre par le même consentement mutuel qui l'a formé. Pour celui qui connaît la Trinité, un contrat qui peut se dissoudre ne représente plus suffisamment l'union irrévocable, éternelle du Père et du Verbe : il faut donc élever le contrat au-dessus de la dissolubilité qui lui est naturelle; il faut l'y élever par un motif saint et par un moyen saint; c'est ce qu'on obtiendra en admettant comme témoin, comme juge, comme tierce partie en un mot dans le contrat, une volonté sainte, incapable de changer, et qui, étant immortelle, est toujours là pour attester le contrat et en garantir l'observation; ce témoin saint et immortel, c'est l'Église, dont l'acceptation élève le contrat de mariage qui se fait devant elle à l'état surnaturel d'indissolubilité.

Ceci nous explique pourquoi Fourier, qui est parti du point de vue purement naturel, est tombé dans de si grossières conclusions au sujet du mariage; ceci nous explique encore pourquoi les siècles incrédules ne peuvent comprendre le mariage catholique et réclament le divorce.

§ VI. — *Du sacrement de l'Ordre.*

La lumière naturelle de l'homme, c'est le rapport nécessaire qui existe entre le fini et l'infini, entre l'idée du non-être, quelle que soit son développement toujours fini, et l'idée fondamentale de l'unité, au-delà de laquelle la nature ne peut s'élever par elle-même. Pour élever la lumière naturelle à un ordre surnaturel, il faut faire ce que la nature ne peut faire seule, développer l'idée de l'être ou de l'unité: c'est ce que fait la révélation; les ministres de la révélation sont donc les ministres de la lumière, et le sacrement qui fait ces ministres est le sacrement de la lumière.

Pourquoi l'homme ne peut-il par lui-même développer en lui l'idée de l'infini, c'est-à-dire trouver avec elle d'autres rapports que celui de l'unité? La raison de ceci, que nous avons au reste déjà donnée, est très simple : c'est qu'entre le fini, quel qu'il soit, et l'infini, il n'y a qu'un rapport absolu, celui du point au centre. Cette incapacité est une infirmité inévitable en tout être fini, quelque parfait qu'on le suppose.

L'homme dans l'état de pure nature aurait-il fait de grands efforts pour développer en lui l'idée négative, c'est-à-dire la science? il n'y a pas lieu de le croire. Il est peu encourageant, au bout de toutes ses recherches, d'arriver au même résultat et de retomber dans le même rapport d'unité; la nouveauté est le grand stimulant de l'homme : il est donc facile de comprendre combien la foi a dû être utile à la science; on peut concevoir leur rapport comme celui des deux électricités positive et négative, qui sont en effet leur symbole, puisqu'elles représentent l'idée de l'être et du non-être; ces deux électricités ne font rien l'une sans l'autre, elles se provoquent l'une l'autre et se développent l'une par l'autre. Si l'une des deux n'agit qu'imperceptiblement, l'autre languit; mais dès que l'une agrandit son action, l'autre se lève et réagit à son tour; toutefois, dans cette lutte, c'est à l'électricité positive, symbole de la foi, qu'appartient le rôle le plus brillant; c'est elle qui est la plus active, elle qui fait les premières démarches et va réveiller l'autre dans son repos; l'électricité négative semble se contenter d'attirer sa brillante compagne. Quoi qu'il en soit, au point où elles se rencontrent, jaillit l'étincelle; leur union produit la lumière. L'élément négatif ou la science se trouve dans l'homme en puissance : si cet élément était seul, il serait complétement inutile; aussi l'idée positive entre-t-elle aussi dans l'essence de l'homme; mais toute infinie qu'elle soit en elle-même, elle n'est dans sa conscience qu'à un état élémentaire, au-delà duquel il ne peut l'élever; si elle restait à cet état, l'action de l'élément négatif resterait bornée et languissante. La terre, spirituellement parlant, est donc électrisée négativement : que faut-il pour en faire jaillir la lumière et mettre en action toute cette électricité négative? il faut que l'électricité positive descende du ciel; toute la terre alors sera illuminée, et les peuples se réjouiront. Tel est l'effet de la foi : c'est la foi qui est venue sur la terre stimuler la science et lui donner l'action et la vie; elle presse l'esprit humain comme un aiguillon infatigable, et de même que saint Paul a dit : « *Charitas Christi urget nos,* » on pourrait dire : « *Veritas Dei urget nos,* la vérité de Dieu nous aiguillonne et nous presse. »

Comment en serait-il autrement? C'est la loi même de

l'être, et en Dieu les choses se passent d'une manière semblable, tout en Dieu est action et réaction du Père et du Fils, du positif et du négatif et harmonie résultant de cette action réciproque, c'est l'unité du Père qui enfante la distinction du Fils, et c'est la distinction du Fils qui donne une forme à cette unité et la rend intelligible, c'est l'un par l'autre que le Père et le Fils ont conscience d'eux-mêmes en particulier et de tous deux, et cette conscience c'est la lumière et la joie éternelle. C'est ainsi que la foi naturelle à l'idée de l'être enfante une science naturelle et que la foi surnaturelle provoque la science à sortir de ses limites et à faire des efforts surhumains pour atteindre la foi et se mettre en harmonie avec elle. Malheureusement il y a une grande différence entre ce qui se fait dans l'éternité en Dieu et ce qui se fait dans le temps au sein de la société. L'élément positif est, de sa nature, créateur mais sans mesure et sans ordre, l'élément négatif est destructeur, mais leur harmonie universelle annule leurs défauts et manifeste la souveraine perfection. En Dieu tout est simultané et éternel, on ne voit donc jamais en lui le principe positif agir seul ni le principe négatif prévaloir, mais l'harmonie est aussi ancienne, aussi grande, aussi forte que les deux autres éléments, c'est pour cela qu'il n'y a en lui ni excès, ni vicissitudes mais paix éternelle, bonheur sans mélange. Dans le domaine du temps tout se fait par succession et ce n'est qu'après les excès et les réactions que l'harmonie vient apporter la lumière et consoler le monde. Il ne faut donc point désespérer de lui à cause de ces excès mais faire tous ses efforts pour y introduire l'harmonie. C'est la foi qui est venue par Jésus-Christ apporter une nouvelle vie au monde ; elle a d'abord dominé seule, et ce n'était point la perfection, car elle manquait de mesure et ne savait pas éviter l'excès de la superstition. Cependant la chaleur de la foi répandait partout une vie plus puissante que celle de la nature, la science s'est sentie provoquée, saisie de cette vie brûlante, elle s'est levée et a dominé à son tour, mais dans sa domination elle a développé son caractère destructeur, elle a tout couvert de ruines et de sang, et on a cru un moment qu'elle allait étouffer la foi; cependant au moment même de ses fureurs, c'était de cette foi contre laquelle elle luttait qu'elle tenait cette vie débordante, cette force indomptable. Ne perdons point courage, il faut que la troisième phase arrive à son tour, les temps arrivent où l'harmonie viendra essuyer toutes nos larmes et consoler le genre humain. Oh ! quel est celui qui a de l'intelligence et de la vie et qui ne se mettra pas de suite à l'œuvre pour la faire descendre plus vite sur la terre? Si nous voulons être utiles au monde, efforçons-nous donc de comprendre et de faire comprendre à tous, les rapports, je dirais presque l'identité qui existe entre la science et la foi. Certes, il y a de l'ouvrage pour tous, car tant qu'il restera des mystères l'œuvre ne sera point finie, la fécondité du christianisme ne sera point épuisée. Les siècles ne suffiront point à cette œuvre ! et il n'y aura pas trop de l'éternité pour l'accomplir, il faut seulement approcher de plus en plus de ce qu'on ne peut atteindre encore.

Il résulte de tout ceci que ce qui élève la lumière naturelle de l'homme à l'état surnaturel, c'est la foi qui provoque la réaction de l'intelligence, de laquelle réaction résulte finalement une harmonie supérieure. Cette union qui est lumière, avant de se faire dans la société, se fait dans certains individus qui la répandent ensuite autour d'eux. C'est le prêtre qui doit être l'instrument de cette diffusion dans le monde, n'est-ce pas lui en effet qui par sa position même se trouve dans les conditions les plus convenables pour atteindre ce but? Il est homme et en cette qualité il participe plus ou moins à la science de son temps, qui est l'élément négatif, comme prêtre il reçoit le dépôt de la foi qui est l'élément positif, c'est donc en lui d'abord que les deux éléments se rencontrent, c'est donc en lui qu'ils doivent commencer à s'unir. Ces deux éléments peuvent néanmoins rester longtemps en présence sans s'embrasser, parce qu'ils ne sont pas du même ordre, et que la science pour s'unir à la foi, a besoin de s'élever jusqu'à elle en se surnaturalisant; il faut nécessairement une grâce qui aide cette union, cette grâce est celle du sacrement de l'Ordre. Si le prêtre n'avait d'autre fonction que celle de conserver la révélation telle qu'elle existe, le prêtre, l'Eglise même ne seraient qu'un bibliothécaire, les protestants auraient raison, la Bible suffirait, mais il n'en est point ainsi, le prêtre doit expliquer la foi au peuple. Qu'est-ce qu'expliquer la foi, sinon y introduire la distinction ou la science, la faire descendre jusques dans les images sensibles par les rapprochements et les comparaisons afin de la rendre plus accessible à tous? Le prêtre se résume en deux mots : *Le sacrifice de l'autel et la parole,* le sacrifice qui est la distinction surnaturelle, la parole qui est le véhicule de la foi. De quelque côté que nous l'envisagions nous voyons toujours en lui le positif surnaturel en face du négatif, et leur union où la lumière nous apparaît comme sa perfection, son but, sa complète réalisation.

La première, en effet, des fonctions du prêtre, la plus pressante de ses obligations est celle d'enseigner et de répandre la lumière surnaturelle, Jésus-Christ ne dit en les quittant qu'un mot à ses apôtres. « Allez, enseignez toutes les nations, les baptisant au nom du Père, du Fils et du

Saint-Esprit. » Saint-Paul se souvenant de cet ordre formel du fils de Dieu, disait aux Corinthiens : « Si j'évangélise je ne dois point en être loué comme d'un acte non obligé, car c'est une nécessité pour moi, et malheur à moi si je n'évangélise pas. «*Nam si evangelizavero, non est mihi gloria : necessitas enim mihi incumbit, vœ enim mihi est si non evangelizavero.* » Il en est encore qui voudraient renfermer le prêtre dans l'aumône et la pratique matérielle de la charité, mais il sont condamnés par la bouche même des apôtres qui instituèrent des diacres pour se débarrasser de la distribution des aumônes, disant : « Il n'est pas convenable que nous abandonnions la parole pour le service des tables. « *Non est œquum nos derelinquere verbum Dei et ministrare mensis.*» Il est facile maintenant de nous faire une juste idée de la perfection du prêtre ; le prêtre sans foi est une monstruosité, dans le prêtre sans science la foi reste souvent inutile faute de réaction et abusive faute d'équilibre. Le prêtre le plus parfait est celui en qui la foi vive est en face du plus haut degré possible de science et qui a reçu du Saint-Esprit la grâce d'unir ces deux éléments et de faire jaillir l'étincelle, c'est vraiment alors que selon la parole de Jésus-Christ il est la lumière du monde «*vos estis lux mundi.*» Tels ont été les Saint-Augustin, les Saint-Thomas d'Aquin et une foule d'autres. Qu'on interroge l'histoire, on verra que les savants ne songent ordinairement qu'à rattacher leurs conceptions à l'unité, mais que c'est presque toujours dans le prêtre que s'est opérée cette union de la science et de la foi qui a enfanté toutes les philosophies élevées que domine la philosophie chrétienne. Effacez de l'histoire des anciens peuples toutes les œuvres des castes sacerdotales qui conservaient les débris des traditions primitives, retranchez tout ce qui depuis Jésus-Christ a été écrit par un prêtre, et calculez si vous pouvez ce que serait l'esprit humain et sa lumière.

Nous avons dit que la lumière, c'était le sentiment du beau et de l'harmonie universelle et qu'elle renfermait ainsi le sens de nos rapports avec tous les autres êtres et des autres êtres entre eux. La lumière naturelle nous donne donc la conscience de la série des rapports qu'elle renferme, qui sont ceux de la société naturelle ; mais la lumière surnaturelle donne l'idée d'une société plus parfaite dont le type est dans la trinité et la réalisation dans le ciel, et nous tous qui par la foi sommes entrés dans l'ordre surnaturel, nous tendons à nous rapprocher de plus en plus de cette société bienheureuse qui est devenue notre patrie et le terme de notre repos. Or le mot qui résume cette société et tous ses rapports, c'est le mot charité qui est l'expression de toute l'harmonie surnaturelle, la charité qui exprime les nouveaux rapports du chrétien comme chrétien avec tous les hommes, qui exprimera éternellement aussi les rapports des saints entre eux et avec la Trinité selon cette parole de saint Paul, « *charitas autem manet in æternum*, la charité demeure éternellement. » Examinons quel est le sens précis, quelle est l'énergie de ce mot.

La charité, c'est ce commandement nouveau que donne Jésus-Christ, et en qui doivent se fondre la Loi et les prophètes, il abroge donc tous les anciens rapports qu'indiquait la nature, comme saint Paul le dit aux Galates : « Vous tous qui avez été baptisés en Jésus-Christ, vous avez revêtu le Christ, il n'y a plus ni juif, ni grec, ni esclave, ni libre, ni homme, ni femme, vous êtes tous une seule chose en Jésus-Christ. *Non est judæus neque græcus ; non est servus neque liber; non est masculus neque femina ; omnes enim vos unum estis in Christo-Jesu.* » Aussi entre chrétiens tous les titres disparaissent, ils sont tous enfants devant Dieu et frères devant les hommes, c'est pourquoi celui qui parle à l'assemblée des fidèles, ne voit qu'une chose en eux; quels que soient leurs âges, leurs sexes, leurs rangs, leurs dignités, selon le monde, le prêtre ne voit que des frères, et c'est sous ce titre qu'il adresse à tous la parole. Jésus-Christ exprimait avec force cette pensée, lorsqu'il disait : « Quiconque fait la volonté de Dieu, celui-là est mon frère, et ma sœur, et ma mère. » Car là, nous voyons tous les rapports absorbés dans un seul. Enfin, Jésus-Christ nous montrant un degré plus élevé encore de perfection dans le ciel notre modèle, nous dit : « A la résurrection on ne demandera point et on ne sera point donné en mariage, mais on sera là comme les anges de Dieu dans le ciel. *In resurrectione enim neque nubent neque nubentur sed erunt sicut angeli Dei in cœlo.* » Et, en effet, dans cette bienheureuse patrie, il n'est plus besoin de tous ces rapports naturels, car le rapport de charité qui a tout remplacé, est plus doux, plus délicieux, plus tendre, plus ineffable que tous les rapports de frère et de sœur, de père et de fils, d'époux et d'épouse. La charité peut aussi exister sur la terre, mais comme la foi qui la produit, elle est dans nous sans être entièrement dans notre conscience, nous avons donc sa réalité sans avoir encore sa douceur. « Il n'y a point de plus grand amour, dit Jésus-Christ, que de donner sa vie pour ceux qu'on aime, *majorem hac dilectionem nemo habet ut animam suam ponat quis pro amicis suis.* » Jésus-Christ mourant pour tous, a donc eu pour tous le plus grand amour possible, et les saints qui l'ont imité ont eu ce même amour, mais ils n'avaient point encore la conscience intime de sa douceur, autrement ils auraient dès ce monde joui du ciel.

Toute la perfection de la société du ciel ne peut se réaliser sur la terre, mais chacun en approche selon ses forces et surtout selon la manière plus ou moins parfaite dont il conçoit le rapport de fraternité universelle. Le prêtre atteint au sommet de la charité par la virginité; comme Melchisedech son type mystérieux, il est sans père ni mère, sans généalogie, *sine patre, sine matre, sine genealogia.* Le prêtre n'a point de famille, non parce que son cœur s'est endurci ou rétréci, mais parce que sa famille est le monde.

Oui, c'est une chose sublime qu'un saint prêtre avec sa charité sans limites! Demandez-lui quelle est sa patrie? il vous répondra : l'univers! Sa famille? l'humanité! Ses enfants? ils sont partout, dans les contrées les plus désolées, dans les déserts, dans le châlet des montagnes, dans la hutte du sauvage, dans le pays brûlé du nègre, dans les îles perdues au milieu de l'Océan; aucun n'est exclu de son amour, tous y ont leur part, il a une goutte de sang à verser pour chacun. Demandez-lui quels sont ses amis? il vous répondra tous ceux qui souffrent; il est le père de ceux qui n'en ont plus, l'ami de ceux qui sont abandonnés de tous, le frère de ceux qui sont sans famille, le protecteur des opprimés, le docteur de ceux que la science méprise et repousse; la terre tout entière ne peut contenir sa charité; c'est lui qui veille sur les âmes expiant dans un autre monde les fautes de celui-ci, offre pour elles le sang de Jésus-Christ, et ne se lasse point de les recommander aux frères de la terre; c'est lui qui entretient ici-bas le culte des saints qui triomphent dans la patrie; il semble sans cesse aller de la terre au ciel et du ciel à la terre, il semble s'élever de la terre lorsqu'il offre les prières du peuple, et immole pour lui la sainte victime, il semble redescendre du ciel quand il répand sur le peuple les bénédictions qu'il en rapporte ; en un mot, continuant la mission de Jésus-Christ médiateur universel, il est le lien qui unit non-seulement les hommes entre eux, mais encore les trois mondes de l'Église, celui du combat, celui de l'expiation et celui de la gloire, il est le ministre de l'harmonie universelle et surnaturelle, de la religion dans toute l'énergie du mot (*religare, lier.*)

Je sais qu'il y a encore bien des prêtres au-dessous de leur mission, mais qu'importe? Après tout, n'est-ce pas le prêtre qui remplit le rôle sublime que nous venons de tracer.

Or, comment le prêtre peut-il arriver à ce sommet de charité? n'est-ce point par le célibat? Je le demande, tout ce que nous avons dit est-il conciliable avec les entraves d'une famille? Peut-on concevoir cette largeur sans mesure dans un cœur tiraillé par les exigences d'une femme et les cris d'enfants qui demandent du pain et de la fortune? Ceux qui ont affecté de peindre sous de poétiques couleurs un bon pasteur vivant patriarchalement au milieu de sa famille, sont restés fades malgré tous leurs efforts, ils n'ont le plus souvent abouti qu'à faire un joli petit portrait de la sensibilité, mais ils n'ont rien compris à la charité et à ses vastes proportions, je ne nie pas le gracieux de leurs tableaux, mais qu'ils sont pâles à côté de la vie héroïque des apôtres, des missionnaires, de nos grands papes et de nos saints évêques.

Un des plus grands obstacles à cette entière réalisation de la charité, c'est la sensibilité qui n'a le sens que de certains rapports particuliers, qui tend toujours à se renfermer dans son petit cercle, et à oublier le reste de l'Univers, la sensibilité qui aime tant à s'absorber dans la famille, et a souvent même de la peine à en atteindre les limites. Je l'ai déjà dit, je ne veux point ôter à la sensibilité son mérite, c'est une belle fleur que je ne veux ni flétrir, ni déraciner, mais je ne puis souffrir ceux qui ne veulent rien voir au-delà, qui ne veulent pas comprendre qu'il y a des régions plus élevées que la sienne. Au-dessus de la sensibilité, lumière animale, il y a la lumière naturelle de l'intelligence, et au-dessus de la lumière naturelle, il y a la céleste charité, émanation directe de l'esprit de lumière et d'amour.

Dans le prêtre qui doit réaliser sur la terre le plus haut degré possible de la charité, il faut qu'il y ait absorption de tout ce qui est naturel et sensible, il est facile maintenant de voir quelle est la grâce qui lui est nécessaire. Il faut pour son être spirituel une grâce de lumière et de charité qui ne peut être qu'une effusion de l'Esprit-saint, il faut aussi une grâce qui transforme la sensibilité, lui donne l'universalité qui n'est pas dans sa nature, la surnaturalise pour tout dire. Tel est, en effet, le sens des cérémonies du sacrement de l'ordre.

Dans l'ordination soit du prêtre, soit de l'évêque (et l'on sait que l'épiscopat n'est que le sacerdoce dans toute sa plénitude), nous voyons d'abord l'imposition des mains; cette cérémonie dont nous connaissons déjà le sens, est accompagnée de paroles qui appellent l'effusion de l'Esprit saint, et font descendre la grâce de lumière. Ensuite, on oint de l'huile sainte deux doigts des mains du prêtre et la main tout entière de l'évêque. La main est le principal instrument des rapports que la sensibilité nous indique vis-à-vis des êtres vivants; c'est avec la main que nous flattons l'animal qui nous plaît; c'est avec la main que nous saluons, que nous donnons, que nous acceptons, que nous approuvons, que nous repoussons, que nous protégeons et quelquefois que nous commandons; enfin le croisement de deux mains est le grand symbole de l'amitié; mais voilà que les mains du prêtre et de l'évêque vont être employées à des rapports nouveaux et bien au-dessus de la nature, elles vont entrer en communication avec la personnalité divine dans le corps et le sang de Jésus-Christ, elles vont acquérir le droit de puiser dans le sein même de Dieu les bénédictions qu'elles vont faire descendre en abondance sur les personnes et sur les choses; les mains de l'évêque ointes sans restriction ont un pouvoir sans bornes, celles du prêtre ont une puissance moins grande. On dirait que les mains des anciens patriarches avaient le pouvoir de faire descendre les bénédictions du Père, le prêtre semble bénir surtout au nom du Fils, de Jésus-Christ dont il est le ministre, mais les trésors mêmes de l'Esprit saint sont entre les mains des évêques; ils l'appellent infailliblement sur le confirmé à qui ils font la sainte onction, sur le prêtre auquel ils imposent les mains, sur l'évêque qu'ils consacrent, car c'est un évêque qui consacre un autre évêque, parce qu'il n'y a plus de bénédictions au-dessus de la sienne. Il faut donc, que pour êtres capables de réaliser tous ces rapports surnaturels, ces mains soient consacrées par l'huile sainte, et qu'en elles la sensibilité soit revêtue d'une nature supérieure, fortifiée et embaumée par l'influence de la grâce.

L'homme a besoin d'être préparé de longue main à une si haute perfection; le sacerdoce, sublime effusion de l'Esprit saint et la plus haute manifestation de la charité sur la terre, n'est que le dernier degré d'une échelle mystérieuse sur laquelle l'Église fait monter peu à peu ceux qui aspirent à la plus sainte des fonctions, comme si elle craignait qu'ils ne fussent éblouis en abordant tout d'un coup la lumière. Chose étonnante! Cette échelle nous présente encore le nombre 7, car il y a sept ordres, les quatre *moindres* qui sont ceux de *portier*, de *lecteur*, d'*exorciste* et d'*acolyte* et les trois *grands* qui sont le *sous-diaconat*, le *diaconat* et le *sacerdoce*. Le nombre 7 ici ne peut avoir d'autre raison que celle que nous lui avons trouvée partout, et en effet les fonctions de ces différents ordres semblent avoir des harmonies spéciales avec chacune de nos facultés spirituelles. On voit que l'Église avant d'élever l'amour au point sublime où le place la grâce du sacerdoce, a voulu élever d'avance toutes les autres facultés, afin qu'elles forment à l'amour dominant un cortége moins indigne.

La fonction de *portier* qui est la première que donne l'Église paraît une émanation de la justice divine, car c'est lui qui dans le temps où les pécheurs et les cathécumènes étaient exclus du lieu saint, devait au moment du sacrifice faire à la porte de l'Église la séparation des dignes et des indignes, lui qui devait faire régner l'ordre et la discipline parmi les fidèles, lui qui devait faire le discernement du temps et appeler aux heures marquées les fidèles à l'office : à lui appartiennent les œuvres de distinction.

Le *lecteur* est la mémoire de l'Église ; car à lui sont confiés les livres sacrés, et en l'ordonnant l'évêque lui impose l'obligation de veiller à la pureté du texte, afin que la parole de Dieu qui est la vie de l'Église ne soit point falsifiée, mais qu'elle conserve, et par elle, l'Église, sa parfaite identité.

La manifestation extérieure de la puissance, c'est la liberté : l'Église semble en confier l'exercice à l'*exorciste*, qu'elle charge de chasser le démon du corps des possédés ; mais il doit aussi réaliser la liberté en lui-même : c'est pourquoi l'évêque l'exhorte vivement à chasser avant tout le démon de son propre cœur et à dompter ses passions.

La fonction de l'*acolyte* est de porter dans le lieu saint la lumière matérielle, lumière qui n'est entre ses mains qu'un symbole d'une lumière spirituelle. Or, l'acolyte n'a point le droit d'enseigner ; cette lumière spirituelle n'est donc pas celle de la parole, mais, comme l'évêque le lui rappelle, celle des bonnes œuvres et de la sainteté. « Soyez donc, leur dit-il, attentifs à pratiquer toute vérité, toute justice, toute bonté, toute vérité, afin d'être lumière à vous-même, aux autres et à l'Église de Dieu. Vous présenterez dignement au sacrifice divin le vin et l'eau, si auparavant vous vous êtes vous-même offert en sacrifice par la chasteté et les bonnes œuvres. « *Estote igitur solliciti in omni justitiâ, bonitate, veritate ut et vos et alios et ecclesiam Dei illuminetis. Tunc et enim in Dei sacrificio dignè vinum suggeritis et aquam si vos ipsi sacrificium per castam vitam et bona opera oblati fueritis.* »

Jésus-Christ, dans le saint sacrifice est le centre de tous les ordres ; ceux-ci sont regardés comme plus ou moins élevés selon qu'ils participent plus ou moins par leurs fonctions au sacrifice. Les trois grands ordres donnent à celui qui les reçoit une part plus directe à ce sacrifice. Le sous-diacre a le droit de toucher les vases sacrés, il doit laver de ses mains les linges qui ont touché le corps de Jésus-Christ et qui en contiennent peut-être encore les parcelles. Le diacre a le droit de distribuer le corps même de Jésus-Christ aux fidèles, et le prêtre a le pouvoir suprême de consacrer le pain et le vin, et de les bénir.

Mais ces fonctions ont un sens mystique et spécial que l'évêque indique à ceux qu'il est sur le point d'ordonner. Lorsqu'il explique aux sous-diacres leurs fonctions, il les explique dans le sens de la Foi, il leur dit que les soins qu'ils rendent à l'autel ne sont que la figure des soins qu'ils doivent rendre aux fidèles, membres de Jésus-Christ qui est l'autel vivant. « Si donc, ajoute-t-il, il arrive par la fragilité humaine que les fidèles soient souillés en quelque chose, vous devez leur fournir l'eau d'une céleste doctrine par laquelle étant purifiés, ils redeviennent l'ornement de l'autel et l'honneur du saint sacrifice. Soyez donc tels, que dignes serviteurs des sacrifices divins et de l'église de Dieu, c'est-à-dire du corps de Jésus-Christ, vous soyez fondés dans la foi catholique qui est la vraie foi, car, selon la parole de l'apôtre, tout ce qui n'est pas de la foi est péché, schismatique, et hors de l'unité de l'Eglise. »

La Foi, c'est l'idée de l'être ou la sagesse, le sous-diaconat semble donc émaner spécialement de la sagesse divine et préparer l'entendement au sacerdoce par une foi vive.

Le diacre, ministre des tables et des aumônes représente sur la terre la Providence du Dieu créateur et sa sollicitude paternelle sur ses enfants, il doit aussi manifester la puissance du Père par l'énergie de sa volonté. C'est ce que l'évêque lui fait comprendre en lui expliquant ses fonctions ; après avoir rappelé à ceux qu'il doit ordonner la tribu de Lévi, choisie entre toutes les autres dans l'ancienne loi, il ajoute : « Aujourd'hui, mes chers enfants, vous recevez leur nom et leur fonction, parce que vous êtes choisis pour le ministère du tabernacle du témoignage, c'est-à-dire de l'église de Dieu, afin d'y exercer la fonction de la tribu de Lévi qui toujours prête, repousse les ennemis par un infatigable combat; c'est pour cela que l'apôtre nous dit : Ce n'est point seulement contre la chair et le sang que nous avons à lutter, mais contre les principautés et les puissances, contre les dominateurs des ténèbres de ce monde, contre les efforts spirituels du mal dans les régions supérieures. »

Enfin, lorsque l'évêque, par l'imposition des mains, fait

descendre l'Esprit-Saint sur le diacre, il l'invoque comme esprit de force : « *Accipe spiritum sanctum ad robur.* »

Cet esprit de force et de puissance s'est hautement manifesté dans les premiers diacres ordonnés par les apôtres et surtout dans Saint-Etienne, auquel personne ne pouvait résister, « *Et non poterant resistere sapientiæ et spiritui qui loquebatur.* » Saint-Etienne qui faisait ce discours énergique sous l'impression duquel les juges sentaient grincer leurs dents et leurs cœurs se briser, qui enfin donnait le premier l'exemple généreux du martyre.

Après toutes ces initiations, l'Esprit qui est à la fois lumière et charité, se répand dans l'âme du prêtre et du pontife et lui donne la grâce dans toute sa plénitude, car il faut que de là elle déborde sur tout le monde, puisque prêtre ou évêque il devient le ministre et le dispensateur des grâces, et c'est lui qui doit entraîner la société dans la voie surnaturelle du progrès. La grâce ne peut monter plus haut sur la terre, le prêtre est sur la limite des deux mondes dont il est le médiateur, plus haut que lui l'influence divine perd son nom de grâce et prend celui de gloire ; la gloire, ce sera le progrès au sein de l'éternité.

§ VII. — *De l'Extrême-Onction.*

Lorsque l'homme, arrivé aux confins de la vie, est sur le point de franchir ce passage décisif à un autre monde que nul ne peut envisager sans un saisissement de cœur, l'Eglise lui fait ses adieux en lui offrant un dernier sacrement au nom de Jésus-Christ. Quelle sera la grâce spéciale de ce nouveau don de Dieu?

L'extrême-onction est regardée par plusieurs comme un supplément au sacrement de Pénitence. En effet, dans tous ces comptes qui ont été réglés avec Dieu dans le saint tribunal, il y a peut-être bien des choses oubliées, soit par négligence, soit involontairement, cependant il faudra bientôt paraître devant ce Dieu dont la sainteté absolue est incompatible avec la moindre souillure ; il faut donc une grâce qui supplée à la faute ou à l'incapacité de cette mémoire qui, troublée quelquefois par les images sensibles, arrêtée d'autres fois par leur absence, a rempli inexactement ses fonctions ; l'extrême-onction remettra donc les fautes que n'a point effacées le sacrement de Pénitence, c'est la grâce que la théologie lui reconnaît.

Mais le sacrement ne peut aider et fortifier la mémoire sans la rendre victorieuse et indépendante de toutes ces images matérielles qui ont jusque-là empêché la pureté de son action, il faut donc que cette influence purificatrice s'étende aussi sur l'imagination pour la dompter, la guérir, l'élever et la sanctifier. N'est-ce pas à cause de cela que l'extrême-onction fortifie contre les terreurs de l'agonie dont l'imagination seule peut être le siége? Aussi le prêtre, en appelant l'indulgence divine sur les péchés du moribond oint d'une huile sainte, chacun des sens par où les images se sont introduites dans notre pensée, afin de calmer leur agitation, de guérir leur faiblesse et de jeter la lumière dans ce cahos de souvenirs que le délire fait quelquefois tournoyer dans un cerveau prêt à se dissoudre.

Est-ce là tout? Nous ne pouvons le dire, car de tous les sacrements, celui de l'extrême-onction est celui dont il nous est le moins possible d'observer les effets ; c'est un drame dont nous ne voyons que le commencement et dont la fin se passe derrière le voile impénétrable de l'éternité. N'est-il pas permis de croire que Jésus-Christ qui, suivant l'homme dans toute sa carrière, a satisfait à tous ses besoins avec une si admirable prévoyance aura donné au dernier des sacrements toutes les grâces qui peuvent aider l'homme dans ce moment solennel de la mort?

Or, que lui faut-il encore à cet homme qui va mourir? Il va passer d'une vie à une autre vie toute différente, n'y aura-t-il pas quelque danger pour lui? quelque terrible dislocation dans ce brusque passage? A dire la vérité, toute notre vie terrestre ne devrait être qu'une longue et active préparation à cette nouvelle existence toute spirituelle. Nous naissons dans la matière et tout matériels; il faudrait dès le commencement travailler à diminuer l'épaisseur de cette écorce terrestre, spiritualiser de jour en jour la matière, en élevant l'esprit et en le faisant prédominer; il faudrait qu'à la fin de notre vie terrestre nous ayons rendu cette enveloppe grossière si légère, si délicate, qu'elle soit devenue diaphane et transparente, qu'à travers son tissu nous puissions entrevoir la lumière de la vraie vie et jeter d'avance un regard dans l'éternité; alors la transition serait douce et nous n'aurions plus pour ainsi dire qu'un pas facile à faire pour mettre le pied sur l'éternel rivage. Mais quel est l'homme qui a ainsi employé sa vie. Hélas! au dernier moment il reste souvent beaucoup à faire et il est besoin de beaucoup de grâces pour achever à temps cette vie intelligente dont on va rendre compte ; elle a tellement été mêlée à la matière qu'elle en a presque subi les propriétés, elle a été sans cesse agitée, mobile, morcelée, elle a passé comme un tourbillon de poussière et à peine son identité est-elle demeurée reconnaissable; il faut donc maintenant apaiser cette agitation, oublier, effacer ces images matérielles qui flottent comme un nuage aux formes changeantes; il faut résumer ses volontés, ses idées, ses affections, en un mot toute cette vie dispersée par la matière, et la ramener à l'unité spirituelle afin qu'on puisse comprendre le regard et l'interrogation du juge suprême, qu'on ne soit point trop novice à essayer cette nouvelle vie où on va entrer et entretenir de nouveaux rapports dont rien n'a pu donner l'idée. Sans doute la grâce du dernier sacrement doit aider à cela, elle doit être une grâce puissante d'unité qui accompagne l'homme au-delà du tombeau et l'initie à des actes inconnus auparavant.

Ainsi, l'extrême-onction complète et couronne l'échelle mystérieuse des bienfaits du Christ. La grâce divine qu'il y a attachée, élève et sanctifie l'imagination ; elle vient au secours de la mémoire, l'aide à se débarrasser des liens de la matière et à recueillir en elle la lumière surnaturelle ; elle lui rend cette force puissante d'identité qui la rend immortelle ; elle prépare ainsi l'homme à la vie qui ne doit plus finir; elle le prend par la main lorsqu'il est sur le bord de la tombe, l'accompagne au-delà des limites de la vie jusqu'aux pieds du juge suprême et ne le quitte que lorsqu'elle l'a remis entre les mains de la gloire, sa sœur, dans le sein de l'indivisible éternité.

CHAPITRE XXVI.

DE LA MATIÈRE DES SACREMENTS ET DU NOMBRE QUATRE.

Arrêtons encore un moment notre attention sur la matière employée dans les sacrements et nous verrons avec quelle profonde sagesse elle a été déterminée.

La matière en général peut se renfermer sous deux grandes divisions, la matière solide et la matière fluide. Si nous examinons le rôle que joue la matière sous ces deux points de vue, nous verrons que, comme solide, elle constitue toutes les formes; comme fluide elle est l'image de la vie. Toute matière fluide, comme la vie dont elle est l'image, est indéterminée et n'a pas de formes par elle-même; toute matière solide, comme la forme, n'est point vie par elle-même et la reçoit de la matière fluide. Ce sont l'eau et l'air qui font vivre les plantes, le sang et le fluide nerveux sont chez l'animal la source du mouvement. C'est dans les trois grands fluides qu'on trouve la raison et le principe de toute vie matérielle; mais il y a plusieurs sortes de fluides. Les anciens avaient divisé toute la nature en quatre éléments : la terre, l'eau, l'air et le feu. On s'est beaucoup moqué de cette belle et grande division ; il est vrai qu'en laissant au mot *élément* le sens qu'on lui donne, elle est chimiquement inexacte ; mais supposez qu'un jour on résolve le grand problème de l'unité de la matière, la division des cinquante-quatre éléments de la chimie actuelle serait annulée à son tour. Seulement l'ancienne division renferme une grande vérité qui est indépendante de toute modification dans la science, car elle nous montre dans quatre types les quatre états différents où la matière peut se trouver : dans la terre, l'état de solide, dans l'eau, l'état de liquide, dans l'air l'état de gaz, dans le feu, l'état de fluide impondérable.

Ce nombre quatre, très célèbre dans l'antiquité et qui était la base du plus grand serment des Pythagoriciens est un de ces nombres qui sont pleins de mystères, parce qu'ils ont leur type en Dieu même et se réalisent premièrement dans son indivisible unité.

Nous avons vu en effet que Dieu renfermait quatre termes dans sa Trinité, puisque la seconde personne en renferme deux, l'idée de l'être et celle du non-être. Ces quatre termes de la Trinité sont la cause, la raison, le type de tout nombre quatre : cherchons-en maintenant les différentes applications.

Commençons par parler des quatre états de la matière qui nous ont donné occasion de parler de ce nombre. Il est évident d'abord que l'état solide qui constitue la forme est par là même le plus négatif et sera le symbole de l'idée du non-être ; la matière est dans son ensemble le symbole de cette idée du non-être, mais la solidité est le plus haut degré de matérialité ; c'est donc à cet état qu'elle représentera le mieux son type. Tout au contraire, l'état fluide est celui où la matière est le moins matière possible et semble le plus se rapprocher de la nature spirituelle : c'est donc dans cet état qu'elle représentera le mieux l'unité et la vie ; nous avons déjà vu ailleurs que les trois fluides impondérables étaient un symbole du Père. L'air est un symbole si naturel de l'Esprit que c'est de lui qu'on a tiré son nom. *Esprit*, *spiritus*, veut dire *souffle*. Reste l'eau pour exprimer l'idée de l'Être ou la sagesse divine et elle le fait admirablement ; l'eau est le grand miroir de la nature, elle la reflète comme la pensée divine reflète l'être ; l'eau a quelque chose d'indéterminé comme l'idée de l'être ; c'est l'eau qui purifie tout sans absorber rien, comme l'idée de l'être qui manifestée par la révélation élève l'homme à l'état surnaturel, éclaire toute intelligence, purifie les souillures spirituelles ; l'eau qui est souvent prise dans l'Écriture pour symbole de la sagesse contient en elle le sel, autre symbole de la sagesse. Les quatre états de la matière sont donc en harmonie avec les quatre types divins.

Nous avons vu en parlant de la création qu'il n'y avait que quatre sortes d'êtres possibles, parce que la substance divine ne peut se concevoir que sous quatre points de vue, ou totalement informée et distinguée, ou partiellement informée, ou limitée seulement, ou niée. Ces quatre degrés de l'être doivent correspondre aux types que nous étudions. En effet, la matière ou la forme, c'est l'idée du non-être seule et ne renfermant point la substance, l'animal, c'est la substance seule, ou du moins sans forme propre. Dans l'être intelligent, nous voyons en présence l'idée de l'être, qui étant indivisible est infinie, et l'idée du non-être, qui étant limitée, est toujours infiniment petite vis-à-vis de l'autre. L'être intelligent fini peut donc être regardé comme une manifestation spéciale de la sagesse divine aussi isolée que possible, puisque ne pouvant subsister seule, elle n'a en concurrence qu'un infiniment petit. Aussi la sagesse fait ses délices d'être avec les enfants des hommes. Enfin la nature divine manifeste par-dessus tout l'Esprit saint, qui n'est la perfection de l'être que parce qu'il est l'harmonie complète et souveraine de la double idée de l'être et du non-être.

Dans la nature nous voyons les quatre points cardinaux, le froid a toujours été regardé comme négatif par rapport à la chaleur ; le nord, séjour du froid, sera le symbole de l'idée négative; le sud, au contraire, séjour de la chaleur, le sera du positif ou de la vie, c'est de l'orient que nous vient la lumière, symbole de l'Esprit saint, et l'occident qui est le but où vient aboutir la course de la lumière exprimera la sagesse dans laquelle vient se terminer l'action de l'Esprit saint qui y dirige l'être tout entier. Les mêmes raisons à peu près peuvent rattacher au type commun les quatre saisons de l'année. L'hiver destructeur représente l'idée négative; le printemps avec ses zéphirs et ses fleurs semble vouloir nous retracer toutes les grâces de la beauté divine; l'été nous peint la toute-puissance de la vie et l'automne la fécondité de la sagesse qui est le père de tous les êtres, comme nous l'a dit la tradition juive.

Ce nombre quatre se trouve encore écrit d'une manière frappante dans l'essence même de la matière. Réduisez la matière à sa plus simple expression, vous aurez l'atôme ou la molécule élémentaire; donnez-lui la forme la plus simple vous aurez le tetraèdre ou pyramide triangulaire. Or, dans cet état, la matière aura toujours et à la fois, d'abord les trois dimensions, longueur, largeur et profondeur; ensuite quatre côtés. (*Fig.* 14.) Essayons de retrancher un de ces côtés, il n'y aurait pour cela qu'un moyen, c'est de prolonger la figure de ce côté infiniment, mais alors nous retombons dans l'infini; chacun de ces côtés considéré comme le quatrième, représente donc la limite ou la réalisation du fini, c'est-à-dire la création.

Ceci complète l'intelligence du nombre quatre. En effet, en Dieu il y a trois personnes mais quatre termes. L'idée du non-être qui est le quatrième en tant que forme, ne trouve de réalisation dans l'être divin que dans son expression la plus générale qui est l'unité; mais la variété des formes finies qu'elle contient, lesquelles formes finies constituent l'individualité de tous les êtres finis possibles, n'est en Dieu avant la création qu'à un état d'abstraction pure. La création seule donne donc à ces types une réalité individuelle, ou vivante, ou personnelle; la création, réalisation du fini complète donc en un sens une des personnes divines en faisant passer les types qu'elle contenait de l'état d'abstraction à celui de réalité par leur union spéciale avec la substance ou la vie. C'est sans doute ce que sentait M. Blanc Saint-Bonnet, lorsqu'avec une trop grande audace d'expression il disait, que l'homme était destiné à former comme une quatrième personne de la Trinité, idée dont il trouvait un si frappant symbole dans l'accord complet *ut, mi, sol, ut,* où le dernier *ut* complète l'accord sans y rien ajouter substantiellement, idée qui se trouve encore symbolisée dans la gamme mineure qui est la réalisation de la note qui correspond à l'idée négative. Le nombre quatre, c'est donc la Trinité et ses quatre termes, mais surtout lorsque le quatrième terme se trouve complètement réalisé par la création. Tout ceci était admirablement exprimé dans notre molécule tetraèdre; car là, nous apercevions quelque chose d'immuable, c'étaient les trois dimensions qui expriment la triple personnalité et qui restaient identiques au milieu de toutes les modifications possibles, mais les côtés ne présentaient point le même caractère de nécessité, car la réalisation de l'un de ces côtés se présentait comme pouvant se reculer et s'ajourner indéfiniment, tel est le caractère de la création. « *Ut possitis intelligere quæ sit longitudo et latitudo, et sublimitas et profundum.* Comprenez, dit saint Paul, quelle est la longueur et la largeur, la hauteur et la profondeur. » La longueur engendre la largeur, la longueur et la largeur produisent la hauteur et tous les trois réalisent la profondeur ou l'abîme sans fond du non-être.

Nous retrouvons encore ce nombre quatre dans les matières employées dans les sacrements, ces matières sont : le pain, le vin, l'eau et l'huile, si nous y ajoutons le sel qui a le même sens que l'eau, qui dans la nature se trouve dans l'eau et que l'église mêle aussi à l'eau qu'elle bénit et emploie pour le baptême, nous aurons tout le fond de la nourriture humaine et toute la matière des sacrifices pacifiques de l'antiquité.

Nous savons déjà que l'eau est le symbole de la sagesse divine, le pain étant la seule de ces matières qui se présente à l'état solide peut seul représenter l'idée du non-être qui est justice en Dieu et intelligence dans l'homme. J'ai déjà dit que l'écriture en plusieurs endroits prenait l'eau comme symbole de la sagesse; mais voici un texte où l'Esprit saint met en contraste le symbolisme du pain et celui de l'eau, précisément dans le sens que nous venons de lui donner. « Celui qui craint Dieu, dit l'ecclésiastique, possédera la justice, et la justice comme une mère le nourrira du pain de l'intelligence et l'abreuvera de l'eau salutaire de la sagesse. *Cibabit illum pane vitæ et intellectus et aquà sapientiæ salutaris potabit illum.* » Le vin par ses effets ressemble à la vie, il produit la chaleur dans l'organisme, il produit l'expansion, l'enthousiasme, l'ardeur, que la vie produit aussi, et rien ne ressemble plus à l'exaltation produite par le vin, que l'ivresse excitée par la surabondance de vie dans la fougueuse jeunesse, enfin le vin a la couleur rouge qui est celle du sang et de la vie.

L'huile est le moyen typique et sacré de la lumière artificielle, c'est elle qui a la première éclairé les hommes pendant la nuit, c'est elle encore qui alimente la flamme veillant dans le sanctuaire, elle est donc le symbole de l'Esprit saint comme lumière. L'olivier a été de tous les temps, et chez tous les peuples le symbole de la paix, depuis la branche d'olivier que la colombe rapporta dans l'arche, jusqu'à l'olivier d'Athènes consacré à Minerve, et nous savons que le Saint-Esprit est paix et harmonie. Aussi lorsque l'Eglise bénit l'huile qu'elle doit employer aux sacrements, elle invoque sur elle l'Esprit saint. « Envoyez, nous vous prions, Seigneur, votre Esprit saint consolateur du Ciel dans cette liqueur de l'olive. *Emitte, quæsumus Domine, spiritum sanctum tuum paraclетum de Cœlis in hanc pinguedinem olivæ.* »

Nous pouvons maintenant juger avec quelle sagesse les matières ont été assignées aux sacrements. L'eau et le sel, symboles de la sagesse, sont employés dans le baptême, sacrement qui est une émanation de la sagesse divine dans l'entendement humain; l'huile, symbole général de la grâce s'emploie spécialement dans l'ordre et la confirmation qui donnent la lumière de l'Esprit saint, c'est par l'incarnation que nous sont venus tous les biens et par laquelle se nouent tous les rapports entre Dieu et nous ; mais cependant l'incarnation est surtout la manifestation négative de Dieu. Il en est de même de l'eucharistie, continuation de l'incarnation qui nous donne toutes les grâces en nous donnant le maître de la grâce, qui néanmoins en est la manifestation négative. Or la matière de l'eucharistie est surtout le pain ; mais elle renferme aussi le vin et l'eau qu'on y mêle avant de le consacrer. D'ailleurs, l'eucharistie exprimant l'idée négative exprime la distinction ; la distinction en se manifestant manifeste les objets qu'elle distingue, c'est pour cela que l'idée du non-être appelle nécessairement l'idée de l'être et ne peut se réaliser sans elle ; l'eucharistie qui représente la distinction de l'être et du non-être doit donc nous les montrer tous les deux, non pas comme l'Esprit saint dans leur unité, mais dans leur division et séparés l'un de l'autre, et c'est en effet séparés que l'eucharistie nous montre le pain et le vin. C'est à cause de cette même séparation entre ce qui représente la vie et ce qui représente la forme que les sacrifices sanglants ont été ordonnés par Dieu dès le commencement comme partie essentielle du culte, comme reconnaissance de la distinction des personnes divines et comme figure du Verbe, principe de cette distinction qui devait plus tard se manifester dans la chair.

On pensera peut-être que le vin, symbole de la vie, aurait dû être employé dans le mariage, sacrement qui correspond à la vie, mais le mariage qui est un contrat ne pouvait exiger l'emploi d'une telle matière. Toutefois le vin est bien l'accompagnement naturel d'un jour de noces, il a comme tel l'approbation de Dieu même, et ce n'est point sans mystère que l'eau a été changée en vin par Jésus-Christ aux noces de Cana.

Quelle conclusion nous reste-t-il à tirer de tout ce que nous avons dit au sujet des sacrements? Ne serons-nous pas obligés de reconnaître le doigt de Dieu dans ces cérémonies saintes du culte catholique dont l'organisation suppose une connaissance profonde de la nature divine, de la nature humaine, de la pensée qui a présidé à la création, et la juste appréciation des harmonies qui les unissent. Ne sera-t-on pas surtout frappé si l'on songe que cette organisation a été établie au milieu d'un peuple grossier par douze pêcheurs ignorants. Certes si un philosophe eût trouvé les vérités dont ces cérémonies supposent la connaissance n'eût-il pas publié ses découvertes avec plus d'enthousiasme que Pythagore, Platon, Plotin, Porphyre, Appollonius et tant d'autres? Non, celui qui a institué les sacrements sans se vanter d'une science qu'aucun autre que lui ne pouvait avoir alors n'est pas un homme, Dieu seul peut agir ainsi.

CHAPITRE XXVIII.

DU BIEN ET DU MAL.

Dieu a fait dans les sept dons du Saint-Esprit un présent magnifique à la liberté; armée ainsi de pied en cap, elle doit faire son choix entre le bien et le mal, elle peut voir alors que toutes les armes qu'on lui a mises entre les mains lui étaient nécessaires puisque le bien se montre à elle sous sept formes, comme sept trésors à conquérir, et le mal aussi sous sept aspects, comme sept ennemis capitaux qu'il faut repousser. Cependant avant d'étudier le bien et le mal sous leur sept formes, il faut nous assurer si nous comprenons exactement leur essence même.

Il est peu de questions qui aient autant tourmenté l'esprit de l'homme que celle du bien et du mal, et de fait il en est peu d'aussi difficiles; le mal surtout s'est toujours présenté comme un problème terrible et insoluble. On a d'abord regardé le mal comme un être positif, puis réfléchissant que Dieu est l'auteur de tout être, l'esprit a reculé devant la pensée de faire Dieu auteur du mal ; quelques-uns alors ont pris le parti de nier le mal et de le regarder comme une illusion, sapant ainsi le fondement de toute morale ; mais le plus grand nombre a cru échapper à la difficulté en déclarant le mal purement négatif, en l'appelant diminution de l'être ; il est vrai qu'en faisant du mal une espèce de néant, on évite d'en rendre Dieu l'auteur ; mais avant d'admettre cette opinion, examinons si elle ne nous jette point d'autre part dans de grandes difficultés.

D'abord que faut-il entendre par diminution de l'être ? Est-ce diminution de l'être proprement dit ou de la substance ? Ceci serait absurde, la substance est une, indivisible et infinie, par conséquent elle n'est pas susceptible de plus ou de moins, elle *est* ou elle *n'est pas*. Le mal serait-il une diminution de la forme ? mais quelque modification qu'on fasse subir à la forme, pourra-t-on arriver à une forme qui ne soit pas dans la pensée divine ? Le mal serait donc une réalisation de la pensée divine et aurait son type et son modèle en Dieu ! Comment peut-on dire que le mal c'est le négatif ? Qui ne voit l'effroyable proscription que renferme cette parole ? elle frappe de mort toute une moitié de l'être, car alors il faut regarder comme mauvais toute la matière, l'ombre, le silence, le repos, tout le sexe féminin, l'innocence et l'humilité, il faut maudire la science, que dis-je ? Dieu même serait enveloppé dans la condamnation, et le Verbe lui-même, le fils éternel de Dieu, la seconde personne de la Sainte-Trinité dont le caractère est le négatif, devrait être regardée comme mauvaise et source du mal, elle ne serait plus que l'Ahriman du dualisme Persan. Si le mal n'est qu'une négation de l'être, il faut rayer une des vérités les plus importantes de la morale et peut-être la plus importante de toutes, puisqu'elle est la sanction des autres, c'est que la souffrance ou le malheur sont la conséquence nécessaire du mal. Si le mal est en effet une négation de l'être, la souffrance, conséquence du mal, devra augmenter avec cette négation et arriver à son sommet avec elle; or il en est autrement, soit dans l'ordre physique, soit dans l'ordre moral; nous voyons les êtres les plus parfaits capables des plus grandes souffrances, comme l'exprime cette parole de l'Esprit saint. « Les puissants seront puissamment tourmentés. *Potentes autem potentes tormenta patientur.* » (*Sap.* VI, 7.) Tout au contraire les êtres nuls souffrent peu, la souffrance des animaux placés au bas de l'échelle de la vie est encore un problème. Enfin poussez la négation de l'être à son dernier degré, arrivez au néant, toute souffrance cesse. Donc le souverain-mal ne serait plus le souverain malheur.

Que seront donc le bien et le mal dans leur essence s'ils ne sont ni le positif, ni le négatif? La réponse est facile, en dehors du positif et du négatif il n'y a plus qu'un terme dans l'être, c'est la lumière, l'harmonie. Le bien sera donc la lumière, l'harmonie; le mal, son contraire, sera les ténèbres ou la désharmonie, en disant cela nous retombons dans le sens commun, car le mal, c'est le désordre, tout le monde le sait, et nous mettons Dieu hors de cause, car en lui tout est harmonie : la désharmonie ne peut se trouver ni dans son être, ni dans sa pensée, la désharmonie ne trouve en Dieu ni type, ni modèle. Ce qui se passe dans l'ordre physique nous fera toucher au doigt cette vérité; la chaleur qui est positive est-elle un bien ou un mal? Elle peut être l'un et l'autre; le froid qui est négatif est-il un bien ou un mal? Il peut également être l'un ou l'autre. Quand sont-ils un bien? Quand sont-ils un mal? Unis tous deux dans une juste proportion, ils sont un bien; unis dans des proportions vicieuses ou en désharmonie, ils sont un mal. On en peut dire autant du bruit et du silence, de l'activité et du repos. Tout est bien dans l'harmonie, sans l'harmonie tout est souffrance ; la joie même de l'intelligence peut tuer la vie animale si elle est trop en désharmonie avec elle, car on meurt d'un excès subit de joie. Le bien et le mal ne peuvent pas être essentiellement différents dans un ordre et dans un autre, nous pouvons donc affirmer que dans l'ordre moral le bien et le bonheur sont aussi l'harmonie ; le mal et le malheur, la désharmonie et le désordre.

La plus grande difficulté nous reste néanmoins à résoudre. Quelle est l'origine du mal? Comment est-il possible? En quoi consiste cette désharmonie? On répond que la liberté a choisi entre le bien et le mal, mais cette réponse n'est pas une solution, car elle laisse encore derrière elle d'énormes difficultés ; nous savons en effet que la possibilité du mal n'est nullement dans l'essence de la liberté, puisque Dieu à qui le mal est impossible est souverainement libre. Pourquoi le mal est-il impossible à Dieu et non à l'homme? Nous avons déjà répondu : parce que Dieu est infaillible et que l'homme ne l'est pas. Mais alors le mal n'est donc qu'une erreur? Une pure erreur peut donc être coupable? Pourquoi tous ces reproches à un pauvre être qui a pris le mal en croyant prendre le bien? Faudra-t-il donc admettre que l'homme voyant le bien et le mal, le bonheur et le malheur préfère le mal précisément parce qu'il est mal? Que l'homme aime mieux être malheureux qu'heureux? Cela ne choque-t-il pas le bon sens et l'expérience? Tout le monde n'a-t-il pas reconnu que le désir du bonheur est impérissable dans l'homme et qu'il semble faire le fond même de son être, tant il y est fortement attaché?

Qu'est-ce donc que le mal dans l'homme? Comment son harmonie peut-elle donc être brisée? Dans Dieu, avons-nous vu, la lumière ou l'Esprit saint conduit l'être tout entier à la sainteté ou à la souveraine béatitude, l'animal suit la sensibilité, sa lumière, qui le conduit à la béatitude qui lui est propre; l'homme aussi ne peut moins faire que de suivre sa lumière qui lui indique les rapports qu'il doit soutenir avec tous les êtres, comment pourrait-il faire autrement? Où prendrait-il l'idée de chercher des rapports qu'il ne connaît pas? Ne connaît-on pas l'axiôme du sens commun: « *Nul désir de l'inconnu. Ignoti nulla cupido.* » Et si l'homme doit nécessairement suivre sa lumière, comment au lieu de le conduire au bonheur le conduirait-elle au malheur? Je cherche de toutes manières et je ne trouve qu'une seule cause possible capable de briser l'harmonie de l'homme, c'est une duplicité de lumière. Supposons l'homme en face de deux lumières différentes et dont il ne saisisse pas le rapport; le voilà dans le doute, l'incertitude, l'unité de sa liberté est rompue. Voyons si cette hypothèse est admissible et approfondissons-en les conséquences.

Non-seulement l'hypothèse est admissible, mais elle est un fait et pour nous le plus important de tous les faits, puisque c'est sur lui que repose toute la destinée de l'homme; ce fait résulte de la révélation. En effet, il suffira d'exposer ce qui se passe dans la révélation et quelles suites en découlent, pour résoudre la question sous toutes ses faces.

Lorsque Dieu parle à l'homme et lui communique la vérité, est-ce pour lui dire ce qu'il sait déjà? on ne peut admettre cela d'un Dieu qui doit au jugement dernier faire rendre compte de toutes les paroles inutiles. Il y a donc nécessairement, au moment où Dieu parle, disproportion entre la lumière supérieure de Dieu qui est communiquée et la lumière naturelle de l'homme. Que fera l'homme? il aura confiance en cette nouvelle lumière ou non. S'il a confiance, il cherchera à y élever la sienne, sinon il s'arrêtera à la siénne et voudra confondre cette lumière divine avec la sienne, et soumettre ainsi la première à la seconde. Avant de voir la suite, il est d'abord nécessaire de rappeler à la mémoire quelques principes. Ce qui est plus grand comprend ce qui est plus petit, car comprendre veut dire contenir, comprendre, c'est la manière de contenir de l'esprit, la compréhension est une équation entre notre esprit et la vérité; la lumière supérieure comprend donc nécessairement la lumière inférieure, et la lumière inférieure ne peut comprendre la supérieure que lorsque se rapprochant d'elle, elle s'est assez dilatée pour lui être égale; mais de même que le plus petit vase contient quelque chose de l'Océan, de même la plus petite lumière comprend quelque chose de la plus grande, sans quoi tous rapports seraient impossibles entre elles; quelque différence qu'il y ait entre deux nombres, il y a un rapport entre eux, et ce rapport résulte de la partie du grand qui est contenu dans le plus petit, mais le rapport n'est parfait que quand il arrive à l'égalité. Comprendre parfaitement suppose donc la supériorité ou l'égalité, mais il y a aussi une compréhension imparfaite qui est la compréhension du moindre par rapport au plus grand.

Disons encore que la lumière ou l'idée ne recule pas. Pour que l'idée reculât, il faudrait qu'elle cessât d'être vraie, ce qui est absurde. Voici une vérité! l'homme est un animal; cette vérité est contenue dans une plus complète : l'homme est un animal raisonnable. Il est bien clair que la première, sans cesser d'être vraie, peut se transformer en l'autre si on lui ajoute ce qui lui manque, mais pour changer la seconde en la première, il faudrait rayer une vérité : savoir, que l'homme est raisonnable. La vérité, c'est Dieu, elle est éternelle ; pour cesser d'être, il faudrait que Dieu oubliât. Donc il est impossible que la vérité ou la lumière supérieure puisse se restreindre pour entrer en égalité avec la vérité ou la lumière inférieure. Ce qui est vrai en Dieu qui est éternel, est vrai aussi dans l'intelligence qui est immortelle ; les images s'effacent, l'idée demeure ; l'idée est comme un sceau qui laisse son empreinte sur l'intelligence ; l'intelligence est une forme spirituelle, l'empreinte qui a pu modifier intérieurement la forme spirituelle de la substance une, est indélébile comme elle.

Si l'homme comprenait parfaitement la lumière que Dieu lui a donnée, il la suivrait sans la moindre hésitation ; mais il ne la comprend pas tout entière ; pour se rapprocher d'elle et la comprendre tout entière, il faut donc qu'il cesse de s'appuyer uniquement sur sa lumière inférieure, il faut que comme le nageur qui repousse du pied le rivage qu'il quitte et s'abandonne au flot de l'Océan, il ait confiance, en un mot, il faut qu'il croie ; s'il hésite, s'il doute, s'il ne croit pas, il restera immobile sur le rivage. On conçoit donc comme possible que l'homme refuse de se confier à cette parole divine dont il ne voit pas le fond, parce qu'en effet, elle est plus profonde et plus vaste que l'Océan.

Lorsque la révélation se présente à l'homme, elle trouble d'abord sa paix, parce qu'elle rompt son unité ; si l'homme pouvait rétablir sur-le-champ cette unité rompue il arriverait aussitôt à un bonheur plus grand que celui qui a précédé cette rupture ; s'il ne le peut pas, aussitôt son bonheur est retardé; s'il ne le peut nullement, il est détruit.

Pour bien comprendre cette idée, il faut compléter la notion que nous nous sommes faites jusques-là du bonheur ou de la jouissance, en l'analysant avec plus de précision. Le bonheur, avons-nous dit, c'est le sentiment simultané de tout son être : mais comment l'être arrive-t-il à ce sentiment ou à cette conscience? Si nous réfléchissons, nous verrons que tout sentiment résulte d'une comparaison et suppose une opposition et un contraste, prenons un exemple à la portée de tous, et analysons la jouissance gastronomique. Cette jouissance se compose de deux éléments qui lui sont indispensables, un bon mets et un bon appétit; ni l'un ni l'autre de ces éléments isolés ne suffit; la manducation dans l'absence totale de la faim est un acte répugnant et pénible; la faim sans l'aliment est un cruel supplice; c'est donc de l'harmonie de ces deux supplices que se forme la jouissance, et cette jouissance est à son comble quand les deux éléments sont dans une parfaite égalité; la jouissance est imparfaite quand la faim ne peut se rassasier, et la table surabondante excite le regret du gourmand dont l'estomac ne peut suffire à tout. Mais, remarquons quel est le caractère de ces deux éléments; l'un est une abondance, l'autre un vide; l'un est positif, l'autre est négatif; et il n'en peut être autrement. Qu'on parcoure tout le cercle des jouissances connues, on n'en trouvera pas une seule qui ne soit composée des mêmes éléments : toute jouissance est un besoin satisfait, le besoin et la satisfaction sont aussi nécessaires l'un que l'autre, ôtez l'un des deux, il ne vous reste plus qu'une plénitude nauséabonde ou une anxiété torturante. Toutes les jouissances de l'âme animale étant matérielles, sont sujettes au temps et par conséquent transitoires et successives, le besoin commence, la jouissance suit, la satiété termine, puis il faut recommencer. Les jouissances de l'intelligence qui est immortelle sont permanentes de leur nature, et ne subissent d'interruption dans l'homme qu'à cause des images qui sont du domaine de l'âme animale; on ne se rassasie point d'idées, le besoin de l'intelligence est toujours vivant, et si la satisfaction ne se faisait jamais attendre, son bonheur serait continu, c'est-à-dire éternel.

Dieu seul est donc parfaitement heureux, parce qu'en lui le positif et le négatif sont infinis, et que l'harmonie infinie qui les unit n'a jamais souffert la moindre altération; le Fils avec sa forme négative est un vide infini, un abîme sans fond, un besoin éternel; le Père avec sa forme positive est une plénitude sans mesures et éternellement inépuisable, le Saint-Esprit est leur éternelle communion.

Lorsque Dieu nous donne la révélation, il introduit en nous une lumière étrangère que nous n'avons point produit nous-même, car elle n'est pas le résultat de notre idée négative avec notre idée positive, mais de l'idée positive qui étant infinie nous est commune avec Dieu, et de la distinction même de Dieu. La disproportion de ces deux lumières nous fait sentir le vide de la lumière inférieure et crée en nous un immense besoin, un abîme à combler; pour y parvenir, il faut que notre distinction s'élève et atteigne la distinction divine qui nous a été communiquée; c'est là le travail de la philosophie, et lorsqu'elle aura atteint son but, le mystère aura déchiré son voile dans la mesure où le but aura été atteint, l'harmonie sera rétablie, la lumière aura acquis un nouvel éclat et la béatitude un nouveau degré. Si nous avions les aîles des anges nous pourrions avec la rapidité de la pensée nous élancer à la voix de Dieu qui nous appelle et nous ne laisserions pas au besoin que la révélation nous crée le temps de devenir une souffrance; mais embarrassée par le poids d'une nature dégradée et sujette à l'ignorance, notre marche est lente et pénible, au lieu de voler, nous rampons, et l'inquiétude qui agite et pousse l'humanité n'est autre chose que ce besoin créé par la révélation. Le bonheur parfait ou l'harmonie absolue est donc impossible sur cette terre justement appelée *une vallée de larmes*, la révélation l'en a chassé. C'est dans ce sens que Jésus-Christ a dit : « Je ne suis pas venu apporter la paix mais le glaive. *Non veni pacem mittere sed gladium.* » Ce qui tient lieu de la béatitude sur la terre, et en même temps ce qui en approche tous les jours et y conduit à la fin de la vie, c'est l'espérance que fait naître la foi. Dès que le chrétien entend la voix de Dieu, plein de confiance en sa véracité, il la croit sans la comprendre encore, il n'a pas moins de confiance en sa bonté qu'en sa véracité, il pense donc que Dieu ne l'appelle pas dans des abîmes infranchissables, il se tourne alors vers la nouvelle lumière et se met en marche, il a foi aussi dans la beauté de cette lumière qu'il ne fait qu'entrevoir, il croit qu'en elle se trouve la béatitude et il ne s'arrêtera pas qu'il ne l'ait atteinte; c'est ainsi que par la triple foi en la vérité, la bonté et la beauté de Dieu, l'homme s'avance vers ses belles destinées, consolé, soutenu par la douce espérance et suppléant par l'harmonie de sa volonté avec celle de Dieu à l'harmonie de son intelligence à laquelle il tend. Cependant à mesure qu'il avance, il recueille le fruit de son labeur, car la lumière se rapprochant, la disproportion et avec elle la souffrance diminue, le mystère devient de plus en plus transparent, les énigmes se dévoilent, et des moments viennent où l'esprit inondé de joie oublie qu'il est encore dans l'exil et se croit déjà dans la bienheureuse patrie qu'il ne fait qu'entrevoir, mais où ses pas le guident infailliblement. Tels sont le principe, la marche et la récompense de la sainteté dans cette vie et dans l'autre.

Il arrive aussi quelquefois que lorsque la révélation se présente, l'homme manque de confiance en elle, alors qu'arrive-t-il? L'homme manque de confiance, c'est-à-dire qu'examinant d'abord avec défiance cette parole divine et ne la trouvant pas conforme à sa propre pensée, il doute, il ne veut point abandonner sa propre lumière qu'il comprend pour suivre cette autre qu'il ne distingue qu'imparfaitement, il ne sait pas si elle est un leurre ou un guide, celui qui ne croit pas à la véracité de Dieu ne peut croire davantage en sa bonté, il désespère donc d'atteindre ce but qu'il regarde comme chimérique, il juge plus prudent de réaliser son bonheur dans sa propre lumière et au lieu d'entrer dans la voie sublime de la sainteté il se replie sur lui-même.

Cependant la division que cette nouvelle lumière a introduite dans son esprit le fait souffrir, il veut la détruire et ne voulant pas élever sa lumière jusqu'à la lumière divine, il veut ramener à lui cette dernière ou bien la détruire. Vains efforts! la lumière ne recule pas, la vérité est impérissable, l'idée est comme le diamant qui use la lime et sort intact de la lutte; le doute, l'incertitude, la discordance restent au fond de l'âme de l'incrédule, il souffre, il ne peut se supporter lui-même, le recueillement le tue, il cherche à s'étourdir dans le tourbillon des actions humaines, il tâche d'oublier les images qui correspondent à l'idée divine, mais elle reste vivante au fond de la pensée comme un ver rongeur selon l'expression de Jésus-Christ. « *Vermis eorum non moritur.*» Alors il entre en fureur contre cette lumière, témoin fidèle et incorruptible de sa lâcheté, il lui jure une haine implacable non-seulement en lui-même mais aussi dans les autres, et il devient persécuteur selon son pouvoir. D'autres fois il cherche à éteindre toute lumière en se plongeant dans la matière et en s'abrutissant, il s'enveloppe de la chair comme d'un manteau pour se garantir des feux du soleil qui le dévore, il ressemble à ce sauvage d'un roman américain qui surpris dans une prairie enflammée se blottit dans la peau d'un animal fraîchement tué, mais lorsque cette enveloppe terrestre lui sera arrachée par la mort, son âme se retrouvera nue devant cette lumière qu'elle redoute tant, et sa souffrance arrivera à toute son intensité. Tels sont l'origine, la faute et le malheur de l'incrédulité.

Nous voici donc arrivés à une conclusion. Le mal, c'est la désharmonie ; l'occasion de cette désharmonie, c'est la révélation même ; sa cause, c'est le manque de confiance ou de foi, c'est la défiance. C'est pourquoi saint Paul appelle toujours les méchants, ceux qui commettent le mal, les *enfants* de la *défiance, filios diffidentiæ* (Eph.), *filios incredulitatis* (Coloss.) ; et l'Église appelle tous ceux qui suivent la voie de la sainteté *fidèles,* c'est-à-dire *croyants* et *confiants,* du mot latin *fides, confiance.*

Essayons de pénétrer encore plus avant et d'atteindre le fond. L'homme a à choisir entre la parole divine et sa propre lumière, entre la foi et la science : une fois que la révélation les a séparés, il faut qu'il subordonne l'une à l'autre. Mais à laquelle de ses facultés s'adresse la foi ? ce n'est point à la distinction, car elle se ferait sentir par l'évidence ; c'est donc à l'idée de l'être ou de l'infini, qui seule lui rend témoignage de la foi, puisqu'elle est son seul motif de confiance en Dieu. Tout au contraire, ce n'est point par l'idée de l'infini que l'homme croit en lui-même, parce que sa conscience lui dit que sa personnalité est finie; l'homme ne croit à sa propre pensée que lorsqu'il la comprend clairement; la mesure de sa lumière naturelle, c'est sa distinction; c'est donc par sa distinction ou son idée négative que l'homme se rend témoignage de lui-même. Tant qu'il n'y a pas de révélation, ces deux facultés ne rendent qu'un seul et même son; car l'homme, ne possédant naturellement que ce qu'il a exploré dans le vaste champ de son entendement, ne peut voir autre chose que ce qu'il a distingué, et ne soupçonne pas même le reste. Mais la révélation, par un témoignage extérieur, lui indique dans son entendement des régions inexplorées, qu'on lui nomme, qu'on lui décrit en partie, mais qu'il ne voit pas. Si donc l'homme a plus de confiance dans son entendement que dans son intelligence, il s'avancera dans ces régions indiquées; s'il préfère s'en rapporter uniquement à son intelligence, il ne sortira pas du cercle qu'elle lui trace. Ainsi donc le mal, c'est préférer son intelligence à son entendement, c'est faire de son intelligence son étoile polaire. Considérons ce qui doit résulter dans l'être de cette fâcheuse préférence, remettons-nous devant les yeux le cercle de l'être, tel que nous l'avons décrit, entendement, intelligence, mémoire, vie, liberté, amour et conscience ou sainteté. C'est par la sainteté qui unit l'amour à l'entendement que le cercle de l'être se ferme et consomme à la fois son unité et son bonheur; lorsque l'amour de l'homme préfère son intelligence et veut établir avec elle le rapport qu'il devrait avoir avec l'entendement, il faut qu'il outrepasse l'entendement pour aller s'attacher à l'intelligence; le cercle n'a donc plus d'unité, puisqu'il y a une partie de lui-même, une faculté en dehors du reste, qui ne se trouve plus dans l'unité. Quand tout est dans l'ordre, l'amour enfante dans l'entendement qui est un, et son fruit devient un fruit positif d'unité et de bonheur; dans le cas contraire, l'amour, laissant de côté l'idée de l'être, vient enfanter dans la distinction, qui est la divisibilité même, un fruit négatif de division, qui est le mal et le malheur.

Voilà donc une source et une possibilité du mal. Est-elle bien la seule? Le mal est possible toutes les fois que deux lumières existent et peuvent être en contradiction, c'est-à-dire pousser à deux fins différentes. Peut-il y avoir d'autre lumière que celle de Dieu et de la créature intelligente? La sensibilité est aussi pour l'animal une espèce de lumière, puisqu'il n'a point d'autre guide pour atteindre sa fin; si donc nous supposons que la sensibilité et la raison se trouvent en opposition, nous aurons une autre source de désordre, car il se pourra que l'homme doute de sa propre raison et s'abandonne à ses sens; mais la lumière ne recule pas; la raison restera donc en lui comme un remords et réalisera à la fois un mal et un malheur. La contradiction de la sensibilité et de la raison est un fait d'expérience universelle, et la foi nous apprend qu'elle est une conséquence du péché originel.

Nous avons deux sources de mal : c'est premièrement la disproportion de la raison à la révélation; secondement la disproportion de la sensibilité à la raison; de là il doit y avoir deux espèces de péché radicalement différents. Toutefois il faut faire ici une distinction importante : la révélation peut avoir deux caractères bien divers, car pour qu'il y ait révélation, il n'est pas nécessaire que Dieu nous dévoile des mystères au-dessus de toute intelligence créée; il suffit qu'il nous découvre une conséquence à laquelle l'esprit humain n'est pas encore arrivé, quoique plus tard il eût pu l'atteindre, soit comme certitude, soit comme probabilité; tout ce qui découle de l'unité est dans cette catégorie, tout ce qui suppose la notion de la Trinité est d'un ordre supérieur. Ces deux révélations ont un effet bien différent. Toutes les vérités qui viennent seulement de l'unité hâtent le progrès de l'homme, sans le sortir de l'état naturel. Avec la révélation de ces vérités, l'homme aurait pu à jamais rester sur la terre et n'aspirer à d'autre bonheur qu'une contemplation naturelle du Créateur; et sans avoir besoin de la grâce, il aurait trouvé dans sa propre nature les forces nécessaires pour atteindre sa fin. Par la révélation de la Trinité, l'intelligence agrandie de l'homme ne peut plus trouver sur la terre, quelque parfaite qu'on la suppose, de quoi satisfaire sa soif infinie; elle n'y peut rester sans souffrir, et le ciel est devenu sa patrie; mais, dans cette voie surnaturelle où la révélation l'engage, elle ne peut faire un pas sans un secours surnaturel aussi, qui est la grâce.

D'où il résulte : premièrement, que si l'homme avait été abandonné entièrement à sa nature, le péché aurait été impossible, car on ne peut supposer que Dieu crée un être en contradiction avec lui-même; la raison et la sensibilité auraient donc été à l'unisson; et ceci posé, il est impossible de trouver une cause qui puisse déranger cette harmonie. En effet, le péché ne se conçoit possible qu'au moyen d'une loi extérieure. C'est ce que saint Paul développe longuement aux Romains : « Nous sommes délivrés de la loi de mort dans laquelle nous étions retenus. Mais, quoi? dirons-nous que la loi est péché? non. Mais je n'ai connu le péché que par la loi, car j'ignorais la concupiscence, si la loi ne m'avait dit : Vous n'aurez point de concupiscence. Ainsi, l'occasion étant donnée, le péché a enfanté en moi la concupiscence par le moyen du précepte; car sans la loi le péché était mort. Je vivais un temps sans loi, mais lorsque le précepte est venu, le péché a repris vie; je suis donc mort, et le précepte qui m'avait été donné pour la vie m'est devenu mortel, car c'est le péché qui, à l'occasion du précepte, m'a séduit et m'a fait périr par son moyen. C'est pourquoi la loi est sainte et le précepte est saint, juste et bon (Rom. VII.). » Il résulte secondement, que si Dieu n'avait révélé que des vérités renfermées dans l'idée d'unité, l'homme aurait pu pécher; mais sa perte n'aurait point été irrévocable, son développement naturel pouvant à la longue le ramener à cette conséquence éloignée qu'il avait d'abord refusé d'admettre, et rétablir de cette manière l'unité rompue; dans ce cas, l'obéissance n'aurait pu mériter qu'une récompense naturelle, et la désobéissance introduisant une disproportion moins grande aurait produit une souffrance moins grande aussi.

Enfin Dieu nous ayant révélé la Trinité, vérité à laquelle nulle intelligence finie n'aurait pu par elle-même parvenir, le péché de l'homme entraîne une perte irréparable, la nature ne pouvant replacer là où elle n'a pas pu élever d'abord. Notre péché nécessitait donc une réparation surnaturelle qui ne pouvait descendre que de Dieu même, puisqu'il fallait nous faire remonter à un but dont tout être fini est incapable d'atteindre la hauteur.

Ici il se présente bien des questions à faire. Commençons par prévenir une difficulté. Notre définition convient-elle au mal physique? et si elle lui convient, ne faudra-t-il pas dire que Dieu est l'auteur du mal au moins physique? Il faut d'abord s'expliquer sur ce qu'on entend par ce mot. Le mal physique est celui qui vient de la matière.

Remarquons cependant que ce mal occasionné par la matière ne se réalise point en elle. En effet, le mal et le bien qui sont l'harmonie ou la désharmonie, c'est-à-dire le rapport vrai ou faux entre le positif et le négatif, ne peuvent subsister lorsque l'un des deux principes est absent; la matière, c'est le négatif pur; elle est donc incapable de mal. C'est ainsi que jamais une note de musique seule ne forme ni un accord ni une discordance; mais l'accord ou la discordance suppose deux notes. Le mal physique n'existe donc nulle part indépendamment de la vie; il n'est et ne peut être qu'une désharmonie relative entre la matière et une vie quelconque. Qu'importe en effet à la matière d'être entassée d'une manière informe ou d'être revêtue de grâce et de beauté, d'être dévorée par les flammes ou glacée par un froid intense, d'être dans l'agitation la plus furieuse ou dans l'inertie la plus complète. Que peuvent signifier toutes ces modifications, si elles n'ont pas un retentissement dans une vie qui ait conscience d'elle? Dans toute la matière inerte il n'y a pas un seul souffle de vie, il n'y a qu'une image de la vie dans les plantes; car s'il y a vie, elle est sans conscience; de même il ne peut y avoir qu'une image du mal dans les vicissitudes de la végétation. Mais dès que vous établissez un rapport entre la matière et la vie, il faut qu'elle se mette en proportion avec elle; autrement la vie souffre. Ainsi le bien physique demande premièrement que la matière qui informe la vie soit dans une parfaite harmonie avec cette vie; en second lieu, que la matière, qui, sans informer la vie, a des rapports extérieurs avec elle, ne vienne point avec une force supérieure troubler cette harmonie interne de la forme de l'âme, qui est le corps. Le mal physique sera le contraire de ces deux biens : il se divisera donc en deux catégories, le mal intérieur ou les maladies et la mort, le mal extérieur ou les impressions douloureuses que nous recevons des objets du dehors, tels que le froid et le chaud, la lumière et les ténèbres, le bruit et le silence, les coups et les caresses; ou plutôt ces deux catégories reviennent à une seule, car les impressions extérieures ne sont mal et souffrance que lorsqu'elles occasionnent une désharmonie intérieure. Notre définition convient donc parfaitement au mal physique, puisqu'il n'est aussi qu'une désharmonie ; le mal physique, c'est la désharmonie de la forme matérielle; le mal moral, c'est la désharmonie de la forme spirituelle.

Dieu est-il l'auteur du mal physique? Il semble au premier abord qu'on pourrait le dire. N'est-ce pas Dieu, en effet, qui par le moyen des lois de la nature, expression de sa pensée, dirige tous les mouvements de la matière? n'est-ce pas Dieu qui fait agir l'eau qui me noie, le feu qui me brûle, l'air froid qui me saisit, l'air empoisonné qui répand la peste, l'air trop brûlant ou trop humide qui détruit la récolte et amène la famine, qui agite mon sang quand la fièvre le dévore? Ce n'est certes pas ma volonté qui s'y oppose formellement, ni mon âme qui se débat instinctivement contre la mort. Je ne cède qu'à la puissance supérieure des lois physiques, c'est-à-dire à l'expression de la pensée divine.

Avant de conclure, examinons de plus près. Rien ne représente mieux matériellement toutes les ressources de l'intelligence que les merveilles de la mécanique. La mécanique, c'est presque une création; elle fait sortir de la main de l'homme des choses qui semblent vivre, ce sont des formes d'animaux qui marchent seuls, des masses énormes qui s'agitent d'elles-mêmes et remontent les rivières, d'autres qui courent sur la terre avec la rapidité de l'oiseau; eh bien toute la mécanique repose fondamentalement sur un seul principe, l'équilibre, qui est l'harmonie de la matière. Considérons donc Dieu sous la qualité que lui donne Platon *d'éternel géomètre,* que la création soit à nos yeux, une mécanique digne d'un tel ouvrier. L'homme mécanicien n'a en son pouvoir que les éléments matériels, tout le domaine de la vie lui est interdit; Dieu au contraire a fait entrer la vie dans ses calculs. L'homme n'a donc à réaliser que l'équilibre de la matière avec elle-même, Dieu a dû combiner aussi l'équilibre de la matière et de la vie. Dans une mécanique bien faite, chaque rouage est calculé selon l'effort qu'il a à soutenir, le frottement et la pression qu'il doit supporter; il en devait être de même dans l'œuvre divine, toute vie devait avoir une sphère de puissance assez grande, une réaction assez forte pour résister au frottement et à l'effet des lois physiques, une vie dans la place ou Dieu l'a mise ne doit pas se laisser briser. C'est dans cette parfaite harmonie que la foi nous montre le monde à son premier jour dans le paradis de volupté.

Lorsqu'une main ennemie vient déranger un rouage ou ôter un contre-poids, la machine au lieu d'exécuter la pensée du mécanicien cause des dégâts, peut-on en accuser le mécanicien? Est-il l'auteur des accidents occasionnés? Certainement, non. Dans l'œuvre de Dieu il y avait des rouages libres qui pouvaient se déranger eux-mêmes et ils l'ont fait, tout le désordre est venu de là, Dieu n'en est pas responsable. L'homme était un contre-poids calculé et nécessaire aux lois du monde physique, l'homme a diminué ses forces en les divisant, il ne peut plus dès-lors lutter avec les influences physiques qui ne sont pas en proportion avec lui, la douleur, les maladies et leur dernière conséquence la mort que saint Paul appelle si justement le prix du péché

« *stipendium peccati mors.* » La conséquence du péché à la mort qui résume le mal physique est claire, le péché, c'est la division, la division, c'est la faiblesse et l'unité la puissance, donc ce qui se divise est vaincu et selon la parole de Jésus-Christ « tout royaume divisé en lui-même périra. *Omne regnum in se ipsum divisum desolabitur.* » C'est l'homme seul qui par le péché est cause du mal physique et nullement Dieu. Le mal physique est à la fois ordre et désordre; ordre du côté de Dieu, désordre du côté de l'homme : car tandis que l'homme souffre, les lois physiques s'accomplissent avec une régularité parfaite : la pierre qui l'écrase subit la loi de l'attraction, le feu qui le brûle est tout aussi régulier que celui qui le chauffe, et la dissolution qui détruit son corps le fait avec la même impartialité que pour les autres corps ; mais le désordre est dans l'homme, les forces physiques ne trouvant plus dans lui le contre-poids moral que l'éternel géomètre y avait préparé dépassent l'intention primitive du créateur. Le mal physique ne vient donc ni de Dieu dont la sagesse avait tout parfaitement calculé, ni de la nature qui accomplit ses lois, mais de l'homme qui n'y répond plus. Le mal physique c'est la faiblesse de l'homme ; aussi c'est en lui qu'il se réalise, et par la désharmonie produit la douleur.

Malheureusement l'homme ne souffre pas seul de sa faute, la puissance qu'il devait tenir en respect privée de son contre-poids n'écrase pas que lui, elle broie encore des êtres qu'il devait protéger; il n'a pu rompre l'harmonie sans que tout souffre à sa manière; il est impossible d'en douter quand on lit ce fameux passage d'une épître de Saint-Paul aux Romains : « La créature a été soumise à la vanité sans sa volonté... Mais la créature elle-même sera délivrée de la servitude de la corruption dans la liberté glorieuse des enfants de Dieu. Car nous savons que toute créature gémit et est dans les douleurs de l'enfantement; jusqu'à présent non-seulement elle, mais nous aussi qui avons les prémices de l'esprit, nous gémissons au dedans de nous, attendant l'adoption des enfants de Dieu, la rédemption de notre corps » (Rom., 8). C'est ainsi que toute souffrance sur la terre a sa cause première dans le péché de l'homme. Je ne conçois pas que des philosophes à force de voir des misères, s'y soient tellement accoutumés, qu'ils en aient fait l'état normal de l'homme. Que dit la raison? l'unité c'est la force, la division c'est la faiblesse : comment se ferait-il donc que la vie qui est l'unité, pût être vaincue et torturée par la matière qni est la divisibilité? La vie plus faible que la matière, c'est un contre-sens qui détruit toute notion en détruisant celle de l'unité, et renverse la philosophie par la base; la vie vaincue par la matière ne peut donc être l'état normal. L'homme ne souffre que parce qu'il a été affaibli; c'est Samson tournant la meule. Non, Dieu n'a point fait les choses ainsi, lorsqu'il a créé l'homme, il l'a créé roi de la nature; assez puissant pour tenir en respect les éléments les plus terribles, assez sage pour les diriger dans une sphère proportionnée à sa grandeur. Dans l'organisation physique du monde, chaque globe a sa sphère d'action : si le soleil attire la terre, la terre attire le soleil : toutes les planètes agissent et réagissent dans une certaine mesure les unes sur les autres, et c'est de l'harmonie de ces actions que résulte celle des mondes. Toute vie unie à la matière doit avoir sa sphère d'action sur elle et ne jamais se laisser acculer jusqu'à la souffrance : l'homme roi du monde devait avoir par sa seule volonté une action sur le monde entier.

Puisque nous souffrons, nous sommes déchus, mais au

lieu de nous consumer à déplorer notre perte, ne serait-il pas plus utile de voir si tout est perdu et s'il n'y a rien à reconquérir.

La puissance de la volonté sur la matière n'est point entièrement perdue, elle se manifeste d'une manière sensible sur cette portion de matière qu'informe notre âme; non-seulement l'âme commande aux mouvements du corps, mais elle réagit jusqu'à un certain point contre les éléments. Celui qui veut arriver à un but, ne sent plus ni le froid, ni le chaud, ni la fatigue; tandis que lorsque sa volonté est inactive, il souffre et succombe aux mêmes obstacles dont il avait si facilement triomphé. Les médecins savent quelle grande influence, le courage et la lâcheté ont sur les maladies et leur guérison : ils croient avoir gagné beaucoup quand ils ont rassuré leur malade. L'influence de la volonté humaine se borne-t-elle là? qui pourrait le dire? qui lui a assigné ses limites précises? Les savants parlent beaucoup des lois de la nature, mais ne leur arrive-t-il pas quelquefois d'oublier que dans la nature il y a d'autres êtres que des êtres matériels, et de là des lois autres que celles de la matière; qu'entre ces lois diverses il y a encore harmonie et par conséquent un point de contact. Ils connaissent les lois physiques dans leurs effets, mais ils avouent eux-mêmes qu'ils ne les connaissent point dans leurs causes et dans leurs principes, ils remontent jusqu'à un certain point au-delà duquel il est impossible d'avancer. Il y a donc même dans les sciences physiques tout un côté mystérieux qui a jusques-là échappé à l'observation. Ne serait-il pas possible qu'il y eût là une place pour la volonté de l'homme? Au milieu des ténèbres des sciences occultes, il y a des faits bien frappants et bien inexplicables. Qui peut nier l'influence des prières publiques sur les éléments? Il en est qui répugnent à admettre des miracles parce qu'ils ne peuvent concevoir Dieu rétrogradant et détruisant ses propres lois; qui leur empêche de regarder le miracle comme une loi surnaturelle? Or, cette loi, Dieu lui-même nous en a révélé le secret. « Si vous aviez de la foi, dit Jésus-Christ, gros comme un grain de senevé, vous diriez à cette montagne de se jeter dans la mer et elle s'y jetterait.» La foi, c'est l'acte par lequel l'homme unit sa lumière à la lumière divine, la foi c'est donc l'unité; mais l'unité, c'est la toute-puissance et voilà le secret des saints. Par la foi la sphère d'action de l'homme s'agrandit et sa réaction s'étend plus loin, par là il ne détruit point la loi physique, ce serait absurde, mais il la modifie. Quand je soulève une pierre, je ne détruis point les lois de la pesanteur et de l'attraction, mais je force la pierre à obéir à une attraction plus forte.

La science voit l'accomplissement des lois physiques dans tout ce qui se passe au moment d'une tempête, d'un tremblement de terre, d'une inondation, d'une sécheresse, d'une épidémie, mais peut-elle se vanter de remonter de cause en cause jusqu'à la cause première et motrice? nullement. Qui peut savoir quelle serait l'influence de la volonté humaine sur la matière si les volontés de tous les hommes aimaient l'ordre, la justice, la vérité qui sont unes, et se trouvaient ramenés par là à une action une et harmonieuse? Qui peut dire aussi ce qui est dû maintenant au défaut de tant de volontés faibles et chancelantes, et à l'action discordante de cette masse de volontés plongées dans le désordre? Or, puisque l'esprit est naturellement supérieur à la matière, puisque la terre est un séjour créé pour l'homme, un champ où doit se développer la sphère de son influence, puisque Saint-Paul nous montre toute créature déchue par la déchéance de l'homme, et devant se relever avec lui, il est donc raisonnable de penser que les volontés des hommes sont pour quelque chose dans ces causes mystérieuses que la science ne peut pénétrer, et que si les hommes savaient s'unir dans une même foi et dans une même volonté, ils enfanteraient des merveilles dont rien ne donne l'idée, des siècles qui feraient oublier tous les siècles passés et se rapprocheraient autant que possible des temps du paradis terrestre.

Ainsi donc la vraie définition du bien et du mal qui est fondée sur l'idée de l'être que nous donne la Trinité, écarte d'elle-même toutes les difficultés. Le bien en tout et partout, c'est l'harmonie, le mal, la désharmonie dans l'ordre physique comme dans l'ordre moral, et dans aucun de ces ordres on ne peut en faire Dieu l'auteur, car Dieu qui trouve en lui-même tous les degrés de l'être, n'y trouve nulle part la désharmonie. Tous les êtres, les plus parfaits et les moins parfaits, les plus grands et les plus petits le reconnaissent pour leur père, il les a tous bénis jusqu'à la matière qui n'a qu'une apparence d'être, mais la désharmonie ne peut trouver de type et de correspondance dans son être, ni dans sa pensée, ni dans son amour. Aussi au jugement dernier, Dieu semble moins repousser le mal que l'ignorer, il adresse aux méchants cette parole étonnante : « Je ne vous connais pas, je ne sais pas d'où vous sortez. *Nescio vos* (Math.) *nescio undè sitis* (Luc.) »

D'après cette définition l'homme n'aime point le mal en lui-même et en tant que mal, car il souffre de la désharmonie, il cherche même à la faire disparaître en s'efforçant d'éteindre la lumière divine. Le mal n'est pas non plus une simple erreur, il est défiance, hésitation, incertitude, désespoir. Cette défiance est coupable, car l'homme a l'idée de l'être ou de l'infini, et cette idée devrait le rassurer et lui ôter toute crainte de s'abandonner entre les mains de Dieu : aussi il sent qu'il a pris la mauvaise voie, la contradiction qu'il éprouve en lui-même l'en avertit à chaque instant ; il devrait donc faire tous ses efforts, sacrifier tout, pour retrouver cette harmonie perdue, et il met le dernier sceau à sa perte, lorsque désespérant d'y jamais arriver, il y renonce, se défiant à la fois de la véracité, de l'amour et de la puissance de Dieu.

Enfin cette définition explique parfaitement l'identité du mal et du malheur, du bien et du bonheur, et pose ainsi sur un inébranlable fondement la sanction de la morale. Il est clair en effet que si le bonheur est la jouissance complète et simultanée de tout son être, (et je ne crois pas qu'on puisse en concevoir une idée plus simple et plus vraie), le bonheur ne peut être que l'unité de l'être, et le malheur sa division. Il y aura donc malheur et souffrance toutes les fois qu'il y aura dans l'homme deux pensées ou deux lumières discordantes qui empêchent sa conscience d'être une. Alors on conçoit que le bonheur ne dépende pas de la grandeur ou de la petitesse de l'être, et qu'il puisse y avoir béatitude complète et sans jalousie d'un être, quelque petit qu'il soit, car dès qu'il y a harmonie entre tous ses éléments, il jouit autant qu'il en est capable, et ne peut avoir l'idée d'un bonheur au-dessus du sien. Toutefois le bonheur d'un être supérieur est en réalité beaucoup plus grand, parce que l'harmonie est le produit des éléments qui la composent, et quoique absolue comme rapport dans tous les cas, elle est plus grande comme quantité dans un cas que dans l'autre, de même que le rapport d'égalité qui est entre 2 et 2 ou un mètre et un mètre, quoique absolu, est moins grand que celui qui existe entre 1000 et 1000 entre une lieue et une lieue, et ces derniers moins grands que celui qui est entre l'infini et l'infini. Nous pourrons donc tous au ciel être parfaitement heureux, quoique à des degrés divers ; et cela n'empêche pas que Dieu puisse sans cesse augmenter notre bonheur, en nous donnant de nouvelles lumières qui nous inviteront sans cesse à nous élever à une harmonie supérieure. Le bonheur est indivisible, parce qu'il est l'unité ; il n'en est pas ainsi du malheur qui est la divergence. Les mêmes éléments peuvent donner divers degrés d'opposition, comme les deux branches d'un compas peuvent donner différents degrés d'écartement qui se mesureront par l'angle formé entre elles. Il peut donc y avoir une infinité de nuances dans l'intensité du malheur, quoique l'être souffre toujours dans tout lui-même ; cependant ceci n'empêche point que la grandeur n'y mette, comme dans le bien, une grande différence. Ainsi, à angle égal, un compas dont les branches auraient une grande étendue, ferait un écartement bien plus considérable que celles d'un compas très petit ; de même une différence de moitié dans un grand nombre tel que 1000, donne un résultat bien plus considérable que la même différence dans un nombre tel que 4. On comprend donc qu'en somme, l'être grand est capable d'un plus grand malheur ; que les lumières communiquées à nous par Dieu, si elles ne produisent pas l'unité, ne font qu'augmenter l'opposition, et que le plus méchant et le plus malheureux doit être celui qui a méprisé le plus de grâces. Aussi la seule pensée de ce malheureux disciple qui, après avoir été trois ans à la source de la lumière, après avoir entendu de la bouche même de Jésus-Christ ses adorables instructions, a manqué de foi en la véracité de Dieu et a mis le comble à sa réprobation en doutant de sa bonté par le désespoir, nous glace d'horreur, et le Dante, qui reflétait la pensée de tous, lui a choisi la plus profonde place dans son Enfer.

L'enfer n'est donc autre chose que le mal et sa conscience; nous voyons par là que pour le damné le mal est partout: il le porte dans son cœur; il ne lui servirait de rien d'être transporté au milieu de la brillante assemblée des saints. Il y a plus : dans l'état de divergence où il se trouve, toute nouvelle lumière surnaturelle ne ferait qu'augmenter sa souffrance en augmentant la disproportion. Lors donc que Dieu disant aux damnés : « Retirez-vous de moi, » semble vouloir se cacher d'eux : c'est une parole de miséricorde encore plus que de justice qu'il profère; c'est par pitié qu'il les éloigne de sa lumière, dont la présence serait pour eux un surcroît intolérable de supplices.

Dieu cesse donc de donner au damné des lumières qui ne feraient que le tourmenter; il lui retire sa grâce dont il n'a fait qu'abuser. Ceci posé, il demeure évident que par lui-même l'enfer est éternel. En effet, s'il s'agissait d'un malheur naturel, on concevrait que l'homme pût un jour remonter à son unité, poussé par l'aiguillon même de la souffrance; mais ici il s'agit de remonter à une unité surnaturelle, qui consiste dans l'adhésion de l'intelligence à une vérité surnaturelle et révélée. L'homme ne peut faire cette ascension sans la grâce; il n'a plus la grâce, donc il est dans un état de lui-même irrévocable.

Ainsi il suffit à Dieu d'arrêter le cours de ses grâces pour rendre l'enfer éternel; s'il le fait, qui pourra l'accuser de rigueur? Si l'on disait à un impie : Dieu ne vous infligera aucune autre punition que de ne plus vous donner ces grâces que vous foulez aux pieds, ces lumières que vous repoussez et qui vous importunent, il vous laisse le soin de vous punir vous-même; ne conviendrait-il pas que la bonté de Dieu est excessive, et qu'il lui est impossible de moins faire pour la justice? Mais, dira-t-on, ne serait-il pas encore plus digne de la bonté de Dieu de poursuivre le damné de ses grâces jusqu'à ce qu'il revienne à lui? Il faudrait d'abord savoir si cela est possible, et la question est au moins fort douteuse. Posons-la d'abord nettement. Il est certain que l'être libre peut résister à la grâce; il ne suffit donc pas que Dieu donne des grâces aux damnés, il faut que ceux-ci les acceptent : toute la question est de savoir si les damnés voudront ou ne voudront pas.

On a dit : les damnés seront toujours à temps de revenir, puisqu'ils sont intelligents et que l'être intelligent est libre. Cette raison n'est pas concluante : la liberté n'est pas inconciliable avec la fixité, puisque Dieu qui est souverainement libre est immuable et que les élus libres aussi dans le ciel sont pour toujours dans le bien.

On se fait une fausse idée de la volonté, quand on se la représente comme une girouette prête à tourner à tout vent. Si nous examinons bien, nous verrons que dans la volonté il y a un point immuable, le désir du bonheur, de même que dans la pensée il y a un point immuable, l'idée de l'être. D'où vient donc que la volonté est immuable dans certains cas et si mobile dans d'autres? Cela vient de l'objet sur lequel elle s'exerce. Lorsque la volonté doit choisir entre les objets finis qui n'ont entre eux aucun rapport absolu, elle ne peut moins faire de varier à chaque instant, mais quant elle a pour objet l'infini, elle devient immuable comme lui. Ainsi le désir du bonheur qui n'est autre pour l'âme intelligente que le besoin de l'infini, est absolument immuable. Qu'est-ce que le bien et le mal, non pas dans les mille formes finies qu'ils peuvent revêtir, mais dans leur essence? Nous l'avons dit : c'est le choix de la confiance entre l'infini et le fini. Là, si l'infini n'est pas seul, il entre dans le calcul, il ne faut plus s'attendre à cette mobilité continuelle.

Ainsi tout nous porte à croire que la mobilité de nos résolutions vient plutôt de la partie sensible de notre être dont l'objet est le fini, que de la partie intellectuelle. Les faits semblent appuyer cette opinion. En effet, la révélation nous montre les anges qui n'ont pas cette partie sensible faisant un choix unique et irrévocable. La foi que j'ai en la bonté de Dieu me fait croire que si l'ange avait pu être sauvé, Dieu aurait tenté de le faire; s'il ne lui a point offert sa grâce, c'est qu'il l'a jugé inutile. La fixité que la foi nous montre dans l'état de l'autre vie ne semble-t-elle pas nous dire que lorsque la mort nous aura dépouillés de la partie sensible, nous serons comme les anges?

Après tout, que peut Dieu sur celui qui ne croit pas? Si Dieu pouvait nous donner la lumière toute faite, il éclairerait les damnés et les attirerait infailliblement à lui, mais il ne le peut pas, parce que nous sommes libres. Il faut donc, comme nous l'avons vu, que Dieu nous propose la vérité par la révélation, et que confiants nous nous efforcions d'élever notre intelligence jusqu'à cette vérité. Si nous manquons de confiance tout est arrêté dès le premier pas, Dieu ne peut aller plus loin, à quoi lui servirait de nous proposer d'autres vérités? elles ne feraient que nous tourmenter sans nous éclairer, car par la foi seulement elles commencent à nous être utiles, et par l'action qui suit la foi, c'est-à-dire la science, elles peuvent devenir pour nous la vraie lumière. La vie de l'homme est un argument dont la foi est la majeure, la science la mineure, et la lumière la conclusion. La majeure dépend de notre liberté, tant que nous refuserons de la poser la conclusion ou la lumière est impossible. Donc Dieu ne peut nous éclairer malgré nous.

Sur la terre, l'homme paraît souvent plus incrédule qu'il ne l'est au fond. Entraîné, étourdi par les objets finis, il passe souvent une partie de sa vie sans réfléchir et sans se poser la terrible question ; jusques-là rien n'est décidé, le choix n'est pas fait, il n'est pour ainsi dire que négativement dans le mal ou plutôt il n'est pas encore dans le bien. Mais dès qu'il s'est dit une fois : Je ne veux croire que moi et ma raison, quand il s'est établi juge de Dieu, il a choisi décidément entre l'infini et le fini, il a brisé le pont de la foi qui pouvait conduire de lui à Dieu ; il repousse la lumière, Dieu ne peut plus rien sur lui. Quel motif de changement peut-on lui supposer ensuite? une nouvelle lumière seule pourrait le ramener, et nous venons de voir qu'il se l'est rendue impossible. La simple raison lui assigne donc un enfer éternel. C'est là le péché contre le Saint-Esprit qui est lumière, péché dont Jésus-Christ a dit qu'il ne serait pardonné ni dans ce monde, ni dans l'autre. En vérité quelles chances, celui qui pendant cinquante ou soixante ans a repoussé la lumière divine et résisté à la grâce a-t-il de lui être docile ensuite? Que l'impie descende dans son cœur et qu'il se fasse cette question : L'enfer finira pour moi quand, renonçant à moi-même, je mettrai en Dieu toute ma foi et tout mon bonheur : quand finira-t-il? Qu'il écoute attentivement la réponse, je doute qu'elle soit propre à le rassurer.

Ainsi donc, Dieu n'a point de moyen direct de ramener dans le bien celui qui s'est constitué dans l'incrédulité, mais sur la terre il est un moyen indirect dont la grâce use souvent. Notre vie est double parce qu'elle a une double forme, une forme spirituelle et une forme matérielle ;

cependant ce n'est au fond qu'une vie, parce que la conscience de ces deux vies vient aboutir au même centre ; c'est pour cela même qu'elles ont action l'une sur l'autre. Or, de ces deux vies, l'une est libre, l'autre ne l'est pas ; si Dieu est obligé de s'arrêter devant la force invincible de la liberté, il peut agir sur la vie qui n'est pas libre et faire ainsi entendre sa voix dans ce centre de conscience dont toutes les autres issues sont gardées ; c'est ce qu'il fait surtout par les sacrements qui ne sont des signes sensibles que pour obtenir plus sûrement cet effet, c'est ce qu'il fait par l'action des saints sur les autres hommes. Cependant dans cette lutte l'incrédulité peut encore résister à Dieu et à toutes ses grâces ; la nature spirituelle, par son opiniâtreté, finit même par façonner la nature sensible à son image et la rendre comme elle dure et impénétrable à la grâce. Par là le pécheur s'enlève la dernière ressource, car à la résurrection nos corps conserveront l'empreinte de sainteté ou d'impiété que nous leur aurons donné pendant la vie.

Après tout cela, Dieu lui-même pourra-t-il trouver un remède? Je ne veux point assigner de bornes à la sagesse et à la puissance de Dieu, mais la raison ne voit pas la possibilité de ce remède et Dieu n'a rien promis. Qui ne tremblera devant de pareilles chances? Quant à moi j'avoue que telle est ma foi en la bonté divine, que si Dieu pouvait sauver les damnés je crois qu'il le ferait. Ainsi donc quelle que soit l'hypothèse qu'on admette, il faut convenir que l'enfer est éternel de sa nature, puisqu'aucune force naturelle ne peut en retrancher ni une seconde, ni une étincelle. Les théologiens, plus hardis en cela qu'ils ne le pensent, disent que Dieu pourrait, s'il le voulait, terminer l'enfer, mais nous avons vu qu'il était très douteux que la grâce même eût cette puissance. D'ailleurs serait-il prouvé que la grâce le put; Dieu ayant déclaré l'enfer éternel, nous n'avons plus aucun lieu de compter sur cette grâce, et tout espoir nous est ôté.

Toutefois, par cette déclaration, Dieu s'est-il interdit à lui-même d'user de la puissance qu'il a en cette matière pour adoucir et transformer, s'il ne peut les détruire entièrement, les peines des méchants? Je ne le pense pas. Au fond, il suffit que l'enfer soit éternel de droit pour justifier toutes les expressions de l'Écriture et de l'Église. Lorsque Dieu dit à Adam : « Si vous mangez de ce fruit vous mourrez. » Il prononça un arrêt absolu; et en effet, la mort était de sa nature irrévocable, elle aurait été éternelle sans la résurrection de Jésus-Christ qui l'a vaincue. Mais aussitôt après le péché, Dieu a promis un sauveur et rendu l'espérance à l'homme et il n'a rien promis au réprouvé, il n'a donc aucun fondement d'espérance. Dieu n'a rien promis, s'il a un secret à cet égard, il se l'est entièrement réservé et personne ne le connaît ni dans le ciel ni sur la terre. Qui aurait donc le courage de courir un pareil péril? Qu'on songe que l'enfer n'est point une vengeance ni une punition infligée, car alors nous ne pourrions croire à la vengeance éternelle d'un père; mais l'enfer, c'est la conséquence naturelle et inévitable du péché, c'est le péché lui-même, l'enfer c'est le pécheur tel qu'il est, tel qu'il s'est fait lui-même, tel qu'il a voulu être; Dieu n'use pas sa puissance à le torturer, seulement après l'avoir appelé longtemps et inutilement il le laisse à son obstination, et c'est le pécheur qui se torture lui-même. Or, si nous ne pouvons concilier avec la bonté un châtiment éternel, nous concevons facilement un oubli éternel, car cet oubli éternel nous le trouvons dans notre cœur quelque bon qu'il soit, pour l'ingratitude et l'abandon. D'ailleurs, si la bonté de Dieu pouvait être un espoir, ce ne serait certes pas pour le pécheur, celui qui pèche volontairement manque de foi, doute de la parole de Dieu, qui lui dit que le bonheur est dans la vertu, puisqu'il le cherche dans le vice. Comment, se défiant de la véracité de Dieu, pourrait-il avoir confiance en sa bonté? Que peut-être la bonté d'un Dieu menteur? L'homme sans foi ne croit donc pas plus à la bonté de Dieu qu'en sa véracité et il doit se dire : S'il y a un enfer, il ne peut être qu'éternel. Aucune lueur d'espoir n'est donc possible à l'impie. On voit cependant des pécheurs qui semblent se bercer d'espoir et oser parler de la bonté divine; analysons ce qui se passe dans leur cœur et nous verrons combien ils ont peu réellement confiance dans la bonté de Dieu.

D'abord, la première cause de leur illusion, c'est qu'ils regardent l'enfer comme une punition positive et directe; alors s'ils ne comptent pas sur la bonté de Dieu, ils comptent du moins sur sa lassitude, ils ont plus de confiance en sa faiblesse qu'en son amour. Ils seraient bien plus effrayés s'ils savaient que l'enfer est dans leur propre cœur, car alors ils auraient en eux-mêmes la conscience de son éternité; ils sentiraient qu'eux-mêmes ne veulent point du ciel. Car faites-leur bien expliquer ce qu'ils veulent. Ils veulent être heureux. Consentiraient-ils à ne plus chercher le bonheur dans leur personnalité ou leur lumière naturelle, mais en Dieu et dans sa lumière? Point du tout. Ils désirent être heureux sans aimer Dieu et ne pas être malheureux en s'attachant à leur personnalité qui est le côté négatif de leur être. Or, comme précisément le bonheur consiste à aimer Dieu et le malheur à s'aimer soi-même, il s'ensuit qu'ils veulent être heureux sans être heureux et éviter le malheur tout en étant malheureux. Folie et absurdité! Le bonheur n'est point un vêtement qu'on prend ou qu'on quitte sans changer soi-même; le bonheur ne se donne point à volonté, le bonheur c'est le propre état de chaque homme, c'est l'harmonie de notre propre être. Ainsi, espérer de Dieu le bonheur sans vouloir changer soi-même, ce n'est point espérer dans la bonté de Dieu, mais en son absurdité. Celui qui ne veut point changer veut par là même que l'enfer soit éternel, il n'y a donc point d'espoir pour lui. S'il pouvait rester quelque lueur d'espérance, voici où je la concevrais.

Je suppose qu'une âme pleine de foi et d'amour, éblouie, absorbée dans la contemplation de la beauté divine et oubliant tout le reste, nourrisse au fond de son cœur l'espoir que Dieu s'est réservé des secrets de bonté inconnus à tous, et que dans le courant de ce jour sans mesure de l'éternité, sa miséricorde s'étendra sur les méchants même, dans toute l'étendue qui est possible. Si c'est là une illusion ou une erreur, je ne vois pas que, placée dans cette âme, elle soit dangereuse et qu'on puisse lui en faire un crime.

Il faut que j'explique ici une contradiction apparente dans les expressions dont je me suis servi. J'ai dit d'une part que le bonheur était la conscience, une ou harmonique de son être, comme le malheur la conscience divisée et inharmonique de ce même être. J'ai dit aussi, d'après l'enseignement de la Foi, que le bonheur de l'homme était en Dieu. Y a-t-il contradiction entre la raison et la foi? Non, et ici la nécessité de l'unité de substance se montre sous un nouveau jour. Le bonheur d'un être, c'est son unité; or, si un être peut trouver quelque chose dans un autre, ce n'est certes pas son unité. Donc, si nous trouvons notre unité en Dieu, il faut qu'il y ait un côté identique entre lui et nous, que son être soit notre être, qu'en nous rattachant à ce qu'il y a d'infini en notre être, nous nous rattachions à Dieu même et qu'en un sens notre union avec nous-même soit aussi notre union avec Dieu.

Le bien et le bonheur on le voit sont une même chose, le mal et le malheur également, et une fois la révélation posée, le bonheur pour l'homme ne peut plus être que dans la foi. Il est des personne qui pensent que Dieu aurait dû trouver dans sa sagesse et sa bonté des moyens moins dangereux pour conduire l'homme à sa destinée. Pour nous qui avons la foi, il nous suffit de savoir que Dieu a pris un moyen pour croire qu'il était le meilleur. Consultons également la raison sans craindre que son langage démente notre confiance en Dieu ; non-seulement elle nous dira que les moyens pris par Dieu étaient les meilleurs, mais elle nous fera voir encore qu'ils étaient les seuls possibles.

Des philosophes ont prétendu qu'il y avait une infinité de mondes possibles, les uns plus, les autres moins parfaits et que Dieu a choisi arbitrairement le nôtre parmi les innombrables types qui étaient dans sa pensée. Voyons si cette opinion est fondée.

D'abord peut-on admettre qu'il puisse y avoir plusieurs créations fondamentalement différentes ? D'après ce qui précède nous ne le pouvons plus. Quelle idée, en effet, nous sommes-nous formée de la création ? Dieu est l'être, cet être est à la fois unité et trinité, et cette trinité renferme quatre termes, mais tous ces termes subsistent dans une éternelle harmonie et dans une indivisible unité. L'un de ces termes est l'idée négative qui distingue tout et conçoit séparé ce qui est un ; l'être veut réaliser cette pensée négative, c'est-à-dire se réaliser lui-même dans cet état de séparation où il se conçoit et de la manière qu'il le conçoit. Il réalise donc cette idée négative elle-même, et cette idée séparée de la vie qui l'anime dans l'unité de l'être divin se manifeste dans la matière ; puis la vie se réalise séparée de l'intelligence qui la reflète en Dieu, et apparaît la nature animale. Alors la sagesse, cette sublime image de l'essence divine dont elle est inséparable, veut se réaliser à son tour, séparée de cette distinction infinie qui, dans l'harmonie divine, la rend toute lumineuse ; elle se dépouille donc de sa splendeur éternelle et vient se cacher dans la créature dont l'intelligence finie n'est qu'un point devant elle, et l'ange est créé. Enfin, elle résume toutes ses œuvres dans une seule qui sera à la fois matière, animal et ange, et l'homme terminé, elle rentre dans son repos, car elle a fait tout ce qui est possible : il ne reste plus en effet des quatre termes que l'Esprit-Saint ou l'harmonie, mais l'harmonie ne peut se concevoir sans les éléments qui la composent, l'harmonie, c'est Dieu lui-même qui la réalise éternellement dans son ineffable unité, elle pourra seulement répandre sa lumière dans la création et l'attirer à elle. L'harmonie reste ainsi inattaquable à la distinction, aussi elle reste une dans la divinité, mais tous les êtres que la distinction a pu détacher et qui ont reçu d'elle leur forme, qui est individualité chez les uns et personnalité chez les autres, sont multiples et assujétis aux nombres qu'elle contient et qu'elle enfante. Le plan général de la création est donc déterminé par la nature même de l'être un, et c'est pour cela qu'il est unique. La création ne peut contenir en dehors de l'harmonie qui est Dieu même, et par conséquent infinie, que trois espèces d'êtres, la nature intelligente, la nature animale et la matière qui toutes sont finies.

Dieu n'aurait-il pas pu donner à tous ces êtres, sans les

sortir de leur nature, un plus haut degré de perfection? et pourquoi ne l'a-t-il pas fait? Ici se présente la question de l'optimisme qu'on a tant embrouillée et qui cependant est si simple. La création, c'est le fini, la perfection du fini est relative et ne peut se mesurer que par sa comparaison avec un autre fini, mais au moment où Dieu a réalisé le fini pour la première fois il n'avait pour point de comparaison que l'infini d'un côté et le néant de l'autre. Or, à quelque degré que vous placiez le fini entre l'être et le néant, il sortira toujours le même résultat de la comparaison, le fini sera à une infinie distance de l'un et de l'autre. Ainsi, demander un fini actuellement le plus parfait possible, ou lui demander une perfection absolue, c'est une absurdité pareille à celle de demander quel est le plus grand nombre possible. Le fini n'a qu'une perfection possible relativement à l'infini, c'est de se rapprocher indéfiniment de lui. Dieu ayant réalisé dans le monde le progrès indéfini lui a donné toute la perfection possible, il a donc créé le monde le plus parfait. Ce progrès indéfini qui se réalise dans la créature intelligente n'est que l'ascension continuelle de l'idée négative qui est finie, pour atteindre l'idée de l'être qui est infinie, et se rapprocher de cette harmonie absolue qui n'est que dans l'Esprit-Saint, elle doit donc être une attraction de cette harmonie divine, et en effet elle ne se réalise que par la grâce, émanation de l'esprit de lumière.

La sainteté qui est l'amour de la perfection devait pousser Dieu à réaliser cette perfection et il était impossible qu'il laissât tous les hommes dans l'état naturel; nous ne savons ce qu'il a fait dans ces milliers de mondes qui peuplent l'espace, mais nous savons qu'il nous a créés, appelés à l'état surnaturel ou de progrès par la révélation; qui aura le cœur de se plaindre? Il me semble que si nous considérons ce qu'est l'état naturel, nous nous réjouirons d'en avoir été délivrés.

Supposons en effet qu'après avoir créé l'homme, Dieu l'abandonne à lui-même et voyons. L'homme n'a d'autre ressource pour se développer que sa lumière naturelle. En quoi consiste cette lumière naturelle? Nous l'avons vu, dans le rapport nécessaire entre l'idée de l'être essentiellement infinie en elle-même et une idée du non-être finie, en un mot entre l'infini et le fini. Ce rapport nécessaire est unique, c'est celui du centre à la circonférence, c'est l'idée de l'unité. Le rapprochement, la coïncidence, le rapport entre deux objets d'inégale grandeur étant limité par le plus petit, et le fini étant un point imperceptible par rapport à l'infini, l'homme n'a à son point de départ qu'une conscience ou une lumière imperceptible. C'est une idée à peine distincte de l'unité et de la pluralité, du moi et du non-moi, il est impossible de faire sortir de ces éléments, ni le progrès positif ou la dilatation de l'idée de l'être, encore moins le progrès harmonique; mais nous y avons reconnu une possibilité d'un développement négatif mathématique.

Il est très probable que faute d'approfondir cette hypothèse nous nous sommes fait une idée inexacte de ses conséquences; il nous a semblé voir sortir naturellement de cette idée fondamentale de l'unité, toutes les sciences mathématiques et physiques, et par conséquent toutes les merveilles de l'industrie. Rien de moins fondé. Remarquons d'abord que cette possibilité de progrès que nous trouvons dans les éléments de la nature intelligente est purement passive, car nous n'avons montré aucun principe moteur qui la force à se traduire en acte. C'est à la vie intelligente que s'applique l'axiôme *ignoti nulla cupido, nul désir de l'in-*

connu. La créature intelligente n'a de conscience de la double idée de l'être et du non-être que dans le point imperceptible où elles s'unissent en elle, le reste ne lui vient pas même en idée; par quel motif pourrait-elle se mettre à sa recherche? Il faut pour que cette possibilité se réalise, que quelque chose lui fasse naître un soupçon et la provoque à s'élancer hors d'elle-même. Et de même qu'aucun corps ne trouve en lui-même un motif de changer de place, mais obéit toujours à une impulsion extérieure, de même aucun être ne peut trouver en lui un motif de sortir de lui, de s'élever au-dessus de lui. Tout progrès dans l'être intelligent ne peut être qu'une attraction de l'harmonie divine, c'est-à-dire une grâce prévenante (ainsi que la nomment les théologiens) émanée de l'Esprit saint.

On dira : toute connaissance humaine ne peut-elle pas se déduire logiquement de l'idée de l'unité, et n'est-ce pas de l'idée de l'être que vous avez fait sortir tout le développement de votre ouvrage? Cela est vrai, mais par quel moyen a-t-on pu faire sortir toutes ces conséquences logiques de l'idée de l'être? C'est par le langage, et le langage n'est-il pas, comme nous l'avons vu, calqué sur la Trinité? N'en offre-t-il pas dans la proposition, substantif, verbe et adjectif, une des plus complètes manifestations? Il est donc impossible avec la seule idée d'unité d'avoir le langage et par conséquent de développer l'idée de l'être. Le langage suppose la Trinité, et c'est pourquoi les grands philosophes de notre temps ont tous cru le langage révélé. Une fois l'idée de la Trinité connue, une fois cette harmonie infinie nommée à l'homme, le mouvement du progrès indéfini est déterminé, s'il a foi en elle, car il a un but infini à atteindre. Il se développe alors dans tous les sens, mais dans ce développement, il y a une part qu'il ne peut exécuter sans un secours spécial, c'est le développement positif ou mouvement ascensionnel dans l'idée de l'être; il y en a un autre qu'il exécute par ses forces naturelles, c'est le développement négatif ou le travail de division qui constitue la science, or, c'est à cet état qui suppose déjà la révélation que nous avons étudié le développement scientifique dans le chapitre de la certitude.

Nous voyons donc ce qu'est précisément cet état de pure nature : Impossibilité de développer l'intelligence qui reste à l'état élémentaire, enfance éternelle qui n'a d'autre langage que l'interjection vide de pensée, enfin bonheur purement sensible où l'intelligence n'a qu'une part imperceptible. Du reste, les conjectures de la raison ont été confirmées par l'expérience, car c'est précisément ce triste tableau que nous ont offert tous les êtres qui ont vécu jusqu'à un certain âge, privés du langage, tels que le sauvage de l'Aveyron, Gaspard Hauser, et ce qui est plus frappant, Mademoiselle Leblanc qui n'avait point été privée de société, puisqu'elle avait vécu longtemps avec une compagne sauvage comme elle.

Encore une fois qui osera regretter pour l'homme un pareil état?

Oui, il fallait que Dieu réalisât le progrès indéfini, c'est là le plus haut point de perfection de son œuvre; cela est beau et digne de lui, cela est pour nous le comble du bonheur, car de cette manière nous sommes invités à un bonheur indéfini, le plus grand auquel Dieu puisse élever une créature. Pour élever l'homme à cet état, Dieu n'avait qu'un seul moyen, provoquer l'intelligence de l'homme par la révélation; l'homme n'avait qu'un seul moyen de répondre à la voix de Dieu; ce moyen, c'était la foi. Or, ceci posé, la possibilité du mal et toutes ses conséquences reparaissent inévitablement, car Dieu ne peut créer une intelligence sans harmonie, c'est-à-dire sans lumière; celui qui a une lumière spirituelle est essentiellement libre, c'est-à-dire agissant volontairement et avec la conscience de son acte ; d'un côté, Dieu ne peut forcer un être libre, de l'autre, il ne peut lui présenter une nouvelle lumière sans le mettre dans l'alternative de s'abandonner avec confiance à cette nouvelle lumière et de s'élever ainsi à une plus haute harmonie, ou de rester avec défiance dans la sienne et de s'obstiner dans la division de soi-même qui est le malheur. N'accusons donc point Dieu, car nous éprouvons par nous-même qu'il ne pouvait s'y prendre autrement. Certes s'il était une créature à qui la foi devait être facile, c'était bien l'ange : esprit pur, dégagé de toute matière, intelligence sans voile de chair; avec quelle légèreté et quelle promptitude ne devait-il pas s'élancer et voler dans la voie sublime de la sainteté que Dieu lui montrait avec tant d'amour. Eh bien ! l'ange lui-même a manqué de foi, et si les croyants ont rangé autour du trône de Dieu leurs neuf brillantes phalanges, en s'écriant avec saint Michel : Qui est comme Dieu ? D'autres en grand nombre aussi, ont préféré leur propre lumière; mais ils ont emporté en tombant la lumière inextinguible de Dieu à laquelle ils n'ont pas voulu croire, comme la flèche aiguë que l'animal blessé emporte dans ses flancs, parcourant tout le désert sans soulagement et sans repos, parce que sa douleur est avec lui.

Tout être libre doit donc nécessairement passer par une épreuve. Dieu voulant l'élever à la plus haute des destinées, ne peut le faire sans lui et malgré lui ; il ne pouvait nous jeter pieds et poings liés dans le ciel; il fallait qu'il nous offrît d'abord le souverain bonheur et qu'il prît le temps d'attendre notre réponse, c'est ce qu'il fait sur la terre avec une bonté et une tendresse infinies, multipliant les invitations et les reproches par ses envoyés, se faisant lui-même chair dans son Fils afin de devenir comme l'un de nous, et dans cet état répandant à pleines mains la grâce et la lumière, partageant nos misères, versant son sang pour nous, plaçant son Église comme un fanal qui nous montre les écueils, perpétuant sa grâce et le don de lui-même dans les sacrements, et nous disant à juste titre : « Maison d'Israël, soyez juge entre moi et ma vigne, qu'ai-je dû faire pour elle que je n'aie pas fait. *Quid debui ultrà facere vineæ meæ et non feci.* » Que nous sommes insensés de ne pas comprendre notre belle vocation, que nous sommes aveugles de ne pas voir tant de lumière, que nous sommes durs de ne pas entendre un langage si touchant! ne sera-ce pas notre faute, et notre faute à nous seuls, si nous nous perdons et si nous consommons notre malheur?

Mais enfin, dira-t-on encore, Dieu voyant sa créature perdue et souffrante, ne pourrait-il pas effacer en elle cette lumière divine qu'elle a méprisée et qui maintenant la tourmente? Ne pourrait-il pas la ramener à cet état de nature pure où au moins elle serait en paix avec elle-même? Non, il ne le pourrait pas. La raison, la voici : c'est que l'être ne recule pas. Expliquons-nous. L'être, c'est la substance, c'est l'unité, et l'unité, c'est l'infini, l'immuable, l'incorruptible, l'inaliénable, l'éternel. Tout ce qui participe à la substance, à l'unité, participe aussi à son caractère d'immutabilité. C'est là le vrai fondement de l'immortalité de notre âme spirituelle. Notre personnalité est inaliénable, parce que la forme qui la constitue est une forme spirituelle; une forme spirituelle est une forme empreinte dans la substance même et qui devient par là substantielle, dès-lors indestructible. La forme animale qui n'est que matière ne pénètre point la substance, elle l'enveloppe comme un manteau, la circonscrit, la limite, aussi garde-t-elle la mobilité que l'absence d'unité ou de substance donne à la matière, et lorsque cette enveloppe se brise, la substance qu'elle limitait reprend sa liberté et rentre dans l'unité première. La révélation une fois connue de nous devient une partie de notre pensée qui est notre forme spirituelle, elle est donc, comme elle, inaliénable et indestructible.

Oui, nous sommes immortels parce que Dieu ne peut pas nous anéantir, il ne le peut pas parce qu'il ne peut pas le vouloir, il ne peut le vouloir, parce que Dieu ne peut songer au suicide; en effet tout ce qui est substantiel ne l'est que par l'expansion infinie de son être, il ne pourrait le détruire sans refouler cette expansion qui est sa substance même, tout ce qui est substantiel est donc inviolable et sacré, car telle est la loi éternelle : l'être ne recule pas. Ainsi la révélation qui est une impression vivante de la lumière divine sur notre substance y forme un sceau à jamais ineffaçable, il subsistera toujours dans le damné comme un remords, il lui fera toujours sentir la contradiction où il s'est mis lui-même; contradiction qui déchire son être comme le bec du vautour de Prométhée, elle est ce *ver qui ne meurt point*. La bonté de Dieu, attribut spécial du Père, n'est autre chose que l'expansion infinie de son être qui se donne à tous, la bonté de Dieu ne peut se manifester en détruisant, mais en donnant. Si Dieu voulait témoigner sa bonté aux damnés, il ne pourrait le faire qu'en se donnant à eux, or, nous voyons qu'en se donnant davantage à eux il ne ferait qu'augmenter leur supplice. Ainsi il ne peut reculer; en s'avançant il augmente leur supplice; le mieux qu'il puisse faire tant qu'ils sont dans leur obstination, c'est d'arrêter l'effusion de son amour sur eux et c'est ce qu'il fait.

L'être ne recule pas. La sainteté de Dieu qui est l'amour de l'être, l'unité et la multiplication de l'être s'y oppose absolument. La nature matérielle n'est point l'être, puisqu'elle ne renferme point la substance, néanmoins elle est une image négative de l'être et nous avons vu jusques-là que toutes les lois de l'être y avaient leur correspondance et leur image. La loi que nous proclamons doit y avoir laissé comme les autres son empreinte. En effet, ce qui dans la matière est une image de la substance qu'elle n'a pas, c'est la molécule élémentaire. Eh bien! que voyons-nous dans la nature, au milieu d'un perpétuel changement de formes? Une persistance inaltérable de l'élément matériel. Cet élément ne sort d'une combinaison que pour entrer dans un autre, il a été impossible de saisir jusques-là un anéantissement physique, et tout semble montrer que depuis la création, pas un atôme ne s'est perdu. Peut-on dire que la forme périsse? Il est vrai que la rose s'effeuille, que le lys se dessèche, tombe sans vie, et que l'arbre séculaire s'affaisse sous son propre poids; mais la forme ne consiste point dans la quantité; la forme nous l'avons dit, est le sceau que l'esprit imprime à la matière, il y a bien des triangles dans la matière, mais il n'y en a qu'un dans la pensée divine, et c'est le même sceau que Dieu a appliqué à toute matière triangle, tous les triangles ne renferment donc qu'une seule et même pensée. Il suffit que nul type ne se perde pour qu'on puisse dire que la forme de la matière ne périt point dans ce qu'elle a d'essentiel; Or, l'expérience nous apprend que les individus disparaissent, et que les espèces ou les types demeurent; c'est à peine si la science a cru voir quelques rares exceptions; mais encore tout ce que pourrait dire la science ne nous donnerait pas le droit d'affirmer qu'un type s'est perdu dans la création, car pour pouvoir l'affirmer, il faudrait connaître la création entière et ses myriades de mondes, et à peine connaissons-nous la pellicule de celui que nous habitons. Ainsi, en un sens, la forme non plus ne périt pas. Est-il croyable que Dieu un jour anéantira toutes les œuvres de ses mains? qu'après avoir marché avec tant de magnificence dans la voie féconde de la création, il s'arrêtera tout d'un coup pour revenir sur ses pas? Non, cela répugne à la raison. Beaucoup, il est vrai, s'imaginent que cet anéantissement est enseigné par la foi, mais ils se trompent; cette idée n'a pour appui que des interprétations arbitraires de commentateurs, rien dans toute la révélation n'oblige à le croire. Saint Pierre nous montre le ciel et la terre dévorés par un vaste incendie, réel ou figuré, puis il nous fait voir un ciel nouveau et une terre nouvelle sortants de cet embràsement comme le phénix renaît de ses cendres; il s'agit là d'une transformation et non d'un anéantissement. Ne dit-on pas que je détruis un morceau de bois lorsque je le brûle, quoique sa forme seule change, puisque l'oxigène, l'hydrogène et le carbone qui le composaient continuent à subsister, mais sous d'autres formes? C'est ainsi qu'on peut entendre toutes ces expressions *de dernier jour* et *de fin du monde*.

Nous pouvons donc nier l'anéantissement physique, Car rien ne nous force à l'admettre, au contraire, la raison nous pousse fortement à le rejeter en nous faisant voir dans la sainteté même de Dieu le principe inébranlable de la conservation des êtres.

Oui, nous pouvons le penser, et il nous est doux de le croire, la destruction n'est pas, le néant est impuissant et son gouffre béant nous menace en vain. Ici se présente une belle et consolante conclusion. Nous avons dit que la réalisation d'un type ne doit point périr, mais l'intelligence de l'homme réalise aussi des types, des combinaisons qui ne sont point contenues dans la nature, quoique la nature en soit le modèle et l'inspiration. L'œuvre du génie périra-t-elle? Non, j'ose le dire; elle ne s'arrêtera point devant les barrières du temps, elle saura les franchir et s'élancer dans l'éternité. Le dogme de la résurrection nous apprend que le ciel est non-seulement le lieu des esprits, mais aussi le lieu des corps. Nos corps ressusciteront transformés et sans perdre leur type; ils mériteront par leur éclat et leur incorruptibilité le nom de *spirituels* que leur donne saint Paul; n'est-ce pas arracher un membre à l'homme de génie que de lui arracher son œuvre, la réalisation de sa pensée la plus chère? La résurrection serait donc incomplète si nos œuvres ne nous suivaient pas, transformées comme nous, dégagées des obstacles de la matière pesante de la terre, et par là même plus parfaites, plus intelligibles, plus radieuses.

Cependant, comme le dit saint Paul : « Le feu éprouvera l'œuvre de chacun, *unius cujusque opus quale sit ignis probabit.* (Corinth.)» Ainsi, l'œuvre du méchant périra, celui qui travaille pour détruire, le sceptique inspiré par l'esprit de ténèbres, par l'esprit qui dit non, selon la profonde expression de la théologie persane, restera dans son néant; car il n'a rien exprimé, il a nié. Celui qui, le regard toujours baissé vers la matière, ne sait que remuer des formes sans intelligence, ne reconnaîtra plus des œuvres sans génie, c'est-à-dire sans création. Mais s'il est quelqu'un qui ait su dérober un rayon du ciel, et enfermer dans son œuvre sublime quelque chose de l'infini, qu'il se réjouisse! Saint, docteur, philosophe, poëte ou artiste, il a travaillé pour l'éternité; non-seulement son œuvre restera dans la postérité, mais lorsque la société tout entière sera transportée par la résurrection du séjour de la grâce dans celui de la gloire, elle le suivra comme un fleuron de sa couronne, et j'en ai la douce confiance, nous pourrons à jamais contempler le fruit des sublimes efforts du génie bienfaisant.

Le bien se présente à nous maintenant sous un nouvel aspect; l'harmonie qui est le bien ne peut se réaliser en reculant, c'est-à-dire en détruisant la lumière supérieure, pour l'abaisser au niveau de la lumière inférieure; au contraire, elle ne peut s'obtenir que par le mouvement d'ascension de cette dernière. La réalisation de l'harmonie qui dans l'ordre surnaturel prend le nom de sainteté est donc aussi le progrès, la dilatation et la multiplication de l'être, en un mot, sa réalisation. Cependant, il en est qui ont l'art de la représenter comme consistant uniquement en une multitude de privations, de gênes, d'entraves et de limites; les hommes à ce tableau ont reculé d'horreur, et je le conçois: le cœur de l'homme, comme la nature des anciens, a horreur du vide. Il est bien vrai que pour vivre d'une vie surnaturelle, il faut s'élever au-dessus de la vie naturelle, et si elle résiste, il faut lui faire violence, mais ceci n'est qu'accidentel; l'essence de la sainteté, son but, c'est de dilater tout son être, afin de le rapprocher de plus en plus de l'éternelle harmonie; la violence à la vie inférieure n'est nécessaire qu'autant qu'elle s'oppose à cette dilatation, à cette réalisation supérieure. Si tous comprenaient ainsi la sainteté, il y aurait certes plus de saints. Disons-le donc à haute voix, la manifestation du bien, que ce soit dans l'ordre naturel ou surnaturel, n'est que l'amour de l'être; elle ne peut donc être que la réalisation en tout sens et à son plus haut degré. Réalisation du bon et de l'utile, dans le fondateur, le législateur, le civilisateur, l'inventeur; dans l'homme d'État qui gouverne avec justice, le père qui engendre une famille, l'agriculteur qui arrache de la terre le pain de l'homme, le riche qui nourrit le pauvre, l'hospitalier qui le soigne. Réalisation du vrai dans le savant qui se consume de veilles, le voyageur qui cherche des données pour la science, le professeur qui enseigne. Réalisation de la lumière et du beau dans le philosophe qui médite, l'apôtre qui évangélise, le peintre qui saisit la nature, le musicien qui révèle les élans secrets de l'âme, le poëte qui reproduit tout; réalisation aussi du beau dans la propreté, la dignité, la décence, la grâce. Tout cela est bien, quand tout cela a pour principe une idée de réalisation, une pensée d'amour de l'être, une aspiration vers l'infini; tout cela est saint quand l'infini auquel on aspire est connu par la révélation. Tout ce qui édifie est bien et saint, tout ce qui détruit est abominable : ainsi il est abominable le conquérant qui ravage les peuples, le séditieux qui trouble la paix, l'hérésiarque qui cache aux hommes la lumière divine, le sophiste qui trouble la lumière naturelle, le peintre qui peint la turpitude, le musicien qui soupire l'infamie, le poëte qui chante le vice, le gourmand qui s'use, le libertin qui se détruit, le malpropre, le trivial, le grossier. Il n'est pas nécessaire de détruire directement, il suffit pour être maudit de ne rien réaliser : ainsi, il est maudit l'avare qui enfouit son inutile trésor, le paresseux qui laisse croupir son intelligence, le scrupuleux qui enchaîne son activité, l'égoïste qui ferme son cœur, et c'est pourquoi l'Évangile jette dans les ténèbres le serviteur inutile. Qu'ils soient donc bénis avant tout les apôtres qui ont répandu la lumière; qu'ils soient bénis tous ceux qui ont travaillé, combattu, consumé leur vie à une œuvre grande, belle et utile! ils recueilleront le fruit qu'ils ont semé; ils ont compris la voie, ils atteindront le but.

CHAPITRE XXIX.

DES TROIS VERTUS THÉOLOGALES.

La vertu, c'est la réalisation du bien par la liberté. Quelle est la racine de la vertu? quel est son développement et sa filiation? Quelles sont les harmonies de ce développement? Voilà d'intéressantes questions qui se présentent maintenant à nous.

Il faut d'abord résoudre la question d'origine et découvrir la première source de ce beau fleuve qui féconde toute notre vie, et que nous avons appelé indifféremment *bien, vertu* ou *bonheur*. Lorsque dans le chapitre précédent nous avons fait voir le point précis où la route de l'homme se divisait, et où commençait la possibilité de choisir entre le bien et le mal, nous n'étions pas encore au sommet de la question, nous n'avons vu réellement que l'origine du mal. Mais avant que le mal fût, existait le bien qui est éternel et que Dieu possède sans alternative : derrière la bifurcation de la route se trouve la route une, car il faut être un d'abord avant de se diviser. Eh bien ! remontons donc à l'origine du bien ou de la vertu, tels qu'ils sont de toute éternité dans l'être; et comme ces deux choses sont identiques avec le bonheur, il nous suffira de nous rappeler comment la béatitude se réalise en Dieu, et la difficulté sera résolue.

Quel est le moment dans le développement de l'être où apparaît pour la première fois l'idée du bonheur? Nous savons que le bonheur, c'est la conscience de sa propre harmonie; la lumière seule donne la conscience; c'est donc dans la lumière que se trouve la racine du bonheur. C'est, en effet, le Saint-Esprit qui réalise la béatitude en produisant la sainteté; analysons tous les mouvements de cette production, afin de n'en laisser échapper aucune conséquence.

C'est la lumière qui indique la direction totale de l'être; la lumière est la comparaison de l'idée de l'être et de celle du non-être; le résultat de cette comparaison en Dieu, c'est la préférence de l'idée de l'être, c'est le mouvement de l'être vers l'être: et c'est, en effet, la seule voie de la béatitude; car la première condition de la béatitude, c'est l'unité de l'être, et le Saint-Esprit ne peut fermer le cercle de l'être, et constituer ainsi son unité, qu'en s'attachant à l'idée de l'être, forme de l'unité placée auprès de lui.

Remarquons bien ce qui suit. L'acte du Saint-Esprit produisant la sainteté qui vient se résoudre dans l'unité, présente à son point de départ une double face, l'une négative, l'autre positive; il faut, en effet, pour préférer l'idée de l'être, abandonner celle du non-être. Dans cette admirable production des trois facultés complémentaires de l'être, la liberté, l'éternité, la sainteté; le Fils enfante dans le Père, le Père dans la personne du Saint-Esprit, le

Saint-Esprit dans l'idée de l'être qui est la forme du Père, tandis que la forme négative qui est la personnalité du Fils, semble oubliée et ne voit personne enfanter en elle.

Dieu s'attache ainsi infiniment à lui-même dans la personnalité du Père qui est le positif et l'unité; il s'oublie infiniment lui-même dans la personnalité du Fils qui est la forme négative et divisible : et cet oubli est allé jusqu'au sacrifice dans le mystère de la rédemption, où la personnalité du Verbe s'est immolée à la fois pour le bonheur de l'homme et la gloire de Dieu. Dieu aussi s'humilie donc et se dévoue de toute éternité ; le sacrifice de lui-même ou ce renoncement à l'idée du non-être, n'est pas moins nécessaire à la béatitude que son attachement à l'idée de l'être : c'est pourquoi le spectacle de ce sacrifice d'amour fait partie du ciel et ne sortira jamais de devant les yeux des bienheureux. « J'ai vu, dit saint Jean dans son Apocalypse, et voilà qu'au milieu du trône et des quatre animaux et des vieillards, était un agneau qui semblait immolé. *Et vidi et ecce in medio troni et quatuor animalium, et in medio seniorum, agnum stantem tanquam occisum.* » Nous voyons maintenant pourquoi Jésus-Christ nous disait : « Apprenez de moi que je suis doux et humble de cœur. » Nous voyons pourquoi l'homme brille davantage par l'action, la femme par le dévouement.

Cet attachement à l'unité ou à l'infini n'est autre chose que la charité, l'oubli de soi, c'est l'humilité; l'humilité et la charité sont donc en Dieu la racine du bien, et elles seront en nous la racine de la vertu. Lorsque Dieu nous en a fait un commandement, il n'a point pris plaisir à nous imposer un joug écrasant, car il ne nous a donné aucun précepte qu'il n'ait pratiqué lui-même de toute éternité; s'il nous a donné ses propres lois, c'est que nous sommes faits à son image par la possession de l'idée de l'être qui est l'image de sa substance. Ces lois, ce sont celles par lesquelles Dieu réalise son éternelle béatitude, et c'est parce qu'il veut partager cette éternelle béatitude avec nous, qu'il nous en a révélé le secret que lui seul connaissait, qu'il nous a indiqué la route que lui seul avait le droit de suivre. Est-il donc une folie comparable à celle de se plaindre de ce commandement divin, de le repousser et de le maudire? Il était bien plus sage et plus clairvoyant que nous, le roi David, lorsque dans le plus long de ses cantiques, qui n'est qu'une continuelle extase, il disait mille et mille fois, sans pouvoir se lasser de le répéter, que la loi de Dieu était plus douce à son cœur que le miel à ses lèvres, qu'elle était sa joie, sa lumière, son espérance, son bonheur et sa vie! « *Quam dulcia faucibus meis eloquia tua super mel ori meo, cantabiles mihi erant justificationes tuæ in loco peregrinationis meæ, lucerna pedibus meis verbum tuum et lumen semitis meis, in verba tua supersperavi quia eloquium tuum vivificavit me.* » Ne trouvera-t-on pas ces expressions encore insuffisantes, si l'on songe que cette loi divine n'est autre chose que la voie merveilleuse dans laquelle marche Dieu lui-même, poursuivant et atteignant éternellement sa béatitude infinie.

Dieu n'exige en réalité de nous rien de plus que ce qu'il a fait lui-même. En nous, comme en Dieu, la charité, c'est s'attacher à l'unité et à l'infini connus par son idée; en nous, comme en Dieu, l'humilité, c'est ne point s'attacher à la forme négative et divisible. Toute la différence, c'est que cet acte est plus facile à Dieu qu'à nous; car Dieu ayant la conscience entière de ses trois formes, n'a point peur et se jette sans hésiter dans le sein de l'unité qui est sa forme positive. L'homme, au contraire, n'ayant complète que la conscience de sa forme négative qui est par conséquent sa seule personnalité, n'ose s'en séparer; il lui semble que s'il la quitte, la terre va lui manquer sous les pieds. S'il voyait sa forme positive, il n'hésiterait pas, mais il ne la voit pas; il faut donc qu'il s'abandonne à elle de confiance, et voilà pourquoi il hésite. O hommes, pourquoi êtes-vous si aveugles de vous attacher à ce qu'il y a de moindre en vous? sachez donc tous, et que ne puis-je me faire entendre à toute la terre! sachez que votre personnalité, à laquelle vous vous cramponnez comme un malheureux qui se noie, à la pierre qui le retient au fond de l'eau, n'est que la moindre partie de vous-même, n'est qu'une forme finie, un néant pour ainsi dire; tandis que le reste de votre être que vous ne voyez point est infini, c'est l'être même du Dieu tout-puissant, c'est sa forme infinie, sa sagesse ineffable qui fait ses délices d'être avec vous; ne craignez donc plus, abandonnez-vous avec confiance; y a-t-il un appui plus ferme que la toute-puissance, un guide plus sûr que la sagesse? Cessez donc de vous appuyer sur cette personnalité faible et finie, sur cette intelligence bornée qui ne peut vous donner ni l'unité, ni le bonheur; mais ayez confiance en la parole divine, qui est la manifestation de votre forme positive; ayez confiance en la vie suprême qui est le fondement de votre propre vie; ayez confiance dans l'harmonie divine qui vous appelle à elle et vous offre d'agrandir éternellement la conscience que vous possédez de votre être, et par conséquent votre béatitude.

Nous comprenons maintenant que la source et la racine de tout bien, de toute vertu et conséquemment de tout bonheur, c'est une tendance de l'être vers l'unité ou l'infini, tendance qui, bien que simple en elle-même, renferme cependant une double face; car s'approcher d'un point suppose nécessairement s'éloigner d'un autre. Cette tendance vers l'infini suppose comme corrélatif un oubli, un abandon du divisible ou du négatif. Cet oubli est l'humilité, la tendance vers l'infini est la confiance dans l'unité, et ces deux choses inséparables ne sont dans l'être que la forme harmonique de la lumière.

Supposons cette confiance ou cette foi à l'unité dans une intelligence créée et laissée à l'état naturel, cette vertu restera seule et inféconde; supposez au contraire la révélation de la Trinité, nous verrons de suite la foi, l'humilité, la source positive de la vertu et sa source négative, faire sortir de leur divin embrassement toute la brillante famille des vertus. En effet, dès qu'on connaît l'infini comme Trinité, la foi dans l'infini s'épanouit en trois branches, car alors on a foi en Dieu comme vie, comme Verbe et comme lumière, c'est-à-dire comme bonté, comme vérité, comme beauté; et c'est à cette triple foi qu'on a donné le nom des trois vertus théologales, la foi, l'espérance et la charité. Considérées de cette manière, ces vertus se présentent à nous avec un sens parfaitement déterminé, et nous voyons disparaître tout ce qu'il y avait de vague dans l'idée que nous nous en étions formée.

La foi qui a conservé le nom spécial de foi, c'est la confiance que nous avons en Dieu considéré comme Verbe, parole ou vérité; *la foi est une*, dit saint Paul. Pourquoi? parce que, comme le disent les théologiens, les vertus appelées théologales prennent ce nom de ce qu'elles ont immédiatement Dieu pour objet, et ce qui a pour objet un Dieu un et indivisible est nécessairement un : or qui dit un, dit infini. On voit par là que la foi ne peut pas être la croyance à une quantité déterminée d'articles d'un symbole compris d'une certaine manière, car alors il y aurait une multitude de Fois, il y en aurait presque autant que d'individus.

Si les catholiques se trouvent dans l'unité d'un symbole, c'est accidentellement et grâce à l'admirable institution que Jésus-Christ a faite de l'Église; d'ailleurs cette unité même n'est pas absolue, puisque le symbole catholique se développe continuellement avec les décisions solennelles de l'Église. L'unité n'est pas capable de plus ou de moins en elle-même, quoique sa manifestation puisse augmenter, parce qu'elle s'opère par la distinction; toutes les décisions de l'Église n'ont donc rien ajouté à la foi, mais seulement à l'intelligence de la foi. L'unité de la foi repose en Dieu : la foi consiste à croire en son cœur que Dieu ne peut se tromper, c'est-à-dire qu'il est la vérité même. J'ai dit que par là même qu'elle est une, elle est infinie. En effet, quand je crois que Dieu est la vérité, je crois par là même vrai, non-seulement ce que je connais de sa parole, mais encore ce que je ne connais pas, ce que nul ne connaîtra jamais, cette parole infinie que Dieu se dit à lui-même de toute éternité et que lui seul peut comprendre parfaitement; la foi est donc une croyance infinie.

Mais peut-il y avoir quelque chose d'infini dans la créature? Oui; nous savons déjà que des quatre termes qui composent la trinité humaine, il y en a deux d'infini : c'est la vie ou la substance, et sa forme qui est l'idée de l'être; la foi répondra nécessairement à l'un de ces deux termes, et comme elle est, non un sentiment, mais une idée et une parole, elle correspondra à l'idée de l'être ou à l'entendement, seul capable de la contenir. La foi, c'est donc notre entendement, notre raison impersonnelle qui n'est autre chose que la sagesse divine elle-même, se manifestant en nous par la révélation. Il n'y a pas deux Foi; tous ceux qui ont la foi ont la même : depuis celui qui ne sait encore que son signe de croix, jusqu'au docteur qui possède toute la théologie, tous croient une seule et même chose par confiance en la véracité divine, c'est-à-dire la pensée une et infinie de Dieu. Au contraire, celui qui nie un seul article du symbole de foi; celui qui élève seulement un doute, non point sur le fait extérieur de la révélation, mais sur la vérité intérieure du dogme, et cela parce que son intelligence le juge ainsi, celui-la n'a plus aucune foi; il a transporté sa confiance de Dieu en lui, de la véracité divine à son intelligence propre, de l'idée de l'être à l'idée du non-être; il ne croit plus, il juge. La foi est donc comme l'idée même de l'être dont elle n'est que la manifestation, absolue, une, indivisible; elle est ou elle n'est pas, sans admettre ni le moins ni le plus. Mais, dira-t-on, que devient donc cette prière de l'Église : « *Adauge nobis fidem*, Seigneur, augmentez notre foi? » Voici la réponse : ce qui augmente et diminue, ce n'est point la foi elle-même, mais la conscience de la foi. Ceci demande à être expliqué.

Ne nous lassons point de remonter aux principes, car c'est toujours là que nous retrouverons l'unité et la lumière. Nous savons que le principe de l'être c'est l'unité ou le positif, que l'être se développe par la distinction ou le négatif et qu'il se complète par l'harmonie; de là découle tout le reste, et comme le dit la théogonie chinoise : Un a engendré deux, deux a produit trois et trois a fait tout le reste.

L'intelligence créée se développe dans le même ordre. Ce qui la rend différente de l'être incréé, c'est qu'en elle ce second terme est toujours actuellement fini, tandis que dans l'être incréé il est actuellement infini, ou pour parler plus juste indéfini. Ce second terme, dans l'homme, est comme un facteur négatif qui introduit des valeurs négatives dans tous les calculs où il entre. L'être se distingue par la distinction, il se comprend, il jouit de lui par la lumière qui seule lui donne la conscience de lui-même ; mais dans l'homme la distinction est elle-même le terme fini ; et la lumière qui n'est que le rapport entre la forme de la vie et la distinction, renferme ce facteur fini qui fait que le résultat est fini : il est donc impossible que l'homme, quoiqu'il ait dans son être deux termes infinis, puisse en avoir la conscience absolue, puisque sa conscience renferme un facteur fini. L'homme ne peut pas sentir tout son être, et comme ce qui est fini est éternellement susceptible de plus et de moins, la conscience qu'il a de lui peut sans cesse se dilater ; il semble alors que son être augmente, tandis que c'est la conscience seule qui s'accroît, et que l'être un et indivisible ne fait que se manifester plus ou moins. Il est donc évident que Dieu seul qui a la conscience de notre être infini, qui est le sien propre pouvait nous le révéler et nous en donner, non la conscience, ce qui est impossible, mais la foi, c'est-à-dire une connaissance mystérieuse fondée uniquement sur la confiance dans sa parole. Quoique la conscience humaine ne puisse jamais embrasser l'être dans toute son immensité, elle peut s'agrandir, toujours et à mesure qu'elle s'agrandit, nous nous agrandissons à nos propres yeux, nous nous dilatons dans la jouissance de nous-même qui est le bonheur, si notre être est dans l'harmonie.

Ainsi, en Dieu tout est immuable parce que rien n'est fini ; dans l'homme il y a un terme fini et mobile par conséquent, et c'est le mouvement de ce point mobile qui fait toutes ses transformations, et introduit le fini dans toutes les parties de son être où il peut atteindre. Et comme la personnalité c'est la conscience, et que nous n'avons conscience entière que de ce point mobile et fini, nous nous résumons dans lui, et quand nous nous considérons comme personne, nous disons avec vérité que nous sommes finis, mobiles comme l'eau qui s'écoule, fragiles et changeants comme la fleur qui passe et qui tombe, semblables à un songe qui s'évanouit, à une ombre qui s'anéantit devant la lumière du soleil, un pur néant par conséquent ; et, en effet, le fini n'est plus rien dès qu'on le compare à l'infini, il disparaît comme l'ombre au soleil. L'humilité est donc la conscience du néant de notre personne de même que la foi est la confiance dans notre être.

Ce qui nous empêche d'avoir conscience de tout l'être et par conséquent une confiance naturellement absolue en lui, c'est que nous n'avons pas conscience absolue de notre néant. L'être ne se distingue que par le néant, et notre distinction est finie, Dieu seul a une idée absolue du non-être, par conséquent seul il est capable d'une humilité infinie ou indéfinie si l'on veut, et c'est pour cela que sa confiance dans l'être est absolue aussi. Dans l'édifice de notre vertu c'est l'humilité qui est le point mobile qui rend tout le reste relatif. C'est donc notre humilité qui est la mesure de toutes nos vertus, elles grandissent toutes avec elle, s'arrêtent avec elle, disparaissent avec elle, alors que, tombant dans le mal, nous transportons notre confiance dans notre conscience négative. La triple foi que nous avons appelé les vertus théologales, quoiqu'infinie dans son essence, dépend dans sa manifestation dans notre conscience, du degré de notre humilité, en qui est la source de tout progrès dans la vertu. La triple foi et l'humilité sont comme les deux bassins d'une balance; le bassin de la foi monte toujours dans le positif le même nombre de degrés que le bassin de l'humilité descend dans le négatif.

La foi proprement dite, avons-nous dit, est la confiance en Dieu connu comme vérité, c'est-à-dire Verbe ou sagesse : l'espérance sera la confiance en Dieu connu comme puissance et bonté, et l'on sait que ces attributs sont ceux qui caractérisent le Père.

C'est une chose singulière, que l'espérance exprimée par le mot latin *spes*, ne soit pas nommée une seule fois dans tout l'Évangile ; mais si l'on y regarde plus attentivement, on verra que dans les paroles de Jésus-Christ le mot *Fides* que nous traduisons par foi, veut dire ce que nous appelons ici espérance, c'est-à-dire confiance en la puissance et la bonté de Dieu. Lorsque la Chananéenne repoussée par Jésus s'obstinait à croire qu'il pouvait et voulait l'exaucer, ce n'était point à un dogme qu'elle s'attachait, mais à une espérance, ce n'est point en sa parole, mais en sa puissance et en sa bonté qu'elle croyait, et Jésus-Christ lui dit : O femme ! votre foi est grande. A tous ceux qui se trouvaient dans un cas semblable tels que le paralytique, l'aveugle de Jéricho, et la femme qui touchait en secret le bord de son vêtement, il faisait la même réponse : « Allez, votre foi vous a sauvé. » Lorsque Jésus-Christ disait : « Si vous aviez de la foi gros comme un grain de senevé, vous diriez à cette montagne : Jetez-vous dans la mer, et elle s'y jetterait, » il ne voulait pas parler de l'adhésion de l'intelligence à un dogme, mais de l'acte de la volonté, qui compte sans hésitation sur la bonté puissante de Dieu, c'est-à-dire de l'espérance. C'est donc à l'espérance que Jésus-Christ attribue la puissance des miracles ; et, en effet, toute puissance découle de l'espérance, qui n'est autre que la confiance dans l'être ou la vie.

La vie se manifeste par l'action, l'activité n'est autre chose que l'expansion de l'être ; mais c'est l'espérance qui est l'expansion de la volonté. Cela est vrai d'abord dans l'ordre naturel. Qu'on me dise s'il y a jamais eu dans le monde une seule action sans quelque espérance? qui a jamais fait un acte, le sachant inutile sous tous les rapports? Le laboureur sèmerait-il s'il n'avait confiance dans le retour du printemps et dans la régularité des saisons? a-t-il attendu que l'astronomie eût dressé ses calendriers et calculé les lois du monde? Cependant quel est le fondement de cette confiance, sinon la bonté de l'Être suprême? car, quand bien même la science a constaté des lois jusque-là observées, quelle confiance pourraient-elles inspirer si elles étaient l'œuvre d'un être méchant? ne devrait-on pas attendre d'un jour à l'autre une traîtrise? Otez absolument l'espérance, vous n'oserez plus ni manger, de peur de vous empoisonner, ni marcher, de peur de vous briser; bientôt toute action refoulée cessera, et avec elle toute vie; vous arriverez à une inertie complète, et toute puissance sera anéantie; aussi le poète peint le désespoir assis et à jamais immobile : « *Sedet æternumque sedebit.* » Tout au contraire, l'espérance a des ailes. Ramenez l'espérance, l'action, manifestation de la vie, reparaît aussitôt; l'ouvrier travaille, le négociant s'agite, l'ambitieux intrigue, le conquérant poursuit la gloire, l'esclave ronge ses chaînes, l'amant ne connaît plus de repos, l'amour, dont on a tant chanté la puissance, n'a point d'autres ailes que celles que l'espérance lui prête; dès qu'il les perd, il se replie sur lui-même et meurt.

Exaltez l'espérance, vous aurez des actions gigantesques; vous aurez la puissance humaine portée à son plus haut point. Alexandre dit un mot sublime, lorsque partant pour la conquête du monde, sans troupes et sans argent, il répondit à ceux qui lui demandaient ce qu'il gardait : « Je garde l'espérance. » L'espérance seule pouvait conquérir le monde d'alors; l'espérance seule a pu plus tard découvrir un nouveau monde. L'espérance naturelle est une confiance instinctive dans la puissance de la volonté; portée à un certain degré, elle a fait les grands hommes; mais nul homme, quelque petit qu'il soit, ne peut entièrement s'en passer, parce qu'elle est la manifestation de la vie en nous et qu'elle ne s'éteint qu'avec elle.

L'espérance que nous appelons vertu théologale, n'est point l'espérance à cet état naturel, mais l'espérance transformée et agrandie par la foi, et on pourrait dire enfantée par elle. L'espérance, en effet, est la manifestation finie de la vie infinie qui est en nous : la vie ne peut se manifester que par sa forme qui est l'idée de l'être; l'idée de l'être, à son tour, ne se manifeste que par l'idée du non-être; mais cette manifestation lorsqu'elle n'est que naturelle est bien étroite dans ses proportions et bien lente dans sa marche; la révélation, au contraire, introduit subitement dans notre entendement un développement qui n'a pas été fait par notre distinction, qui n'est point compris par elle, du moins au moment où il est introduit; ce développement est l'œuvre de la distinction divine, et si nous y avons foi, la foi suppléant à la faiblesse de notre distinction, tout notre être se manifeste en nous, comme si la portion de la lumière divine qui nous a été communiquée était notre propre lumière. On voit donc que la foi, nous faisant franchir des abîmes qui feraient pâlir tout œil humain, peut élever l'homme à une hauteur incommensurable, et la marche de cette ascension est très simple : puisque toute la manifestation ou la conscience de notre être qui est infini, dépend de ce point fini et mobile qui est notre distinction ou notre idée du non-être; si Dieu supplée au travail que devait opérer cette distinction, en nous communiquant une partie du développement qui est en lui, l'idée de l'être ou la sagesse se manifeste aussitôt dans des proportions auxquelles il est impossible d'appliquer des limites, puisqu'en Dieu cette sagesse n'en a pas, et que Dieu peut nous la communiquer au degré qu'il veut. L'idée de l'être ayant agrandi tout d'un coup sa manifestation, elle manifeste aussi l'être dont elle est l'image. La foi engendre donc l'espérance; c'est pourquoi le même nom leur convient. Par la foi et l'espérance, la grandeur de l'homme n'a plus de bornes assignables, puisque la force latente qu'elles manifestent, et qui est la vie, est infinie : aussi les prodiges de la sainteté sont bien autres que ceux de l'ambition; la conquête du monde par les apôtres, qui n'avaient que leur personne et leur pauvreté, est bien plus étonnante que celle d'Alexandre et de César qui avaient des armées à leur service; la société spirituelle que les premiers ont fondée, et que dix-huit siècles de lutte n'ont fait qu'affermir, est bien une autre œuvre que l'empire d'Alexandre qui s'est dissous de lui-même, et l'empire romain qui s'est brisé contre cette société chrétienne qu'il voulait étouffer. Rien ne doit étonner dans celui qui a foi à la révélation divine; la puissance des miracles n'est qu'un des degrés du développement qu'il peut atteindre, et il en est une infinité d'autres plus parfaits et plus sublimes encore.

Nous avons vu la vertu et le bien prendre leur racine dans la lumière, c'est-à-dire dans la comparaison de l'être et du non-être, ou autrement encore dans la conscience que l'être a de lui-même. Cette conscience est complexe dans son objet, puisqu'elle renferme nécessairement deux termes, l'être et le non-être, son être et sa limite; le sens de sa limite, c'est l'humilité; la conscience de son être et la confiance qu'elle inspire n'est d'abord qu'une foi instinctive et indistincte, qui renferme en germe toutes les vertus naturelles. Si donc nous considérons l'ordre naturel, nous dirons que toutes les vertus naissent de la lumière, de cette lumière qui n'est rien autre au fond que l'instinct et le pressentiment du bonheur. Mais les vertus chrétiennes ne sont point seulement des vertus naturelles, ce sont ces vertus transformées et transportées dans un autre ordre. Ce n'est point de la lumière ou de la conscience que part cette transformation, car notre lumière ou notre conscience est la mesure de notre nature qui s'agrandit, se divise et s'harmonise avec elle, en elle et par elle. La révélation introduit en nous une lumière étrangère qui, en certains points, touche notre conscience et s'identifie avec elle, mais du reste la dépasse de beaucoup, ne pouvant être embrassée par le compas étroit de notre distinction; et c'est précisément en tant qu'elle la dépasse et qu'elle est en dehors de notre distinction, qu'elle est mystérieuse et surnaturelle; nous ne possédons cette lumière en grande partie que par la foi. Il est vrai qu'à mesure que notre conscience se dilate, elle en embrasse une plus grande partie; elle transporte dans le naturel ce qui était surnaturel, et fait reculer le mystère; mais tant qu'il reste du mystère, il reste du surnaturel; et en tout cas la dilatation de la nature n'empêche pas cette lumière divine d'être surnaturelle dans son principe, dans sa cause et même dans le progrès de sa manifestation dans la conscience, puisque ce progrès ne peut s'exécuter sans la grâce ou attraction de l'harmonie divine. Les vertus ont donc deux origines : en ce qu'elles ont de naturel, elles sont engendrées par la conscience ou la lumière; en ce qu'elles ont de surnaturel, elles viennent toutes de la foi; et c'est presque toujours dans ce dernier sens qu'on en parle. Lors donc que nous avons appelé la forme complexe de la conscience humilité et charité, nous nous sommes mal exprimé ; ces noms n'expriment pas cette forme complexe telle qu'elle est naturellement et primitivement dans l'homme, lorsqu'elle engendre toutes les vertus, mais ils l'expriment lorsqu'elle a été transformée et surnaturalisée par la foi. Il nous est facile maintenant de nous faire une juste idée de ces vertus. L'humilité n'est pas la conscience naturelle de notre néant, car c'est précisément le défaut de cette conscience qui fait notre faiblesse et limite notre nature ; l'idée du non-être étant seule divisible, c'est par elle seule que nous pouvions être finis, et c'est le défaut de l'idée du non-être qui, ne correspondant pas au reste de notre être, l'empêche de se manifester en nous tel qu'il est, c'est-à-dire infini. Le chrétien, pas plus que les autres, n'a la conscience parfaite de son néant ; mais il en a la foi, selon que sa confiance en la parole divine, qui le lui a révélé, est plus entière. Puisque c'est de l'appréciation du néant ou de l'idée du non-être que dépend toute notre grandeur, le chrétien, par la foi en son propre néant, acquiert donc une grandeur incommensurable ; mais cette grandeur est surnaturelle, parce qu'elle n'est pas dans la conscience. Si le chrétien avait conscience de cette grandeur, les torrents de la béatitude divine inonderaient son cœur. Au ciel, pour récompenser sa foi, Dieu déliera sa conscience ; alors, comme une flèche que lâche le doigt de l'archer, elle s'élancera avec une rapidité égale à celle de l'éclair dans cette grandeur sans limite dont elle fera son aliment éternel. Ce sera un beau jour que celui où l'âme, escortée des vertus, commencera ainsi dans la béatitude éternelle sa marche triomphale ; mais elle ne pouvait commencer par là ; la jouissance de l'être est le patrimoine de Dieu seul, parce que Dieu seul en a la conscience. Par le ciel, selon le mot de saint Paul, nous sommes héritiers de Dieu et cohéritiers de Jésus-Christ : «*Hæredes quidem Dei, cohæredes autem Christi.* » Mais avant de recueillir un héritage, ne faut-il pas d'abord en connaître l'existence et puis l'accepter? La révélation nous fait connaître l'héritage que Dieu nous offre : nous l'acceptons par la foi ; ce n'est qu'au ciel que nous entrons en possession. La foi est donc une préparation nécessaire à la gloire ; c'est elle qui nous donne les premières nouvelles de cet être infini que nous n'aurions jamais soupçonné, vu les limites de notre conscience ; ne le soupçonnant pas, nous ne nous serions jamais mis en marche pour en réaliser la possession. Dieu, dans sa bonté, a suppléé à notre conscience imparfaite par la science qu'il nous communique ; la science est aussi une possession, et quand il s'agit de biens spirituels, cette possession est une réalité. La foi est donc pour nous une possession réelle et infinie de notre être ; cette possession est moins parfaite que la conscience, parce qu'elle ne renferme pas la jouissance et la béatitude ; mais c'est cette possession par la foi qui nous provoque sans cesse à réaliser notre être dans la conscience ; c'est la foi seule qui pose en nous le principe et le stimulant d'un progrès éternel.

La charité est le corrélatif de l'humilité ; à l'état naturel elle se confond avec l'espérance et la foi ; elles ne sont toutes les trois que la confiance en son être ; l'homme qui ne voit encore que l'unité ne distingue pas son être et a en lui une foi sommaire par laquelle il attend tout de lui ; néanmoins les choses qu'il attend et qu'il cherche ainsi se ramènent d'elles-mêmes à trois chefs : savoir, pouvoir et jouir ; pouvoir, c'est la cause ; savoir, le moyen ; jouir, le but. Ce qui dans cette foi naturelle correspond à la charité, c'est le désir du bonheur. Lorsque la révélation, en nous faisant connaître la Trinité, fait apparaître distinctes les trois formes de la Foi, la charité se montre à nous comme foi en Dieu, mais en Dieu connu comme Saint-Esprit : or le Saint-Esprit est lumière, beauté et béatitude. La charité n'est donc que l'instinct du bonheur surnaturalisé par la foi. Cette notion de la charité explique parfaitement le sens du grand précepte de la loi chrétienne : « *Vous aimerez Dieu plus que vous-même, et le prochain comme vous-même pour l'amour de Dieu.* » Pesons toutes ces paroles.

Vous aimerez Dieu plus que vous-même; ce qu'il faut entendre ici par soi-même, c'est sa personnalité qui constitue son existence en tant qu'être distinct. Est-il donc possible d'aimer plus que soi-même ? Oui, mais il n'y a qu'une seule chose non-seulement qu'on puisse aimer, mais qu'on aime nécessairement plus que soi-même, c'est le bonheur.

Dites en effet à quelqu'être que ce soit qui puisse vous répondre : lequel préférez-vous; ou être à jamais souffrant et malheureux, ou rentrer dans le néant? Tous préfèreront le néant, et s'il en est quelques-uns qui hésitent d'abord, aux premières atteintes de la douleur ils prendront vîte leur parti ; c'est pour cela que les incrédules qui présentent leur malheur désirent et invoquent le néant.

Ils aiment donc le bonheur plus qu'eux-mêmes, ils ne s'aiment que par amour pour le bonheur, puisqu'ils ne veulent vivre qu'à condition d'être heureux, et que hors de cette condition ils consentent à la destruction de leur personnalité.

Supposez maintenant que nous ayons foi en Dieu comme lumière béatifiante, que nous soyons convaincu qu'en sa divine harmonie est le souverain bonheur de l'être un, auquel nous participons ; dès-lors nous aimons Dieu plus que nous-même, et nous ne nous aimons qu'en Dieu puisqu'il est ce bonheur même, sans lequel nous ne voudrions plus vivre. Nous devons aimer le prochain comme nous-même pour l'amour de Dieu. Le second membre de cette phrase n'est que la répétition du premier; en effet, puisque nous ne nous aimons nous-mêmes qu'en vue du bonheur qui est Dieu; en aimant le prochain comme nous, nous l'aimons aussi en vue de Dieu. Ce n'est donc point dans sa personne que Dieu nous commande d'aimer le prochain mais dans sa fin dernière, c'est-à-dire que nous devons désirer qu'il arrive au souverain bonheur, faire tout notre possible pour l'y conduire et être prêt à sacrifier pour ce but notre propre personnalité; car si nous préférons le bonheur à notre personnalité, ce souverain bien, qui est le Saint-Esprit, étant le même dans les autres que dans nous, nous devons le préférer aussi bien dans les autres que dans nous; voilà le principe de tout dévouement.

La charité chrétienne n'est donc point de flatter, de complaire aux caprices et aux vices, car tout cela éloigne du bonheur; la charité c'est d'éclairer sur le bonheur et d'aider à y atteindre; elle peut selon la circonstance, être douceur, consolation et caresse, ou fermeté, réprimande et même châtiment. Selon cette parole de l'Esprit saint: « *Quem enim diligit, Dominus castigat* : Dieu châtie ceux qu'il aime, » et encore: « *Qui parcit virgæ odit filium suum*: Celui qui épargne la verge hait son fils. » C'est comme s'il y avait, celui qui gâte son enfant le conduit au malheur.

Si donc nous voulons accomplir le précepte de la nouvelle loi, aimons le prochain, non point en vue de sa personne et de la nôtre, mais en vue de son bonheur et du nôtre, qui sont la même souveraine béatitude qui est aussi celle de Dieu. Notre amour sera véritable toutes les fois qu'il le poussera vers sa fin suprême ; il sera faux toutes les fois qu'il l'en écartera ou l'empêchera d'y marcher aussi vite.

Est-ce à dire que tout autre sentiment que celui de la charité soit mauvais? Non certainement, car au-dessous de l'ordre surnaturel, il y a l'ordre naturel de l'intelligence, et au-dessous de l'ordre naturel, il y a l'ordre sensible de l'âme animale ; tous ces ordres ont aussi leurs tendances et leurs besoins, et il n'est pas juste de les en priver sans raison ; mais la charité doit tout dominer et tout régler, il faut que les autres se conforment à ses exigences ; on ne doit jamais la sacrifier et être prêt à lui tout sacrifier s'il en est besoin.

Si Dieu nous a ordonné d'aimer tous les hommes par amour pour lui, il ne nous a pas défendu d'en aimer quelques-uns à cause de leur personnalité ; mais comme cette affection est naturelle, elle n'avait pas besoin de commandement. C'est une harmonie spéciale qui est bonne, pourvu qu'elle ne fausse pas avec l'harmonie générale. Jésus-Christ lui-même a eu son disciple bien-aimé, il aimait aussi Lazare, Marthe et Marie. Il y a quelquefois bien peu de charité dans la tendresse d'une mère, elle est cependant un chef-d'œuvre du ciel ; et lorsque cette tendresse toute sensible se fond comme une rosée bienfaisante sur cette jeune plante qui est sortie de son sein, elle remplit les fins du Créateur : cependant la tendresse de la mère raisonnable et chrétienne doit se retirer lorsque le bonheur de l'enfant exige une réprimande ou une correction. Nous qui sommes croyants nous avons trois lumières : la lumière sensible, la lumière naturelle de la conscience et la lumière surnaturelle de la foi, nous avons donc trois ordres d'harmonies à réaliser, mais l'harmonie supérieure doit avoir le pas et la foi doit tout régler en dernier ressort.

O Foi! une et triple, sublime pressentiment de l'infini, clé mystérieuse de l'éternité, porte resplendissante de la béatitude, comment peut-il y avoir des cœurs qui repoussent l'immortel héritage que tu leur offres? qui préfèrent se construire eux-mêmes une demeure de terre plutôt que de consentir à habiter ton palais de lumière? Comment concevoir une si profonde aberration? Est-ce pusillanimité de leur part? Est-ce aveuglement ou malice? N'ont-ils point compris ton langage? ou bien ceux qui devaient le transmettre l'ont-ils tellement défiguré qu'il était devenu méconnaissable? Je ne sais! mais je suis heureux de te connaître et de t'aimer, et je voudrais que tous pussent partager mon bonheur. Oh! puisses-tu briller d'un nouvel éclat et apparaître à tous telle que tu es, pleine de grâce et de grandeur. Remplis nos cœurs jusqu'à ce qu'ils débordent de tes dons : montre-leur la voie cachée de la sagesse, donne-leur les ailes toute-puissantes de l'espérance, fais-leur sentir comme un avant-goût de la suprême béatitude, afin qu'enlevés par leurs désirs brûlants, ils s'élancent à sa conquête et viennent enfin s'y reposer à jamais.

CHAPITRE XXX.

DES QUATRE VERTUS CARDINALES.

Ce que nous savons déjà du nombre sept nous fait comprendre que les sept vertus doivent se développer comme les sept attributs de Dieu, et que, de même qu'en Dieu tout part de la Trinité, toutes les vertus ne peuvent être que l'extension de la foi triple et une.

Mais voici qui est étrange : comment se fait-il que les anciens qui ne font nulle part mention distincte des trois vertus théologales, aient énuméré avec tant de précision les vertus cardinales? Peut-on parvenir aux conséquences sans passer par le principe? ceci est une preuve de plus de cette tradition primitive que les hommes avaient laissé périr en grande partie. Dans les sciences, dans les arts, dans la philosophie, partout chez les peuples anciens, nous retrouvons des conséquences qui supposent comme principe les plus profondes lumières, et ces profondes lumières nous ne les trouvons nulle part, dans les temps historiques : elles ont donc existé avant ces temps là.

L'énumération des sept vertus suppose une connaissance

très étendue de Dieu et de l'âme humaine, les hommes l'ont donc eue dès le commencement; mais à mesure que la notion distincte de la Trinité se perdait parmi eux, la distinction des trois vertus devait s'effacer en même temps; cependant les vertus cardinales qui avaient une distinction, pour ainsi dire matérielle dans leur objet et dans leur application extérieure, n'ont pu rentrer comme les autres dans l'unité première, et sont restées avec leurs différences dans la mémoire des hommes.

Toutefois, s'ils avaient perdu la distinction de la foi avec sa notion surnaturelle qui en est inséparable, ils en avaient conservé une idée naturelle; et à cet état la foi est si nécessaire à la vie de l'homme qu'on ne la regardait pas comme une vertu, car les mots de confiance et d'espérance existaient bien, mais non dans la liste des vertus. Tout ce qu'on appelait audace, magnanimité, inspiration, sagesse même, en un mot tout ce par quoi l'homme cherche à sortir de lui-même et à agrandir son être, n'est autre chose au fond que la foi naturelle dans l'être.

Étudions maintenant ces quatre vertus cardinales, qui sont : la justice, la force, la prudence et la tempérance, et voyons à quelle faculté de notre âme chacune d'elle correspond.

Les anciens, en perdant la notion surnaturelle de la foi, avaient perdu aussi celle des quatre vertus; cette notion surnaturelle nous a été rendue par l'Évangile, nous devons donc les concevoir dans un sens plus élevé que les payens; aussi nous verrons une grande différence entre les définitions qu'en donnent les anciens philosophes et les pères de l'Église.

Dans l'échelle septenaire, la Trinité occupe quatre termes, et les vertus théologales ne nous en ont donné que trois, l'espérance qui répond au Père, la charité au Saint-Esprit et la foi à la sagesse divine ou à l'idée de l'être qui n'est qu'une des deux faces du Fils; il nous faut trouver une des vertus cardinales qui répondant à l'idée de non-être complètera nos quatre termes; ce ne sera pas difficile; son nom même l'indique, car cette idée du non-être, nous l'avons appelée en Dieu justice; la vertu-justice sera donc dans l'homme une émanation de la justice divine élevant son intelligence à la perfection.

La justice consiste selon les anciens, que résume Cicéron dans son beau livre *De Officiis*, à donner à chacun ce qui est à lui, « *Tribuendo cuique suum.* » Ceci ne s'entend point seulement des biens matériels, mais des biens spirituels aussi, tels que l'honneur, la gloire, l'estime, la vénération, la confiance, l'éloge et même quelquefois le blâme et le châtiment. La justice est la partie faible de l'homme; la justice humaine a un bandeau sur les yeux, et, selon la parole de Jésus-Christ, elle trébuche sept fois par jour; c'est que la justice répond à cette idée du non-être, à cette distinction qui est le côté fini de l'homme. *Donner à chacun ce qui lui est dû*, c'est bientôt dit; mais avant de donner il faut savoir ce qui est dû, et c'est là la difficulté. Qui tracera les limites précises de tous ces biens matériels, intellectuels et moraux? Depuis le commencement, la justice humaine sue à cette œuvre, et malgré son organisation, malgré ses milliers de légistes, d'avocats, d'avoués et de juges, elle aussi pèche sept fois par jour, et ne fait pas un pas sans blesser quelque droit. Dieu seul est juste, et lui seul le peut être, parce qu'il a seul une intelligence sans bornes. Aussi tous les jugements humains auront besoin d'être révisés par lui, et le jugement dernier sera le seul définitif. La justice de chacun est nécessairement renfermée dans les limites de son intelligence, et se trouve dans une impossibilité naturelle de jamais les dépasser. Où en serait-elle cette pauvre justice, si elle avait été abandonnée à ses forces naturelles? ne serait-elle pas encore la justice du sauvage? Mais heureusement Dieu est venu à son secours, et en traçant lui-même à l'homme ses principaux devoirs, lui a épargné bien des erreurs et lui a ouvert la route de la perfection. Si donc l'homme a foi dans la parole de Dieu, et, en observant ses commandements, s'attache à la justice divine qui ne reconnaît point de limite, il ôte toute limite à la sienne propre. La foi transforme ainsi la justice comme elle a transformé l'humilité; la justice c'est la forme de l'humilité.

Cependant si la foi ôte toute limite à notre humilité et à notre justice, et lui donne une perfection absolue en un sens, en un autre sens cette perfection nous reste étrangère, tant qu'elle n'est pas parvenue dans notre conscience; or notre conscience, comme nous l'avons dit, n'atteindra jamais l'infini; mais elle s'en rapprochera éternellement. La rapidité de ce développement de la conscience, du moins dans cette vie, doit se faire avec une certaine mesure; Dieu même semble la ménager et dire souvent à l'humanité, comme Jésus-Christ à ses apôtres : « J'aurais bien des choses à vous dire, mais vous ne pouvez pas les porter maintenant. » La justice révélée aux Juifs était encore bien imparfaite : la manifestation divine avait été arrêtée par la dureté de leur cœur; c'était une loi donnée, selon le mot de Jésus-Christ, *ad duritiam cordis*. Mais après quatre mille ans de préparation, Dieu donna la loi parfaite; et il était clair que celui qui, en disant : Apprenez de moi que je suis doux et humble de cœur, nous avait enseigné l'humilité dans toute sa profondeur, devait nous donner une nouvelle justice qui pût servir de forme à cette nouvelle humilité; aussi Jésus-Christ proclama ainsi cette justice sur la montagne : « Vous savez, disait-il à ses disciples, qu'il a été dit aux anciens : Œil pour œil, dent pour dent; mais moi je vous dis de ne pas résister au mal, et si quelqu'un vous frappe sur la joue droite, présentez-lui la gauche; et si quelqu'un vous appelle en justice pour vous enlever votre tunique, donnez-lui aussi votre manteau. Vous savez qu'il a été dit : Vous aimerez vos proches et vous haïrez votre ennemi. Mais moi je vous dis : chérissez vos ennemis, faites du bien à ceux qui vous haïssent, priez pour ceux qui vous persécutent et vous calomnient. » Après le précepte est venu l'exemple, et le calvaire a complété l'enseignement. Quelle profondeur ! quel abîme ! comme notre pauvre intelligence se perd et se confond devant une telle lumière ! O hommes ! ô hommes ! ce ne sont point ces paroles qui sont petites, mais c'est vous qui êtes trop petits pour les atteindre; on peut bien vous dire comme aux disciples : « *Non potestis portare modo*, Vous ne pouvez encore supporter cela. » Cependant cela revient à dire que la personnalité n'est rien et que l'être est tout; cela n'est autre chose que le rapport constant et éternel de l'être et du non-être, et c'est par l'intelligence de ce rapport que Dieu réalise son infinie béatitude; et si tous avaient foi en la parole de Dieu, si tous s'oubliaient eux-mêmes pour se dévouer pour leurs frères, vous seriez heureux aussi, et la terre deviendrait un ciel.

Les anciens ont appelé la justice la reine des vertus : la justice est en effet le fond même de la royauté; les premiers hommes qui ont gouverné les autres s'appelaient juges, et ce n'est que le seul besoin d'un arbitre ou d'un juge parmi les hommes qui a créé la royauté sur la terre. Cela ne pouvait être autrement; la justice, perfection de l'intelligence ou de la distinction, seul élément de l'être qui soit négatif et divisible, et par là capable de degrés, est le seul qui puisse introduire des différences entre les êtres; il est donc le seul qui puisse donner aux uns sur les autres une supériorité et un droit de commandement. C'est pourquoi Dieu, qui seul est parfaitement juste, est le roi des rois, le maître des maîtres, à qui tout être doit obéissance.

Le discernement a donc été le seul droit au trône des premiers rois, et la justice leur vertu la plus indispensable; la royauté était alors une image de la divinité. Lorsque les peuples ont pu résumer et écrire la pensée commune, la justice de la nation a constitué son individualité et son unité dans la loi. Alors la royauté est déchue de sa première grandeur, il a fallu que la justice d'un seul s'abaissât devant la justice plus haute de tous, et que la loi fût à la fois la règle souveraine et des peuples et des rois. Toutefois cet abaissement de la royauté n'était que personnel et apparent, car la royauté s'unissant à la loi, s'identifiant avec une justice plus élevée, devenait réellement plus élevée elle-même. Mais lorsque, par la révélation, la justice de Dieu se manifeste, tout doit plier sous la loi souveraine, au-dessus de laquelle il ne peut plus y avoir de loi. Toute loi donc qui contredit la loi divine est nulle de fait, et ne saurait obliger personne; tout ordre d'un souverain, contraire à un ordre de Dieu, ne saurait prévaloir contre lui; c'est un crime de lui obéir, c'est un devoir de lui résister; et si on lui résiste jusqu'à la mort, on a observé la justice dans la perfection et on reçoit la couronne du martyre; c'est que Dieu, qui est le seul juste, est le roi des rois et le dominateur de ceux qui dominent : « *Rex regum, Dominus dominantium* (saint Paul). »

La justice mérite donc bien le titre de reine, et en un sens toutes les autres vertus lui sont soumises, car c'est elle qui détermine leurs différences, leur assigne leurs limites, en un mot leur donne leur forme, ou plutôt est elle-même leur forme à toutes.

Les anciens définissant la justice, rendre ce qui est dû à chacun, avaient bien reconnu le principe; mais la grande difficulté, c'est de savoir ce qui est dû à chacun, et quel rapport on doit soutenir avec tous : ce rapport universel nous est enseigné par la lumière ou la charité; mais la charité n'est que l'unité ou l'harmonie de la justice et de la sagesse; la justice ou la distinction en est la condition préalable et la mesure. Les rapports sociaux des anciens étaient imparfaits, parce que leur justice sociale était imparfaite; la foi, en suppléant à notre intelligence, nous a donné une justice supérieure que nous ne comprenons pas, mais que nous croyons, ce qui pour la pratique amène le même résultat. La foi a donc transformé la justice; la justice transformée nous a indiqué de nouveaux rapports avec tous les êtres; et c'est par ces nouveaux rapports que saint Augustin, s'élevant bien au-dessus de toute l'antiquité, définit la justice :

« Cet ordre parfait, dit-il, que l'âme observe, par le-
« quel elle ne sert d'autre maître que Dieu, elle ne cher-
« che à imiter que les esprits les plus purs, ne désire do-
« miner personne, mais seulement la nature animale et
« corporelle. Quelle vertu sera-ce? qui ne comprend de
« suite que c'est la justice. »

Que de richesses dans ce peu de lignes qui contiennent les nouveaux rapports indiqués par la foi, rapports qui tendent à se réaliser dans la société chrétienne depuis Jésus-

Christ, et qui par là la font progresser, et la conduiraient à sa perfection s'ils se réalisaient entièrement.

Ces rapports renferment tout, puisqu'ils renferment les quatre sortes d'êtres qui sont seuls possibles.

Rapports avec Dieu. *Elle ne sert d'autre maître que Dieu* : obéissance donc parfaite à Dieu, mais à Dieu seul; ainsi plus de bassesse, plus de servilité, plus de flatterie, mais indépendance la plus haute possible, la seule réelle. Il pourra paraître singulier à quelques-uns que l'obéissance parfaite soit la réalisation de l'indépendance parfaite ; mais cela se conclut évidemment de tout ce que nous avons dit. Qu'est-ce que l'indépendance? n'est-ce pas n'avoir d'autre règle que son propre être, s'y conformer en tout, c'est-à-dire le réaliser sans obstacle et sans interruption? Eh bien! nous ne pouvons avoir pour règle que trois justices, ou celle de Dieu, ou la nôtre propre, ou celle d'une autre créature. Dieu, nous et les autres êtres intelligents, nous n'avons tous qu'un seul et même être, et une même forme de cet être qui s'appelle sagesse en Dieu, parce qu'elle est conscience; et entendement dans la créature, parce qu'elle ne l'est pas. C'est cet être et sa forme qui doivent être notre règle, ce sont eux qu'il nous faut réaliser, en y harmonisant notre intelligence ou notre justice. Or la justice de Dieu est la seule qui étant infinie se trouve en harmonie parfaite avec l'être et son idée; ce n'est donc que par elle que nous pourrons réaliser cette conformité à notre propre être, qui constitue l'indépendance. Celui qui ne veut d'autre règle que son intelligence qui est sa personnalité, s'attachant à une justice imparfaite qui est loin d'être en harmonie avec son être, se constitue par là même en contradiction perpétuelle avec son propre être; il soumet ce qui est infini en lui à ce qui est fini, il est l'esclave de lui-même.

Celui qui se soumet à une autre personnalité finie commet la même profanation, il est l'esclave d'un autre; mais en se soumettant à Dieu il n'est point esclave, car en Dieu il n'y a point soumission, mais équation, puisque les deux termes sont égaux et infinis; il n'y a point esclavage, mais harmonie et éternelle indépendance, et c'est à cette éternelle indépendance que nous participons lorsque nous n'obéissons qu'à Dieu seul. Cependant, parmi les personnalités finies, il en est qui sont plus près de Dieu que nous, qui ont réalisé l'harmonie à un plus haut degré; elles sont une interprétation vivante de la justice divine, elles peuvent nous être très utiles, en nous indiquant la route d'une manière plus visible; nous pouvons donc les imiter sans en prendre aucune pour règle définitive, nous en servant pour monter à Dieu, comme des échelons auxquels on ne s'attache jamais, mais qu'on quitte dès qu'on a pu y poser le pied. C'est ce qu'exprime saint Augustin par ces paroles : « *Elle ne cherche à imiter que les esprits les plus purs.* » Il termine ce qui regarde nos rapports avec les autres intelligences par ces mots : « *ne désire dominer personne.* » Si c'est une profanation de soumettre notre être à une personnalité finie, c'en est une non moins grande de vouloir soumettre l'être dans un autre à notre personnalité qui est finie aussi. L'idée de l'être est un sceau divin et sacré, car elle n'est autre que la sagesse divine; partout où nous le voyons, nous devons donc le respecter; y porter la main, c'est un crime de lèse-être, ou, ce qui revient au même, un crime de lèse-divinité. Ainsi donc, en tout et partout, liberté de conscience, de pensée, de parole et d'enseignement. Dieu seul peut avoir droit là-dessus : toute institution humaine qui y touche commet un sacrilége.

Il reste à exprimer nos rapports avec les deux autres

sortes d'êtres; saint Augustin le fait par ces paroles : « *Elle désire dominer seulement la nature animale et corporelle.* » Ici tout nous est inférieur, parce qu'il n'y a plus que des formes finies; aussi nous devons dominer; nous devons dominer la nature animale, d'abord en nous-mêmes, en domptant nos passions; puis dans ceux dont nous sommes chargés, formant l'enfance par un mélange de douceur et de sévérité, punissant les malfaiteurs, lorsque le glaive de la justice a été remis entre nos mains; nous protégeant nous-mêmes et les autres contre les injustes passions, par notre fermeté et notre courage. Nous devons encore dompter la nature animale dans les bêtes, les formant à notre service, les rendant utiles à la société, combattant et détruisant celles qui lui nuisent. Enfin nous devons dominer la matière pure par le travail commandé à l'homme dès le premier jour, et par l'industrie qui soulage l'homme de son rude labeur, le rend moins esclave des besoins matériels, et lui laisse plus de temps pour cultiver son intelligence.

Ainsi il y a quatre formes d'êtres possibles, Dieu, l'intelligence finie, l'animal et la matière; et voici les rapports que nous indique la Foi : obéissance à Dieu seul, indépendance mutuelle de toute intelligence, et égalité devant Dieu; domination de la raison sur toute nature inférieure, soit animale, soit purement matérielle. Telle est l'expression de la justice de Dieu, heureux celui qui s'y conforme!

Nous avons maintenant les quatre termes de la trinité des vertus; l'espérance répond à la vie; la charité, avec son corrélatif l'humilité, à la lumière; la foi et la justice, aux deux faces positives et négatives de la pensée, à l'entendement et à l'intelligence. Mais de même que les trois personnes enfantent, par les rapports qu'elles ont entre elles, trois attributs intermédiaires, de même les trois vertus qui nous restent à étudier doivent être filles de celles qui précèdent.

La force est évidemment fille de l'espérance : elle correspondra donc à la liberté, qui est le fruit de la vie. Mais pour que l'espérance réalise la force, il faut qu'elle ait un but certain ; elle ne produit rien tant qu'elle reste dans le vague ; or c'est la charité ou la lumière élevée à sa plus haute perfection qui peut seule lui indiquer ce but et éclairer sa marche : c'est donc sous l'influence de la charité que l'espérance enfante la force qui n'est que la liberté parfaite.

Cependant ce mot de force ne suffit pas pour donner une idée complète de la vertu dont il s'agit ; il faut remarquer que ces sept vertus, qui renferment toutes les autres, sont plutôt des groupes que des individus ; que souvent leur idée est complexe, et qu'il faut plusieurs mots pour l'exprimer tout entière. Nous l'avons déjà vu dans la charité dont l'humilité est un autre nom ; et cela doit être plus sensible dans les vertus qui correspondent aux facultés à forme harmonique, et qui doivent prendre aussi cette forme. Cicéron appelle cette vertu *force et grandeur d'un esprit élevé et invincible : in animi excelsi atque invicti magnitudine ac robore* (Offic.). « Deux choses, dit-il, caractérisent « cette grandeur et cette force d'esprit : l'une, c'est le mé« pris des biens qui sont hors de nous ; l'autre, la dispo« sition à faire de grandes et utiles choses, malgré les dif« ficultés, les travaux et les dangers même de la vie. C'est « dans la dernière de ces deux choses que se trouve tout « le brillant et toute l'utilité de cette vertu ; mais c'est « dans la première qu'est le principe et la cause qui rend « les hommes grands. » Les hommes ont mieux aimé nommer cette vertu par ce qu'elle avait de brillant ; mais le nom qui lui conviendrait le mieux, celui qui la désignerait par ce qu'elle a de plus fondamental, ce serait le mot détachement.

Nous avons déjà fait voir en parlant de la liberté que le détachement en était le nerf, et que lui seul pouvait l'élever jusqu'à la sublimité du martyre. La profonde philosophie du sens commun, qui a présidé à la formation du langage, semble avoir compris cela; car qu'appelle-t-on libre? un animal qu'aucun lien ne retient, un prisonnier qui a brisé ses chaînes, un accusé qu'on absout, un cœur qui n'est lié par aucune passion, en un mot tout ce qui n'a plus de lien matériel ni spirituel, tout ce qui est délié ou détaché. C'est la foi seule qui peut mettre le comble au détachement, et par là élever la liberté à sa souveraine perfection; car la foi seule ordonne à l'homme de se détacher entièrement de sa personnalité, dernier lien qui lui empêche de réaliser tout son être : « *Abnega temet ipsum,* dit Jésus-Christ, renonce-toi toi-même. » Quand ce lien est rompu, il ne peut y en avoir d'autre, car tous les autres se rattachent à celui-là; alors l'âme, entièrement libre, s'envole sans obstacle vers sa véritable fin qui est l'être, et nous pouvons chanter avec le Psalmiste : « Notre âme, comme le passereau, a été arrachée au lacet des chasseurs : le lacet a été brisé et nous avons été délivrés (Ps. 123). »

C'est par ce souverain détachement que saint Augustin caractérise la vertu de la force : « Lorsque l'âme, dit-il, « s'avance dans cette voie (de la sainteté), pressentant déjà « les joies éternelles et les atteignant presque, est-ce que « la perte des choses temporelles, ou la mort même, quelle « qu'elle soit, pourra détourner de sa route celui qui « peut dire à ses compagnons de voyage moins avancés « que lui : Il m'est bon de mourir et d'être avec le Christ; « mais il est nécessaire que je demeure dans la chair à

« cause de vous (Philipp. 1.)? Non certes. Mais l'affection « de cette âme qui ne craint aucune adversité, pas même « la mort, quel autre nom peut-on lui donner si ce n'est « celui de force? » Voyez cette âme qui s'avance dans sa voie; un rayon de la beauté a illuminé son âme, elle pressent les joies éternelles, et l'espérance de réaliser ce pressentiment la remplit de vie. Or pourrait-elle atteindre son but, si elle ne savait pas distinguer entre l'infini et le fini, l'unité et le divisible, la réalité et son symbole, et si elle s'attachait à l'apparence au lieu de tendre à ce qui est? Mais la lumière qui est humilité et charité, lui indique la route : l'humilité lui enseigne le mépris de tout ce qui est fini, et elle réalise ce mépris par le détachement; la charité lui montre le but dans l'infini, et elle réalise la charité par l'activité et la force. Aussi qu'est-ce qui peut l'arrêter? Elle ne tient plus à rien sur la terre, elle a brisé tous ses liens, elle marche donc librement, sans que la perte des biens, ni même de la vie, puisse ralentir ou faire dévier sa course; elle n'est pas même esclave de ce qu'il y a de personnel dans ces joies éternelles après lesquelles elle soupire, car elle dit à ses compagnes : Il m'est bon de mourir et d'être avec le Christ; mais il est nécessaire que je demeure dans la chair à cause de vous. Tout est donc sacrifié à l'amour universel, même la joie du ciel, puisqu'elle restera dans cette vie, qui pour elle n'est qu'un exil, tant que cela sera utile au salut de tous. L'humilité et la charité ne sauraient avoir une plus complète expression; c'est ainsi que la liberté les réalise par la force, qui est aussi le détachement, et que par là cette vertu se trouve la réalisation de toutes les autres.

La prudence est le fait de l'expérience, et l'expérience n'existe que par la mémoire; car l'expérience ne serait pas pour celui qui oublierait aussitôt les leçons reçues; aussi la prudence des vieillards est proverbiale aussi bien que leur expérience. Agir avec prudence, c'est comparer le cas où l'on se trouve avec des cas précédents et semblables; mais cette comparaison est impossible sans la mémoire, qui reste donc le fondement de la prudence.

Toute prudence n'est pas une vertu; il y a la prudence des enfants du siècle et la prudence des enfants de lumière. Le bandit qui prend adroitement ses mesures pour échapper à la prison dont il a le souvenir encore récent, ne fait point un acte de vertu; comment la prudence devient-elle donc un acte de vertu? ou plutôt, comment la mémoire est-elle élevée à sa plus haute dignité? Voilà ce qu'il faut chercher.

Le résultat de la mémoire et le grand mérite de la prudence, c'est de ramener l'uniformité, ou plutôt l'unité, dans les actes de la vie. De même qu'il y a dans l'animal une faculté qui a l'apparence de la mémoire, de même il y a dans sa vie une suite qui ressemble à de la prudence. La durée des images dans la mémoire de l'animal, fait que le bœuf et l'âne reconnaissent l'étable de leur maître et reviennent chaque soir se coucher à la même place; elle fait que la poule élève sa couvée, que l'hirondelle revient au même nid, que l'éléphant se venge de celui qui l'a blessé et protége celui dont il a reçu des bienfaits; sans elle l'animal serait chaque jour et à chaque instant comme le cheval, qui s'effarouche et se cabre devant un objet nouveau. Mais ordinairement l'animal oublie vite et retient mal, et d'ailleurs il n'a pas conscience de l'unité de ses actes, qui est purement instinctive; aussi, infiniment au-dessus de la prudence animale, il y a la prudence humaine qui conduit le vieux marin dans les routes difficiles de l'Océan, le négociant consommé dans les voies plus dangereuses encore de la spéculation, et résume dans la tête du vieillard toutes les expériences qu'il a faites depuis l'âge le plus tendre. Sans cette prudence humaine, tous les voyageurs transatlantiques éprouveraient autant de difficultés que Christophe Colomb, et presque tous seraient victimes d'horribles catastrophes. Tandis qu'au contraire, grâce à l'expérience, nous voyons augmenter avec admiration cette régularité de course qui rassure le voyageur. C'est l'imprudence qui rend si mobile et si changeante la conduite de l'enfant; c'est la prudence qui donne tant d'uniformité et d'assurance à celle de l'homme mûr. Dans les définitions de la prudence on fait souvent entrer des choses qui appartiennent à la justice : c'est la justice qui nous fait discerner entre toute chose ; la prudence n'est autre chose que la permanence de la justice par la mémoire ; elle est son uniformité et son unité. Toutes les transformations de la justice doivent donc en entraîner de pareilles dans la prudence dont elle est la source. Tant que la justice n'est qu'humaine ou naturelle, elle est finie, comme nous l'avons vu ; la prudence alors qui ne s'appuie que sur un élément fini, et par conséquent changeant et mobile, demeure dans l'impossibilité d'arriver elle-même à la fixité et à l'unité absolue. Mais lorsque la justice transformée par la foi s'identifie pour ainsi dire avec la justice divine qui lui est connue par la révélation, et participe par-là à l'infini, alors la prudence peut appuyer le pied sur un terrain sûr et acquérir une stabilité inébranlable, la mémoire est élevée au plus haut degré de perfection qu'elle puisse atteindre, et la prudence est devenue une vertu surnaturelle.

La prudence en tant que vertu n'est donc autre chose que l'application de notre mémoire à ce qui est éternel, et comme nous ne pouvons conformer notre vie à ce qui est oublié, mais seulement à ce qui demeure dans notre vie et la remplit, par la prudence notre vie devient stable dans la vertu. La vertu se définit une habitude. Ainsi sans la prudence il n'y aurait point de vertus, mais seulement des actes de vertus, isolés et sans suite; comme habitude les vertus sont donc toutes renfermées dans la prudence; c'est pourquoi il existe un proverbe qui appelle la prudence la mère des vertus. Admirons maintenant avec quelle sagacité saint Augustin explique cette vertu.

Après avoir parlé des idées éternelles, il dit : « Mais il « ne suffit pas à l'âme de les percevoir, il faut qu'elle les « conserve dans sa mémoire ; or, comment se fait-il que « l'âme les oublie ! n'est-ce pas en s'appliquant à autre « chose ? Mais elle ne peut pas s'appliquer à quelque autre « chose plus grande, puisque rien ne peut être plus grand « que ce qui est éternel (que l'éternelle égalité), ni à une « chose égale par la même raison ; c'est donc en s'appli- « quant à une chose inférieure. Reste donc, ajoute-t-il (et « ici je traduis mot pour mot), reste donc à chercher ce « qui est inférieur. Mais n'est-ce pas l'âme elle-même qui « se présente à nous, elle qui reconnaît certainement que « cette égalité est immuable, mais qui reconnaît qu'elle « change elle-même, par cela que portant son attention « tantôt à une chose, tantôt à une autre, et de cette ma- « nière suivant tantôt l'une, tantôt l'autre, elle réalise la « variété du temps qui n'est pas dans les choses éternelles « et immuables. Donc cette affection ou ce mouvement « de l'âme par lequel elle comprend les choses éternelles « et connaît que les choses temporelles leur sont inférieu- « res même en elles-mêmes, et qu'il faut désirer les cho- « ses supérieures plutôt que celles qui sont inférieures,

« n'est-elle pas la prudence? » (*De Musicâ, liv. VI.*)

Ainsi saint Augustin place la prudence chrétienne dans la mémoire et dans la mémoire des choses éternelles ; selon lui l'imprudence c'est l'application exclusive de la mémoire au fini, et ce fini c'est l'âme elle-même, c'est-à-dire cette personnalité seul élément mobile dans notre être; c'est la justice humaine aussi changeante et aussi imparfaite qu'elle ; mais la prudence des Saints, fondée sur la justice divine, est aussi stable qu'elle, elle est une participation à l'immuable éternité.

Il ne nous reste plus qu'une faculté et une vertu, ce sont la sainteté et la tempérance ; voyons comment elles se conviennent. Cicéron fait consister la tempérance *dans l'ordre et la mesure de toutes nos actions et nos paroles, ce qui constitue la modestie et la tempérance. In omnium, quæ fiunt, quæque dicuntur, ordine et modo, in quo in est modestia et temperantia.* Lorsqu'il traite spécialement de cette vertu, il s'exprime ainsi : « Il nous reste à parler de « la dernière partie de l'honnêteté, qui renferme le senti- « ment des bienséances, la dignité et la grâce, la modes- « tie, la retenue, le calme des passions, et une sage me- « sure de toute chose. C'est en elle que se trouve ce que les « Latins appellent *decorum*, et les Grecs πρεπον. Ce de- « corum dont il s'agit se trouve avec tout ce qui est hon- « nête, et y appartient de telle sorte qu'on l'aperçoit sans « effort d'esprit et au premier aspect ; car il est cette dé- « cence qui est le lustre de toute vertu, qu'on peut en sé- « parer par abstraction, mais non dans la réalité; comme « la beauté et les grâces sont inséparables de la santé, de « même ce decorum se confond avec la vertu et n'en est « distingué que par l'esprit et la pensée. » Il est bien clair qu'une vertu ainsi caractérisée n'est autre chose que la manifestation extérieure de l'harmonie; qu'elle est donc fille de la charité ou harmonie surnaturelle et correspondante de la sainteté dont elle doit être la perfection.

Quelque belle que soit la description du philosophe latin, elle n'est point complette, car il nous dit bien que la tempérance c'est le *decorum* et le *modus*, c'est-à-dire cette juste proportion qui fait la convenance, mais il ne nous donne pas une règle unique et absolue, pour connaître cette proportion et une raison fondamentale de cette règle; c'est ce qu'il faut chercher. Toute comparaison et par conséquent toute proportion ne peut avoir d'autres éléments que le positif et le négatif. Lorsque le positif est seul il y a unité sans distinction; lorsque le négatif est seul il y a divisibilité sans rapport; dans l'un et l'autre cas toute comparaison est impossible: delà, toute proportion, toute harmonie et toute beauté; c'est donc la lumière seule qui qui peut faire connaître cette proportion, et c'est la conscience morale ou la sainteté qui la réalise dans la vie. Mais cette proportion n'est autre chose que le rapport éternel qui existe entre l'infini ou l'unité, et le négatif ou le divisible, rapport dont la réalisation fait la santé de l'être qui est son bonheur, et qui se résout dans la préférence du positif ou la tendance à l'unité. Lorsque nous n'avons que la lumière naturelle pour nous indiquer ce rapport, nous ne le concevons qu'imparfaitement, car quoiqu'il soit en lui-même infini et immuable, il est fini dans notre conscience qui est elle-même finie, alors elle n'est que conscience morale; mais lorsque par la foi nous suivons l'indication que nous donne la conscience divine qui est infinie et qui est le Saint-Esprit, alors toute limite est ôtée à la réalisation que peut faire la vie de l'homme de ce rapport éternel, et cette réalisation c'est la sainteté ou la perfectibilité de toutes les vertus.

Par la révélation l'homme se trouve dans un cas spécial, il a deux lumières dont les indications sont différentes; la lumière de sa nature qui lui indique un bonheur purement naturel et la lumière divine qui lui dévoile le rapport de l'être au non-être, qui est la formule du bonheur divin en qui sont renfermés tous les bonheurs. L'homme est donc attiré et sollicité en deux sens par le bonheur inférieur, et par le bonheur supérieur; c'est cette attraction du bonheur inférieur que la théologie appelle concupiscence, de même que c'est la lueur imparfaite de la lumière inférieure qui est appelée ignorance. De tous les obstacles qui empêchent l'homme d'atteindre ce bonheur supérieur, le plus dangereux c'est cette sollicitation continuelle du bonheur inférieur qui tend à l'arrêter, à le détourner de sa voie et à lui faire perdre un temps précieux. La vertu la plus essentielle à la sainteté est donc celle qui rend maître absolu de ses passions et empêche de s'y arrêter, cette vertu c'est la pureté qui n'est autre que la tempérance.

La sainteté comme nous venons de le dire est le *decorum*, la perfection des autres vertus; qu'est-ce qui peut la rendre parfaite, qu'est-ce qui peut être la perfection de la perfection, sinon sa propre intégrité? La perfection de la perfection c'est d'être elle-même, entière, totale, sans interruption; c'est une chose purement négative qui ne lui ajoute rien, mais l'empêche de manquer et de défaillir, et c'est précisément le caractère de la tempérance qui consiste dans cette mesure qui interdit tout écart. La tempérance est donc le sommet de la sainteté parce qu'elle en assure l'intégrité; elle a pris parmi les hommes le nom de tempérance parce que chez eux depuis le péché il y a une vie rebelle à dompter et à modérer, mais son vrai nom, celui qu'elle a dans le ciel, c'est *intégrité*, et cette intégrité n'est absolue qu'en Dieu, en qui non-seulement la tendance à l'unité n'a jamais dévié d'un atome, mais encore n'a jamais cessé d'avoir une intensité infinie.

Admirons maintenant combien la définition de saint Augustin pénètre plus avant dans le cœur de la question que celle de Cicéron. « Cette action, dit-il, par laquelle l'âme, « son Dieu et son Seigneur aidant, s'arrache elle-même à « l'amour de la beauté inférieure, combattant et détruisant « l'habitude qui combat contre elle, et s'envole ainsi vers « Dieu son terme et son soutien, n'est-ce pas la vertu « qu'on appelle tempérance? » (*De Musicâ*, lib. VI, cap. 15).

Nous venons de voir passer devant nous le tableau des sept vertus, nous avons admiré leurs rapports avec les sept facultés de l'âme, nous avons vu chacune de ces vertus prendre une de ces facultés pour l'élever à la perfection, et ce qui est bien plus beau, nous pouvons dire dans le sens chrétien, que ces vertus ne sont que la divinisation des facultés humaines par l'infusion en elles des attributs divins que la foi leur communique. Il nous reste donc comme belle et finale conclusion que la vertu, telle que l'ordonne le christianisme et telle qu'on l'obtient par la grâce, est la seule vraie grandeur ; car c'est une grandeur sans limite proposée à l'homme selon cette invitation de Jésus-Christ : *Soyez parfait comme votre Père céleste est parfait.*

Mais en finissant, admirons la parfaite et indivisible unité de toutes ces vertus, unité qui trahit leur divine origine et les montre comme une émanation de l'être un.

Nous avons vu d'abord que la charité et l'humilité qui ne sont que deux noms positifs et négatifs de la même vertu, enfantaient et renfermaient toutes les vertus ; puis le long de notre route nous avons trouvé d'autres vertus qui se prétendaient aussi reines ou mères. Était-ce là d'injustes prétentions? Non, et si nous y regardons attentivement nous verrons que chacune de ces sept reines renferme sous un rapport toutes les autres. Si l'humilité est la racine des vertus, si la charité en est la fleur, la foi en est le principe surnaturel. Mais d'un autre côté n'est-ce pas l'espérance qui leur donne à toutes la vie et la puissance? N'est-ce pas la liberté qui les élève à l'état de force, en réalise l'exécution? La justice n'applique-t-elle pas à chacune leur limite et n'est-elle pas leur forme? Toutes les vertus ne trouvent-elles pas dans la tempérance leur intégrité? Enfin n'est-ce pas la prudence qui les empêche de ressembler à ces étincelles aussitôt anéanties que formées, et les constitue comme vertus en leur assurant la permanence et l'immortalité?

Nous pourrons donc dire qu'il n'y a qu'une vertu comme nous disons qu'il n'y a qu'un Dieu; mais que cette vertu comme Dieu dont elle émane se manifeste en sept termes, qu'elle trouve dans l'humilité sa condition indispensable, dans la foi son principe surnaturel, dans l'espérance sa vie, dans la force sa réalisation, dans la justice sa forme, dans la tempérance son intégrité et sa perfection, dans la prudence sa perpépuité, et dans la charité sa somme, son harmonie et sa beauté.

Et en contemplant cette divine harmonie des vertus, il nous semblera entendre au dedans de nous quelque chose d'une harmonie plus haute, dont celle-ci n'est que le retentissement dans nos cœurs, l'harmonie éternelle des attributs divins; nous comprendrons mieux que jamais les liens qui les unissent et l'indivisible unité qui les enferme tous. Nous verrons que le Père c'est Dieu tout entier comme vie; le Fils, Dieu tout entier comme forme négative et positive;

le Saint-Esprit, Dieu tout entier comme conscience ou lumière; la liberté, Dieu tout entier comme action; l'éternité, Dieu tout entier comme permanence; la sainteté, Dieu tout entier comme intégrité, plénitude d'être et souverain bonheur ; et toute cette harmonie a sa cause et sa source dans l'Esprit saint qui est l'harmonie éternelle de l'être, l'harmonie des harmonies, l'harmonie de qui découlent toutes les harmonies, sans l'influence de laquelle il ne peut y avoir que discordance et malheur, et vers laquelle doivent converger, comme vers leur source, toute grâce, toute beauté, tout charme, toute douceur, tout calme, toute paix, toute joie, toute béatitude.

CHAPITRE XXXI.

DES SEPT PÉCHÉS CAPITAUX.

§ Ier. — *De l'Orgueil.*

La vertu n'est que l'expression du rapport vrai et constant qui existe entre l'être et le non-être, rapport qui renferme celui qui existe entre l'être et le moindre être, c'est-à-dire entre l'infini et le fini. Ce rapport peut s'exprimer ainsi : en présence l'un de l'autre, le fini n'est rien, l'infini est tout.

Le fini n'est rien, c'est là l'humilité ; l'infini est tout, c'est la charité ; ce rapport c'est la lumière ; l'humilité et la charité sont l'expression de ce rapport en tant que surnaturel, c'est-à-dire tel qu'il est en Dieu, et tel que la foi seule peut nous le faire connaître.

Le péché ne peut être autre chose que le contraire de la vertu, c'est-à-dire l'expression d'un rapport faux. Intervertissons donc les termes du rapport exprimé par la vertu, nous aurons cette proposition : en présence l'un de l'autre, l'infini n'est rien, et le fini est tout. Cette absurde proposition est la formule du péché, l'infini n'est rien; pour réaliser cette parole dans sa conduite, l'homme doit oublier tout le reste et se concentrer en lui, c'est là l'égoïsme. Le fini est tout : pour réaliser cette parole en lui, l'homme doit faire dominer ce fini sur tout le reste; c'est là l'orgueil. Ainsi, l'infini est tout; l'infini n'est rien, voilà les deux opposés qui sont la charité et l'égoïsme. Le fini n'est rien; le fini est tout, voilà les deux autres opposés qui sont l'humilité et l'orgueil.

Comment l'homme en peut-il venir à cette absurdité? Dans l'état de nature, l'homme a l'idée de l'être, qui est identique avec l'idée d'unité ou d'infini, mais il l'a seulement en germe, et elle n'est point chez lui à l'état d'idée claire et distincte; il ne peut, en effet, la connaître que par sa conscience; sa conscience est limitée par le terme fini; l'homme n'a donc l'idée claire de l'être que dans les limites de la portion d'être qui lui est propre, ou, pour parler plus exactement, dans les limites de sa forme finie, qui est la mesure de sa conscience ou de sa personnalité. Pour l'homme naturel, il y a toujours équation entre l'être et le non être, car il ne soupçonne pas l'être qui est en dehors de sa conscience. La distinction de l'être et du non-être n'est donc point tranchée en lui, il les voit dans l'égalité d'une unité confuse; il vit dans cette unité. Cette égalité, c'est son harmonie et sa lumière; lumière bien imparfaite, mais qui cependant ne renferme point d'absurdité, car elle équivaut à cette équation : ce que je connais d'être est fini. Qu'on n'oublie pas ici ce que nous avons dit, que nul homme n'a été dans l'état de nature pure, sinon ceux qui on vécu sans langage, tels que Gaspard Hauser, mademoiselle Blanc, etc., et les sourds-muets non instruits. Mais lorsque Dieu se révèle à l'homme, l'idée de l'infini se sépare tout d'un coup de l'idée du fini, la distinction de l'être et du non-être se tranche dans l'homme ; en prenant un sentiment net et distinct du positif et du négatif, il commence à entrer dans le grand secret de Dieu, il ne lui reste plus qu'à connaître aussi leur harmonie, c'est-à-dire leur vrai rapport, alors la Trinité sera dans sa pensée, et il aura la lumière divine. Mais pour cela il faut que l'homme s'abandonne avec confiance à la parole révélatrice de Dieu, c'est désormais une nécessité pour lui; il ne peut même plus se renfermer dans la lumière naturelle précédente, car maintenant que la distinction est faite nettement entre le fini et l'infini, il faut absolument choisir, il n'y a plus d'égalité possible. Si l'on adhère absolument à la parole de Dieu par la foi, on reconnait l'infini au-dessus de tout ; si plein de défiance, on s'en rapporte à sa propre lumière plutôt qu'à la lumière divine, on renverse le rapport, on préfère le fini à l'infini, et l'âme reste plongée dans une éternelle absurdité qui fera son éternel supplice si elle ne revient à la foi. Ainsi, une fois la révélation posée, il n'y a plus de milieu entre le vrai rapport et le faux rapport, entre la charité accompagnée de l'humilité et l'égoïsme accompagné de l'orgueil, entre la sainteté et la damnation, entre le ciel et l'enfer.

L'humilité et la charité qui contiennent toutes les vertus, l'orgueil et l'égoïsme qui renferment tous les vices, sont dans la faculté que nous avons appelée lumière et amour ; mais la vérité est lumière, la fausseté est ténèbres, car elle est inintelligible ; lors donc que nous intervertissons dans notre conscience les rapports de l'être et du non-être, notre conscience devient ténèbres, et elle répand ses ténèbres, ou sa fausseté, ou sa discordance sur toutes les autres facultés, selon cette parole de Jésus-Christ : « *Votre œil est la lumière de votre corps ; si votre œil est dans l'unité, tout votre corps sera lumineux, mais si votre œil est mauvais tout votre corps sera dans les ténèbres : si oculus tuus fuerit simplex, totum corpus tuum lucidum erit ; si autem oculus tuus fuerit nequam, totum corpus tuum tenebrosum erit* (Math.). » Les sept péchés capitaux ne seront donc rien autre que ces ténèbres, prenant une forme spéciale dans chacune de nos facultés. La charité qui est le côté positif de la vertu harmonique que nous avons appelée humilité-charité, renferme tout ce qu'il y a de réel dans toutes les autres vertus, qui ne sont sous diverses formes que la tendance à l'infini ; l'humilité est la forme distinctive qu'elle prend dans la faculté où elle réside. De même l'égoïsme opposé de la charité, renferme en lui tous les vices qui, sous diverses formes, ne sont que l'éloignement de l'infini ; l'orgueil est la forme distinctive qu'il prend dans cette même faculté où il réside aussi. La charité ramenant tout à un centre qui, par-là même qu'il est infini est un et indivisible, réalise l'unité harmonique qui est la forme du bien et du bonheur. L'égoïsme oubliant l'infini, et laissant le centre de chaque être dans la personnalité qui est multiple, constitue la division et la discordance, forme du mal et du malheur. C'est là une de ces lois qui sont dans l'essence même de l'être, et qui, par conséquent, ne peuvent souffrir d'exception, et il est beau, en redescendant jusqu'au bas de l'échelle des êtres, de voir la matière elle-même, malgré sa divisibilité, l'exprimer à sa manière.

Le beau, nous l'avons dit, même dans la matière, c'est l'unité. Qu'est-ce que l'unité dans la matière, sinon le sacrifice et le dévouement de l'individualité de chaque partie au tout? vous admirez l'ensemble d'un édifice, d'une rosace, d'un meuble; qu'est-ce que cet ensemble? c'est un arrangement des parties, tel qu'aucune d'elles n'attire exclusivement l'attention, et que toutes aboutissent par leur forme à un centre commun, c'est-à-dire que chaque partie au lieu d'affecter une forme bizarre, au lieu de se faire distinguer, sacrifie son individualité au tout; c'est là l'humilité de la matière. Les formes incohérentes, les couleurs trop tranchées nous blessent, et nous les appelons laides; elles sont incohérentes et tranchées parce que leur individualité est trop exclusive, et c'est là l'égoïsme et l'orgueil de la matière. Un des grands mérites de la matière, c'est l'utilité; qu'est-ce que l'utilité, sinon l'aptitude à faire partie d'un grand tout en se rattachant à son centre? l'inutilité, c'est l'incapacité de sortir de son isolement, l'inutilité est une espèce d'égoïsme; l'utilité une image de la charité; le grand cas que la plupart des hommes font de l'argent monnoyé, n'a point d'autre fondement, il s'applique à tout; voilà son mérite. Ainsi donc, tout mal est égoïsme, et l'égoïsme est tout le mal; il est donc inexcusable sous quelque prétexte qu'il se cache, et remarquons qu'il n'y a point de milieu entre l'égoïsme et la charité, parce qu'il n'y en a point entre le fini et l'infini; il faut préférer l'un à l'autre, et l'égoïsme subsiste encore tant que l'amour n'est point universel, parce que tant qu'il n'est pas universel, ce n'est point l'amour de l'infini. C'est pourquoi Saint-Paul disait : Quand je ferais des miracles, si je n'ai la charité je ne suis rien.

Il suit de là que l'égoïsme peut être non-seulement dans les individus, mais encore dans les sociétés, et là, non-seulement, il ne vaut pas mieux quant au fond, mais il est plus dangereux à cause de sa puissance, plus anti-social et plus nuisible dans ses effets, plus incorrigible enfin; car la conduite des masses tient de l'inflexibilité de leur logique.

L'amour de la famille a un beau côté, c'est l'extension que chacun des membres de cette famille fait de son amour à tous les autres membres ; mais quand il est seul il a un vilain côté, c'est l'exclusion des autres hommes.

La nationalité est belle, en tant que l'individu étend son amour à tout un peuple ; mais si l'on considère la nation dans son ensemble, la nationalité exclusive n'est qu'un vaste égoïsme. L'humanité même ou la philantropie est loin de la perfection, car il faut absolument aimer l'infini, c'est-à-dire l'Être tout entier, aussi bien que tous les êtres. Et qu'on ne dise pas que cet amour est une chimère ; il existe dans tout cœur qui aime au-dessus de tout, plus que lui-même, que sa famille, que son pays, que tous les hommes ; la justice, le bon, le vrai et le beau, car ces noms divins n'expriment autre chose que l'être infini, et renferment en eux tout ce qu'il y a de positif, ou autrement tout ce qu'il y a d'être dans les créatures.

Il n'y a donc point de distinction à faire ; le moi est haïssable comme dit Pascal, l'égoïsme en tout et partout est exécrable, et il n'est point de vertu réelle ou apparente qui puisse en pallier la tache. Aussi, Jésus-Christ a maudit le peuple Juif qui ne voulait pas que les bienfaits du Messie s'étendissent à d'autres qu'à lui ; quand il a fondé son royaume spirituel, il ne lui a point assigné de limite, il n'a point voulu que son Église fut d'un pays ; le sacerdoce chrétien est de tous les lieux, il est catholique dévoué pour tous, même pour le sauvage oublié dans ses forêts ; il n'a point d'autre centre que celui de la société tout entière, d'autre intérêt qu'elle ; c'est ce qui fait sa beauté, sa force, sa durée indéfectible. l'Église peut renfermer des individus égoïstes, elle ne peut pas l'être dans son ensemble.

Il faut remarquer ici que les ordres religieux, quoique dans l'Église, ne sont point dans les mêmes conditions que l'Église ; outre le centre commun de la société spirituelle, ils ont un centre spécial à eux, ils ont une nationalité qui est la personnalité des peuples ; ce centre leur donne une grande puissance d'action et de conservation, et peut les rendre très utiles, mais il peut aussi devenir pour eux un principe de mort. Au moment où ils sont fondés, ils sont le produit spontané d'un besoin social, et sont ordinairement la partie la plus brillante de l'Église, mais leur constitution plus spéciale, plus arrêtée, et par conséquent plus forte, est par-là même moins flexible que celle de l'église générale ; il arrive donc quelquefois que leur mouvement ne se fait pas comme celui du tout, que la société se transforme et n'est plus la société pour laquelle ils ont été faits ; alors pour eux le moi se distingue du non-moi, leur centre spécial ne coïncide plus avec le centre universel, le moment de la tentation est venu pour eux ; s'ils préfèrent le tout à la partie, l'unité à leur personnalité, ils s'effacent ou se transforment ; mais s'ils se préfèrent au tout, s'ils veulent faire tourner le centre commun autour de leur centre spécial, ils tombent dans l'égoïsme, alors au lieu d'être un bienfait ils deviennent une plaie sociale, car l'égoïsme c'est le mal. Ce qui est vrai des corps religieux, l'est par les mêmes raisons de tous les autres corps.

Au reste, le mal porte toujours sa peine avec lui, et si la justice semble attendre quelquefois l'individu dans une autre vie, elle n'attend point les sociétés, tout corps égoïste est maudit, le dévouement seul peut lui conserver la vie ; la paternité est l'âme de la vraie royauté et de la vraie noblesse; mais lorsqu'au dévouement paternel succède l'égoïsme, il faut que la royauté et la noblesse s'écroulent comme de vétusté, à moins que les peuples plus mauvais et plus égoïstes encore, ne soient incapables de liberté:

Une grande nation égoïste est une nation maudite qui, comme Carthage la commerçante, Jérusalem l'insociable, Rome l'ambitieuse, effrayera un jour le monde du bruit de sa chute et arrachera des larmes de pitié des yeux mêmes de ses ennemis.

Oui, la nationalité est une imperfection, mais le mal ne s'est-il pas cruellement puni lui-même? n'est-ce pas la nationalité ou l'égoïsme national, qui a engendré presque toutes les guerres? les hommes ont beau dire, le manteau de la gloire qu'ils jettent sur l'atroce barbarie appelée guerre, ne suffit pas à cacher le sang et les larmes, le deuil des familles, la stérilité des terres ravagées, la dépopulation et la ruine des peuples. La société ne sera arrivée à l'âge parfait que lorsque la guerre sera reléguée dans l'histoire, lorsque tous les peuples se tendront la main comme des frères, et si dans cette glorieuse et belle époque, une nation peut espérer d'être appelée la première, ce sera la plus généreuse et la plus dévouée.

Lorsqu'on veut examiner la forme spéciale que le mal prend dans chacune de nos facultés, la question se complique à cause de notre double nature. Nous savons bien que les sept péchés ont leur siége dans l'âme spirituelle, qui seule est libre et capable de bien et de mal; néanmoins le mal qui prend naissance dans la faculté spirituelle se prolonge jusque dans la nature animale où il prend une forme sensible; c'est cette forme sensible qui frappe la plupart des hommes, c'est par elle qu'ils caractérisent les vices, et qu'ils s'en forment une idée; de là des appréciations souvent inexactes. Il nous faudra donc examiner chacun des péchés d'abord dans la partie spirituelle, et tel qu'il a dû être commis par les anges rebelles, puis dans sa forme sensible tel qu'il se manifeste dans les actions humaines.

L'orgueil c'est le corrélatif de l'égoïsme, c'est l'égoïsme vu par derrière, car l'un est le mépris de l'infini, l'autre l'adoration du fini, deux choses inséparables, et c'est bien ici qu'on peut appliquer la parole de Jésus-Christ : *personne ne peut servir deux maîtres ; s'il aime l'un, il haïra l'autre.* Comme que fasse l'homme, il faut qu'il pèse de tout son poids sur la terre, s'il lève un pied tout le poids se portera sur l'autre ; ainsi l'esprit créé ne peut refuser sa foi à la parole divine sans la mettre tout entière en sa propre parole qui est sa personnalité ; le mépris de Dieu entraîne donc l'adoration de sa personne qu'on met au-dessus de l'infini. Telle est la forme primitive et fondamentale de l'orgueil, c'est cette forme qu'il a eu dans l'ange rebelle.

Lorsque l'homme qui manque de foi se met à adorer sa lumière qui est sa personnalité, il n'y trouve, comme l'ange rebelle, que doute et incertitude, c'est-à-dire ténèbres. Mais dans sa personnalité se trouve renfermée son individualité animale ; il essaye alors de l'adorer aussi pour voir s'il pourra par là réaliser la grandeur ; et de même qu'il a voulu soumettre la lumière infinie à sa conscience, il veut soumettre toute individualité à la sienne ; de là, l'amour de la domination. Il désire que toute individualité reconnaisse la supériorité de la sienne, et loin de réaliser la grandeur, il tombe dans tous les petits excès de la vanité, qui n'est que la sensibilité faussée. Vanité de femme coquette qui se pare, vanité de portefaix qui bat tout le monde pour prouver sa force, vanité d'auteur qui veut repaître ses oreilles des applaudissements du public.

J'ai dit que la vanité n'était que la sensibilité faussée ;

comment cela? La sensibilité est la lumière animale qui nous indique les rapports sensibles avec les autres êtres; lorsqu'il y a approbation mutuelle, il y a harmonie sensible entre les êtres; l'amour de l'approbation n'est donc point mauvaise en elle-même quand elle est renfermée dans ses limites naturelles; mais quand l'intelligence avec son idée de l'infini vient s'y concentrer, alors elle devient extravagante et prend le nom de vanité. Le désir de plaire est un des plus puissants liens de la société entre les êtres sensibles, car il n'est au fond que l'instinct de l'harmonie; mais lorsqu'il est exalté par l'idée de l'infini, il devient une passion dévorante et insatiable; la femme coquette voudrait voir l'univers à ses pieds, et si elle parvenait là, sa vanité s'exalterait de plus en plus, et comme Alexandre elle pleurerait de voir le monde si petit. Chez l'animal le désir de plaire se trouve aussi, mais il ne sort pas des limites de la nature; le coq-d'Inde fait sa roue pour plaire, mais son ambition se contente de l'œil d'une dinde qui cherche des graines à quelques pas de lui; aussi personne ne sait mauvais gré au paon de nous étaler sa queue aux mille couleurs, ni au coursier de secouer fièrement sa belle crinière devant nous, ni au rossignol de redoubler ses chants quand il voit que nous l'écoutons; mais le poëte qui s'encense et la femme qui s'adore, nous révoltent et nous indignent.

Nous avons donc vu l'orgueil dans l'ange, dans l'homme et dans l'animal, ou plutôt il n'y a point d'orgueil dans l'animal; mais dans l'homme l'orgueil de l'ange vient défigurer une faculté animale et lui communiquer sa forme hideuse.

§ II. — *De la Gourmandise.*

Nous avons déjà dit plusieurs fois que dans l'état de pure

nature le mal eut été impossible, nous ne pouvons donc pas dire en parlant des vices comme en parlant des vertus, le mal naturel et le mal surnaturel; il n'y a point de mal naturel, il ne peut point y en avoir; la nature c'est les lois de l'être, les lois de l'être sont harmonie et le mal est discordance. Tout mal est donc surnaturel ou plutôt il est contre nature; mais il suppose l'ordre surnaturel dont il est une déchéance et une contradiction. Il y a des imperfections naturelles, mais non du mal naturel, ce qui est très différent; car l'imperfection c'est l'expression du négatif fini, et le mal c'est la désharmonie du positif et du négatif. Etudions donc de suite le mal dans la faculté qui est la source de l'ordre surnaturel et par conséquent de la possibilité du mal, c'est-à-dire dans l'entendement.

Je demande pardon au lecteur, si je parais quelquefois donner des descriptions qui rentrent les unes dans les autres, c'est qu'en effet il y a des choses qui, quoique non identiques, sont cependant difficiles à bien distinguer. Qu'on se rappelle que la lumière ou l'Esprit saint n'est que l'unité ou le rapport de l'idée de l'être et du non-être; ces deux idées, par le rapprochement, deviennent en lui charité et humilité, il est donc difficile de bien distinguer la sagesse de la charité, puisque la charité n'est que la sagesse en regard de l'humilité; il est également difficile de distinguer la justice de l'humilité, puisque l'humilité n'est que la justice en regard de la charité. De même dans l'homme l'humilité et la charité ne sont que le rapport de la justice et de la foi; de même aussi l'égoïsme et l'orgueil ne sont que le rapport du manque de foi et du manque de justice.

L'opposé de la foi c'est l'incrédulité qui sera le vice spécial de l'entendement; mais pour bien comprendre toutes les conséquences du péché de l'entendement, remettons-nous bien dans l'esprit le rôle que joue la pensée dans l'homme. La pensée, c'est la forme spirituelle; les êtres entrent en contact avec la forme; par l'intelligence notre forme finie et négative, nous entrons en rapport avec tout ce qui est fini et négatif; par l'entendement forme infinie et positive, nous sommes en rapport avec Dieu infini et positif. La pensée forme spirituelle, seul moyen de contact est à la fois pour l'esprit et la faculté de communication et d'intus-susception; c'est ce que nous avons déjà remarqué au chapitre des sections coniques, en expliquant le sens des figures ouvertes; l'intus-susception est le seul moyen connu, et possible d'agrandissement pour les êtres finis; aussi nous avons été conduit par la force des choses à proclamer que la foi était le moyen indispensable d'agrandir l'être de l'homme en le plaçant dans la voie du progrès.

Si l'entendement est pour l'esprit l'organe d'intus-susception et d'accroissement, c'est par l'entendement qu'il se nourrit, et sa nourriture c'est la vérité. Au reste, sauf l'accroissement qui est inadmissible dans l'infini, il en est de même de Dieu; c'est par l'idée de l'être que Dieu se nourrit éternellement de sa substance, puisque c'est par cette idée qu'il en a directement la conscience. C'est donc aussi par notre entendement que nous nous nourrissons de l'unité ou de Dieu; il est, par rapport à Dieu, comme la bouche de l'enfant ouverte devant la mamelle pleine; c'est ce que nous fait comprendre la réponse de Jésus-Christ au tentateur : *l'homme ne vit pas seulement de pain, mais de toute parole qui sort de la bouche de Dieu.*

Mais à la nourriture spirituelle, il est une condition préalable et négative, c'est l'ouverture de cette bouche qui doit puiser le lait intarissable de la vérité, et c'est l'humilité qui ouvre cette bouche et présente à la vérité le vide de soi-même où elle peut pénétrer, c'est l'égoïsme et l'incrédulité qui la ferme.

Par l'incrédulité, en effet, l'esprit veut n'avoir d'autre nourriture que soi, c'est-à-dire sa personnalité ou son intelligence qui est négative ; pauvre et maigre nourriture ! Aussi tout l'être dépérit rapidement; il ne veut croire qu'en soi, la croyance appuyée sur une base si frêle, vacille et chancelle ; bientôt il en vient à ne plus rien croire, et à douter de tout.

Cependant il n'a pu éteindre l'idée de l'infini exprimée par la parole divine, elle reste dans le fond de son être comme un reproche, un remords, un supplice ; mais il n'y met plus sa confiance, il n'y croit plus ; au contraire, il en détourne la vue comme d'un objet importun ; il voudrait détruire cette idée de l'infini et se débarrasser de ce fantôme qui le poursuit ; alors il essaie de se prouver à lui-même que l'infini n'est pas : vains efforts, il ne peut se faire une conviction, il ne peut arriver qu'au doute ; de sorte que la raison de celui qui a repoussé la foi peut se résumer tout entière dans un misérable, peut-être ! dans un pauvre, que sais-je? et dans la pénurie d'elle-même, dans l'inquiétude du doute, il n'y a plus pour elle de repos intellectuel possible.

Tel doit être l'état de l'ange rebelle, que l'ancienne théologie persane appelle si justement l'esprit qui dit *non* ou *peut-être*. Le péché de l'ange s'arrête là. Chez l'homme il descend plus bas.

L'homme trouve chez lui une nature animale qui, n'étant pas libre, ne peut renoncer à la confiance qui lui est propre, c'est-à-dire la sensation ; frappé de cette confiance qui contraste avec son incertitude spirituelle, il se dit : Pourquoi aller plus loin et se perdre dans les régions idéales ; suivons la voix de la nature, voilà la certitude ; désormais la sensation sera pour moi la vérité, le reste n'est peut-être qu'une chimère, tenons-nous-en là, c'est le parti le plus sûr ; l'homme qui pense est un animal dépravé. Et voilà le matérialisme.

Quel est le dernier degré du matérialisme ? le voici : L'homme qui ne veut plus vivre de la parole de Dieu, ne pense plus qu'à vivre de pain ; à ses yeux, son corps c'est tout lui ; sa principale occupation, comme celle des animaux, c'est de songer à la conservation et à l'accroissement de ce corps ; la digestion devient son œuvre la plus sérieuse, son estomac, un centre autour duquel tourne toute son activité ; son ventre c'est son Dieu, selon l'expression de saint Paul : « *Quorum Deus venter est !* » La gourmandise se trouve donc au fond de l'abîme qu'ouvre l'incrédulité. Si c'est la foi qui manifeste le plus dans l'homme l'idée de l'infini, c'est la gourmandise qui l'étouffe le plus complètement ; si la foi élève l'homme jusqu'à l'ange, en le spiritualisant, la gourmandise le ravale jusqu'à la bête en le matérialisant ; c'est l'idée de l'infini qui distingue l'homme de la bête ; dans le gourmand elle se voile, et l'homme semble disparaître. Quelle différence apparente y avait-il en effet entre Vitellius, engourdi et ronflant dans ses jardins, et les porcs qu'on engraissait pour sa table ?

L'origine de la gourmandise nous montre en quoi consiste sa malice. Ce n'est point à savourer, à admirer les riches dons que Dieu fait produire à la nature pour nourrir notre corps, mais elle consiste à y absorber notre âme, à oublier qu'il y a une autre nourriture pour l'homme que le pain matériel, en un mot, à faire un dieu de son ventre. La voracité animale est une grossière imperfection, mais non un vice mortel qui tue l'âme spirituelle ; ce qui rend la gourmandise mortelle, c'est d'oublier en mangeant qu'il est une autre vie que celle du corps ; cet oubli dénature la voracité animale qui, dans les bêtes, ne sort pas des limites de la nature.

Quand l'homme est parfaitement dans l'ordre, l'intelligence pendant le repas ne doit avoir que des regards distraits sur ce qui se passe dans la vie inférieure, préoccupée qu'elle est de sa propre nourriture qui est la vérité ; son coup-d'œil doit être un coup-d'œil de surveillance, comme celui du berger qui fait paître ses bêtes, et les rappelle quand le temps est venu, pour les conduire au travail. Mais quand, oubliant sa propre nourriture, elle cherche à se rassasier de celle du corps, et se concentre dans la part de plaisir qui lui en revient, elle introduit elle-même le désordre dans les fonctions animales, en y apportant son idée de l'infini ; elle veut infiniment de cette jouissance ; elle force le corps à manger et à boire au-delà de ses forces, elle l'excite par des stimulants ; elle va, on a honte de le dire, jusqu'à le forcer de rejeter la nourriture, afin qu'il puisse recommencer à en prendre. Le corps alors ne mange plus pour se nourrir, mais pour procurer à l'âme le plaisir qu'elle exige ; aussi il ne peut suffire à cette rude tâche, et il succombe bientôt sous le poids dont on le charge. De là ce célèbre aphorisme : *Plus occidit gula quam gladius ;* a gourmandise en a plus fait périr que le glaive.

On voit combien le vice est loin d'atteindre son but. Dieu offrait à l'âme une nourriture divine, son Verbe, la vérité même, le pain des anges, aliment délicieux, éternel, inépuisable, qui devait à jamais nourrir, agrandir et embellir la vie. Mais l'âme orgueilleuse, se repliant sur elle, veut être à elle-même son seul aliment ; comme l'enfant prodigue, elle a bientôt dévoré son héritage, alors le vide se fait sentir au dedans d'elle, « *facta est fames valida in regione illâ* (*Luc*, 13). » Alors elle se tourne vers l'âme animale et le corps, leur demande de la nourrir et de lui faire éprouver la jouissance de la plénitude. « *Et cupiebat implere ventrem suum de siliquis quas porci manducabant, et nemo illi dabat;* et l'enfant prodigue désirait remplir son ventre des graines que mangeaient les pourceaux, mais personne ne lui en donnait. » Rien de matériel ne peut rassasier cette intelligence immortelle, elle demande toujours, elle finit par briser le corps qu'elle condamne à un travail forcé, et tombe ensevelie sous les ruines de la matière qu'elle a tourmentée, matière dont elle se distingue à peine tant elle lui est devenue semblable.

Tous ne vont pas jusqu'au fond de l'abîme : quelques-uns semblent presque s'arrêter dans le péché spirituel ; mais la logique qui le lie à ces conséquences, n'en est pas moins irrécusable. De petits esprits ont été offusqués du récit de la Genèse, ils ont beaucoup ri de voir le monde perdu pour une pomme ; s'ils avaient été aussi clairvoyants que présomptueux, ils auraient vu que la gourmandise d'Ève est la conséquence de son incrédulité; qu'elle était le symbole du péché intérieur qui avait précédé, que vouloir saisir la science en sacrifiant la foi, c'est la gourmandise spirituelle qui enfante l'autre, et que, dans un monde malheureux parce qu'il a perdu la foi, la gourmandise aussi doit se trouver à l'origine du mal.

Le vice que nous venons d'étudier est la véritable source de tout mal proprement dit, ou péché ; nous savons en effet que tout péché vient du manque de foi. Mais, d'un autre côté, tous les défauts de l'âme viennent aussi de ce qu'il y a de défectueux dans le rapport qui constitue la lumière. Il n'y a qu'une lumière parfaite, c'est celle de Dieu ;

lui seul conçoit pleinement et avec conscience le rapport de l'être au non-être ; toute créature est donc par elle-même dans l'ignorance, c'est-à-dire erreur ou lumière incomplète. Cette imperfection de la lumière se communique nécessairement à toutes les facultés; mais les effets de cette communication ne sont point des vices coupables, ils ne sont, comme dans l'enfant ou l'idiot, que des imperfections. Lorsque l'homme repousse par le manque de foi la lumière parfaite que Dieu lui offre, l'imperfection de la lumière devient perturbation, et ses effets, dans les facultés, deviennent des vices. Ainsi, de même que la foi, vertu de l'entendement, imprimait à toute vertu le cachet surnaturel, de même l'incrédulité, vice de l'entendement, donne à toute imperfection le caractère du mal ; la foi et l'incrédulité agissent directement sur la lumière, et c'est la lumière qui les reflète partout. On peut donc considérer la gourmandise, non point en tant qu'imperfection naturelle, mais en tant que péché proprement dit, comme la réaction de la lumière changée en ténèbres sur l'entendement ; c'est pour cela que sa liaison logique avec son primitif est plus difficile à saisir que dans les autres facultés.

§ III. — *De l'Envie.*

Le désordre de la lumière, ou plutôt les ténèbres, réagissent sur l'intelligence, en ôtent tout discernement, et par conséquent toute justice. Et, en effet, que peut distinguer celui qui ne sait pas discerner le fini de l'infini ? L'homme qui a la foi, guidé par la justice divine, met tout à sa place; Dieu, lui-même et toute créature, et rend ainsi à chacun ce qui lui est dû ; l'homme sans foi, qui préfère le fini à l'infini, qui, au lieu de mettre Dieu au centre des choses, y met sa propre personnalité, est tout entier dans l'injustice; au lieu de rendre à chacun ce qui lui est dû, il veut tout pour lui, et, après tout, il est conséquent, car, dès qu'en se plaçant au centre des choses, il s'est fait Dieu, il faut que tout l'être lui appartienne, que personne ne l'ait que par lui et pour lui, et il doit regarder comme un usurpateur odieux, quiconque est indépendant de lui ou supérieur à lui. Nous venons de décrire l'envie, qui est en effet l'injustice au plus haut degré, et dont la malice tout entière consiste dans l'injustice.

L'envie, ce n'est pas, comme quelques-uns le pensent, désirer avoir des richesses, des honneurs ou des succès, ce désir peut souvent être légitime; mais c'est désirer en priver les autres, c'est les haïr parce qu'ils les ont; l'envie, dit le Catéchisme, c'est la tristesse que l'on ressent du bien qui arrive au prochain.

Nous voyons combien l'envie et l'orgueil se ressemblent: l'un et l'autre consistent à se faire centre, à s'élever au-dessus de tout, à vouloir tout abaisser devant soi; mais nous avons déjà dit la raison de cette ressemblance; l'orgueil n'est autre chose que l'envie considérée en rapport avec l'égoïsme, et l'envie n'est autre chose que l'orgueil isolé et considéré sous le point de vue de l'injustice.

L'orgueil et l'envie gisent fondamentalement dans cette préférence de soi-même à l'infini, et quoiqu'un grand nombre d'envieux ne s'en rendent pas compte; cependant, lorsque l'intelligence a l'énergie de pousser les conséquences jusqu'au bout, l'orgueil et l'envie en viennent ouvertement à cette prétention. C'est avec ce caractère effréné qu'ils se sont montrés dans l'ange rebelle que l'Écriture nous représente voulant élever un trône en face de celui de Dieu, parce qu'il était jaloux de sa grandeur; dans Julien l'apostat qui avouait sa lutte contre Dieu, lorsqu'il disait : Galiléen, tu as vaincu; et dans Voltaire, avouant ses ridicules prétentions, lorsqu'il disait à ses amis : Croyez-vous que Jésus-Christ ait eu autant d'esprit que moi?

Dans ce péché, il n'y a pas grande différence entre l'ange et l'homme, si ce n'est que l'homme, transportant dans son être sensible toutes les prétentions de l'envie, devient jaloux de tous les biens matériels que les démons méprisent.

Il est effrayant de songer à la quantité incalculable de maux que l'envie a amenés sur la terre; c'est par l'envie du démon que le premier homme est tombé, c'est la jalousie de Caïn qui a enfanté le premier meurtre, et presque tous les autres ont eu la même source; c'est de cette source exécrable que sont sorties presque toutes les guerres, les oppressions, les calomnies, les intrigues, les rapines; c'est toujours et partout cette volonté d'être le premier en tout et de faire descendre les autres le plus bas possible, à moins que la qualité de partisans ne les fasse regarder comme un instrument de son propre succès.

Mais ici comme précédemment le vice est loin d'obtenir son but. L'envieux ne peut arriver à cette première place qu'il ambitionne, car c'est Dieu qui y est, et c'est inutilement qu'il se consume de peine pour l'atteindre. Si au moins il jouissait de ce qu'il a! mais l'envieux ne regarde jamais derrière lui; insensible à ce qu'il possède, il ne voit que ce qu'il n'a pas pour en souffrir. Toutes les richesses des hommes lui font éprouver le sentiment de la pauvreté, tous leurs plaisirs sont des douleurs pour lui, tous leurs honneurs lui sont des affronts, et tous leurs succès lui sont des décomptes; ainsi celui qui voulait se faire le centre de l'univers s'est fait le plus misérable des hommes; son cœur ne vit que de fiel et de haine, la rage est le supplice où il se retourne convulsivement nuit et jour. Les grincements de dents de l'enfer viennent de l'envie, de cette envie si bien caractérisée par l'allégorie des anciens qui la représentent jaune de dépit, agitant ses cheveux de vipères, et rongeant son propre cœur.

Nous avons vu les deux vices qui correspondent à la double idée de l'être et du non-être, nous avons vu le vice complexe qui correspond à cette même double idée devenue une et indivisible dans la lumière; continuons à compter les têtes de l'hydre qui dévore le genre humain.

§ IV. — *De la Luxure.*

La fin de l'être c'est le bonheur, le bonheur c'est le retour à l'unité, qu'indique la lumière et que réalise la sainteté. L'incrédule aussi veut être heureux, le bonheur est le but de toutes ses pensées, de tous ses actes, de toutes ses aspirations, de tous les battements de son cœur. Mais lorsque l'orgueil a changé la lumière en ténèbres, l'être égaré ne peut plus ni reconnaître ni atteindre son but. Par l'orgueil, l'intelligence a voulu trouver en elle sa grandeur: la grandeur n'était qu'un acheminement au bonheur, car le bonheur est le but final; elle veut donc aussi trouver le bonheur dans sa personnalité. Erreur! la personnalité de la créature est négative et finie; comment pourrait-elle donner l'unité, puisqu'elle est la distinction et la divisibilité? L'âme, au lieu de l'unité, trouve donc la division; au lieu du bonheur, elle trouve un supplice intolérable, un supplice semblable à celui de cet homme imaginé par le Dante, qui fait de vains efforts pour réunir à son tronc sa tête qu'un glaive infatigable en sépare continuellement.

Telle est cette nouvelle forme du vice dans l'ange, tel est son inévitable châtiment.

L'intelligence de l'homme, torturée par sa propre division, descend dans sa nature animale : là elle trouve enfermée dans sa propre personnalité une âme qui a son unité à elle et ses moyens d'y parvenir; cette unité, c'est l'amour sensible qui lui donne la part de béatitude dont elle est capable, béatitude, comme elle-même l'est dans sa forme, finie, passagère et sujette aux caprices de l'espace et du temps; gouttelette de bonheur proportionnée à la soif du petit être qu'elle doit abreuver. A cette vue de l'unité, l'intelligence languissante se réveille comme le voyageur haletant du désert qui croit entrevoir une source; elle entre dans des transports frénétiques, car elle croit avoir retrouvé sa fin perdue; elle se jette sur ce bonheur sensible et matériel comme sur une proie; mais cette proie n'est point de mesure à satisfaire un être qui a l'idée de l'infini; son désir du plaisir est dévorant, parce qu'il est sans limite; aussi il brise bientôt les frêles instruments qui sont disproportionnés avec la fin qu'il veut obtenir; il brise l'âme sensible, en éteignant en elle tout sentiment; il brise le corps qu'il conduit au tombeau par une décrépitude anticipée.

Nous voyons maintenant la filiation de la luxure; nous voyons que ce vice, comme les autres, loin d'arriver à son but, arrive à une conclusion toute contraire à celle qu'il cherchait; il voulait réaliser le bonheur dans sa plus haute acception, et il réalise le malheur dans sa plus triste réalité; car c'est le vice qui, chez les anges, correspond à ce que les hommes entendent par luxure, qui fait leur plus grand supplice; c'est lui aussi qui fera celui des damnés, c'est lui qui engendre ce pleur éternel dont parle Bossuet.

Dans les œuvres de Dieu, ou, si l'on veut, dans les manifestations de l'être, tout est lié, enchaîné, suivi; point de lacune, point d'abîme que rien ne comble ; ainsi nous avons vu en parlant de la matière que la forme était le point de contact entre elle et l'esprit, que la forme n'était purement ni esprit ni matière, mais qu'elle était l'empreinte de l'esprit sur la matière; de là ses charmes pour l'esprit.

Nous pourrons dire quelque chose de pareil de l'amour sensible : il est frontière entre la matière et l'esprit ; c'est pourquoi il a deux faces, l'une qui regarde la matière et lui appartient : nous pourrons l'appeler sensualité ; l'autre qui regarde la lumière de l'esprit et en reflète la beauté, nous l'appellerons sentiment. Chez les animaux, la sensualité domine à peu près exclusivement; le sentiment, s'il en est, n'est pas une réalité; il est à la réalité ce qu'une pierre d'attente est au bâtiment qu'on doit construire. Dans l'amour de l'homme, il arrive assez souvent que le sentiment domine : c'est le sentiment qui révèle l'unité à l'être sensible, c'est la sensualité qui la réalise matériellement. Il est important de bien comprendre quel rôle ces deux faces de l'amour sensible doivent jouer dans la vie de l'homme.

Le rôle du sentiment est de la plus haute importance ; en vertu de l'union de l'âme et du corps, rien ne peut se réaliser dans l'une qui n'ait sa correspondance dans l'autre ; nous avons déjà remarqué que les idées étaient dépendantes des images , de même le désir avec conscience de l'unité ne peut se réaliser ordinairement dans la partie supérieure qu'il ne trouve un écho dans la partie inférieure. La puberté qui fait naître l'amour sensible est donc pour l'homme une révélation qui lui donne toute sa valeur en donnant un but à ses deux vies. Elle donne directement un but à sa vie inférieure, en faisant naître la faculté qui complète l'être sensible et qui doit atteindre ce but; elle en donne un indirectement à la vie supérieure, en créant l'écho qui peut lui répondre, et en déliant par là les ailes de la sainteté ou de l'amour suprême d'unité.

La puberté, en révélant l'unité à l'homme, lui crée aussi un danger, car elle ne peut manifester une des faces de l'amour sensible sans manifester l'autre; elle réveille donc aussi la sensualité qui attire l'homme vers la matière et qui le perdra s'il s'en laisse dominer.

La position de l'enfant, relativement au sujet qui nous occupe, mérite une attention spéciale. Chez lui tout est en germe, mais rien n'est développé; l'idée de l'infini n'est pas appréciable jusqu'à un certain âge; lorsque la parole et la révélation l'ont développée en lui, vient l'âge qu'on appelle de discrétion, c'est-à-dire l'âge où on commence à entrevoir le rapport du fini et de l'infini; alors naît la conscience ou la lumière, et l'enfant est capable de bien et de mal. Mais cette lumière naissante est encore sans consistance et sans force; le moindre souffle peut l'éteindre, elle est tout-à-fait incapable de résister à une attaque violente; elle serait donc perdue si Dieu la mettait en lutte avec l'entraînement de la sensualité : aussi a-t-il retardé cette lutte jusqu'au moment où elle sera assez forte pour la soutenir. L'enfant, en effet, n'a point de sexe; il ne sent point l'impérieux besoin de l'unité, il n'a point l'idée du bonheur, mais seulement de l'amusement; il ne comprend pas l'amour passionné : ce n'est que lorsque la raison aura eu le temps de prendre des forces que viendra la puberté et que la lutte commencera.

Il y a donc dans l'enfant deux lutteurs qui se préparent, l'un grandit, l'autre dort. Ce sont l'idée de l'infini et la sensualité. Si au moment de la lutte l'idée de l'infini remporte la victoire, la sainteté s'établira et le conduira à ses belles destinées; si la sensualité triomphe, le désordre s'établit, et il tombe dans une mer orageuse où il court risque de la vie.

Que faut-il donc faire pour être utile à l'enfant? il faut hâter chez lui le développement de l'idée de l'infini, afin que lorsque viendra le combat elle soit la plus forte, domine dans la conscience, et par elle entraîne tout l'être. Une fois lancé vers l'infini, tout ira bien, les révélations de la sensibilité ne feront que redoubler son ardeur pour Dieu, en lui donnant comme un pressentiment de ce que seront les joies du ciel, quand l'âme supérieure aura trouvé elle-même son époux divin.

C'est là ce qui se fait dans une éducation à la fois intelligente et pieuse, où l'âme se remplit d'une foi solide.

Mais n'est-il pas de la plus cruelle imprudence de hâter dans un enfant le réveil de la matière, lorsque son intelligence est encore capable de lutte, et de donner ainsi à la sensualité les avances sur l'idée de l'infini? l'homicide est-il un crime comparable à celui-là? Oh! oui, maudit celui qui met une pierre d'achoppement devant l'aveugle qui ne peut la voir! Maudit, mille fois maudit, celui qui réveille le serpent encore engourdi, lorsque son frère qui dort ne peut ni fuir ni se défendre! « Si quelqu'un, dit Jésus-Christ, scandalise un de ces petits qui croient en moi, il vaudrait mieux pour lui qu'on lui mît au cou une meule de moulin et qu'on le jetât au fond de la mer. »

Le plus grand bien que l'on puisse faire aux hommes, ce n'est pas, comme quelques moralistes l'ont cru, d'étouffer en eux le sentiment, mais au contraire de l'exalter et de l'éloigner de la sensualité en même temps qu'on l'attire vers la région supérieure. Pour cela il faut leur faire comprendre qu'il y a une unité plus haute et plus béatifique que l'unité sensible, que cette unité peut seule satisfaire la nature supérieure et qu'elle doit être recherchée avant tout. Des hommes de génie et de talents ont écrit là-dessus de magnifiques pages, Dieu les bénira; mais les livres sont bien insuffisants, puisque plus des trois quarts des hommes ne les lisent pas. Dieu a employé un moyen plus énergique pour répandre cet enseignement si précieux, il l'a rendu vivant, il l'a écrit dans l'exemple, ce livre que tout le monde lit, il a institué le célibat religieux.

C'est une chose grande et étonnante pour tous, qu'un homme qui volontairement a renoncé à la béatitude d'une partie de son être. La logique du bon sens fait comprendre aux plus simples, que cela est impossible, à moins qu'on ne trouve une puissante compensation dans la béatitude de l'autre partie de l'être; et dès lors on ajoute foi aux paroles de cet homme, lorsqu'il enseigne cette béatitude que tout le monde cherche, car sa conduite est une preuve palpable qu'il en a trouvé le chemin : « *Le royaume du ciel,* dit Jésus-Christ, *est semblable à une pierre précieuse, celui qui l'a découverte vend tout ce qu'il a pour l'acquérir.* » Celui seul qui vend ce qu'il a, peut donc faire croire qu'il l'a trouvé, et voilà pourquoi le célibat religieux, plus que tout le reste, a contribué à diminuer la corruption du monde, selon cette parole de Jésus à ses apôtres : « Vous êtes le sel de la terre. » Que quelques-uns après l'avoir embrassé courageusement faiblissent, ce n'est pas ce qui doit étonner; mais qu'un seul ait persévéré jusqu'au bout par amour pour Dieu, la démonstration subsiste; il est prouvé qu'un homme a trouvé la béatitude hors de la vie sensible dans Dieu connu ar la foi. Que sera-ce donc si le mal n'est qu'une exception, et si une masse imposante nous présente dans tous les âges et dans tous les sexes, le brillant exemple d'une continence soutenue.

Oh! oui, elle doit être bien haute, bien ineffable, cette béatitude spirituelle dont la seule espérance fait ainsi oublier toutes les autres, malgré leurs provocations continuelles! Rien de ce qui se passe ordinairement sur la terre n'en peut donner l'idée : l'amitié n'a rien qui lui ressemble, ni l'amour de la patrie, ni la piété filiale ne peuvent la faire comprendre, car tout cela est amour, mais non d'unité. L'amour sensible lui-même en est à une distance infinie; car s'il est amour d'unité, il ne l'est que d'une âme animale et sans intelligence; l'âme intelligente aime sur la terre, mais nulle part elle ne trouve son unité; cependant elle éprouve d'ineffables douceurs, dans la fraternité, la piété filiale, la reconnaissance et mille autres sentiments des nobles cœurs; mais que sera-ce donc quand elle aussi aura trouvé son unité; quand avec toute sa grandeur, toute son intelligence, son amour sans mesure, elle aimera en proportion comme l'âme sensible en aime une autre et se confond en elle avec délices? qui pourra le dire? qui l'a jamais compris? Oh! je pense que sainte Thérèse en avait un pressentiment quand elle se sentait dévorée d'ardeurs que nul ne pouvait comprendre; aussi tout le reste avait pâli pour elle, la vie lui était pesante, la terre lui semblait une prison; un élan impétueux, irrésistible l'entraînait vers son unité qu'elle avait entrevue, et elle s'écriait : « Je me meurs de ne pouvoir mourir. » Plus heureuse mille fois dans sa douleur que le reste des mortels, car elle pouvait chanter comme le séraphique François dans son cantique : « Je me meurs, mais c'est de délices, *moro mi di dolciore.* »

La sainteté peut donc mener l'âme exilée jusque sur le seuil de sa patrie, elle peut en quelque sorte commencer le ciel même sur la terre.

§ V. — *De la Colère.*

Ce qui élève la mémoire à son plus haut degré, ce qui lui assure l'unité, la fixité, la permanence, ce sont les idées éternelles que lui communique la Foi, ce sont les décisions invariables de la justice divine qu'elle prend pour règle. L'orgueil éteint la foi et la justice, en détournant la confiance de l'infini pour la transporter au fini, et par là, il réduit l'homme au doute et au matérialisme ; désormais la prudence de l'homme n'aura donc plus pour appui que le doute et la matière, dont l'essence est une perpétuelle mobilité ; aussi ne mérite-t-elle plus le nom de prudence.

L'âme alors perd toute consistance, plus de résolution, plus de persévérance, plus de suite ; mais au contraire mobilité, irrésolution, incertitude, faiblesse et témérité. Tel doit être l'état des anges rebelles, aussi ils sont beaucoup moins puissants qu'on ne le pense, ce qui le prouve, c'est qu'un simple enfant, avec les idées de la foi, peut repousser toutes leurs attaques et braver tout l'enfer ; ils n'auraient donc aucun pouvoir sur la terre, si l'homme par le péché ne devenait faible comme eux, plus faible même qu'eux à cause de l'infériorité de sa nature. Ce péché, chez les anges, pourrait s'appeler imprudence, chez l'homme, il prend un autre caractère et un autre nom.

L'âme intelligente doit par la prudence conduire, diriger, retenir d'une main ferme toute la partie sensible ; mais lorsqu'elle est arrivée à cet état d'incertitude et de faiblesse où la conduit l'oubli des vérités éternelles, elle devient incapable de conduire cette nature inférieure; les rênes lui échappent des mains; elle devient semblable à un cocher, surpris par l'ivresse, qui ne peut plus, de sa main tremblante, retenir la fougue des chevaux et laisse emporter l'équipage au hasard. Alors, en effet, on dit que l'homme s'emporte, il commet le péché de colère, si justement, si philosophiquement appelé par les latins : *impotentia animi*, impuissance de l'âme.

Ceci nous donne lieu de dessiner nettement l'idée que nous devons nous faire de la colère, un des sept péchés capitaux, idée dans laquelle le langage a jeté beaucoup de confusion.

La colère proprement dite, ce n'est pas la haine, l'amour de la vengeance, la rancune impitoyable, tout cela sont des manifestations de l'orgueil et de l'envie. Ce n'est pas non plus l'indignation qui monte au cœur à la vue de l'oppression et de l'injustice; cette indignation, quoiqu'elle ait un élément commun avec la colère, n'a aucun rapport avec elle en tant que vice, puisqu'elle est vertu.

Plusieurs prennent pour la colère elle-même, cette impétuosité qui emporte l'homme et qui est absolument la même qui emporte le lion sur sa proie; cette impétuosité n'est autre chose que le plein développement de l'âme animale, qui déploie toute sa forme, c'est-à-dire qui use de toute la force de son corps. Cette impétuosité puissante chez le lion, tenace chez le chien, est nulle chez l'agneau, mais elle n'est qu'une faculté animale qui dépend de la bile, des nerfs et du sang, et ne peut être un péché capital de l'intelligence. Où est donc précisément le vice de la colère? le vice de la colère n'est pas un vice de force, mais un vice de faiblesse; il consiste dans la lâche abdication que l'intelligence fait du droit qu'elle a de gouverner tout l'être humain. Son devoir était de tenir sous ses ordres cette impétuosité animale, et de ne laisser exécuter à la nature inférieure que des actes approuvés par la raison ; mais par la colère elle s'abandonne elle-même à cette impétuosité, elle la porte jusqu'à l'excès du ridicule en s'y concentrant ; alors l'effervescence animale qui n'a plus de frein, fait ressembler l'homme à une bête féroce, et les hommes, frappés par tout le tapage extérieur qui en résulte, le regardent sans y réfléchir comme le vice même de la colère ; mais le vice n'est pas là, il est au fond, dans cette âme qui s'est laissé honteusement arracher le gouvernail des mains; qui s'est, par sa faiblesse, dégradée au-dessous de l'animal par lequel elle se laisse conduire. La colère est une chose honteuse à la nature humaine, comme la folie et l'ivresse ; elle est un vice parce qu'elle est une ignominie volontaire. Les Spartiates donnaient en spectacle à leurs enfants un hilote ivre, afin de leur faire mépriser les hilotes ; le spectacle d'un homme en colère serait un des plus propres à faire mépriser l'homme.

La colère dans son principe, dans ce qui en fait un péché n'est donc autre chose que l'imprudence ; dans ses effets extérieurs, elle est l'impétuosité de la vie animale. La grandeur des effets n'entraîne pas la grandeur du vice, et leur peu d'apparence ne le diminue pas. Celui qui avec un caractère doux se laisse aller à cette mobilité, à cette irrésolution, à cette inconstance de conduite qui résulte du manque de foi, est quelquefois plus coupable de colère que celui qui ayant à lutter contre une nature ardente, s'oublie parfois, mais fait des efforts pour régler sa conduite.

La colère est donc le vice qui correspond à la mémoire, comme la prudence était la vertu qui l'élevait. La mémoire est le refuge de l'intelligence, la colère vient la chasser de ce dernier asile, aussi l'homme par la colère perd entièrement la tête; l'homme comme être intelligent ne peut descendre plus bas.

Ainsi loin d'obtenir son but, celui qui a voulu n'avoir d'autre règle de conduite que lui-même, perd toute règle et toute conduite.

§ VI. — *De l'Avarice.*

La liberté, c'est la réalisation sans obstacle de l'expansion de l'être, par l'expansion l'être se dilate et se manifeste; l'être qui se manifeste se donne; le Père se manifeste en communiquant l'être à tout ce qui vit, le Fils en donnant à tout ses formes, le Saint-Esprit en répandant partout la beauté, la grâce et l'harmonie qui sont lui-même.

Celui qui a confiance en l'infini, et qui s'y appuie sans hésitation se donne comme lui, il ne craint pas que l'être lui manque; il fait bon être généreux quand le trésor est intarissable; aussi le zèle s'empare de lui, il voudrait communiquer à tous le courage et l'ardeur qui l'animent, faire comprendre à tous ce qu'il comprend, répandre sur tous la lumière qui l'inonde : tels sont les bons anges qui nous apportent sans cesse du ciel les trésors de la divinité, tels furent tous les saints.

Mais celui qui avec la foi a perdu l'espérance dans l'infini, celui qui ne compte plus que sur sa personnalité, dont il sent les limites, est nécessairement rempli de crainte; il devient tout d'un coup comme un homme qui se fiant sur la terre qui l'avait nourri, lui et sa famille, avait reçu jusque-là largement et généreusement; mais qui voyant sa terre frappée de stérilité, monte dans son grenier et calcule en lui-même combien de jours encore il pourra vivre.

Il a l'idée de l'infini et il est en face d'une forme finie qu'il regarde comme son unique bien; alors il est saisi d'un sentiment poignant de pauvreté; il couve avec inquiétude ce trésor si insuffisant, il lui semble à tout moment que l'être va se dérober sous lui. Aussi, non-seulement il ne cherche point à communiquer sa vie aux autres, mais s'il pouvait, il leur déroberait la leur; il est cupide. Non-seulement il n'est pas ardent pour communiquer ses lumières; mais voyant son intelligence pleine de doutes, il n'ose pas sonder sa pensée de peur d'en trouver le fond. De peur de douter de lui-même, de peur de voir sa pensée elle-même s'évanouir, il aime mieux laisser les choses pour ce qu'elles sont, il évite les discussions, il craint la vérité, il est menteur à lui-même et aux autres. Au lieu de se dilater en se donnant, il n'ose agir de peur de se perdre; esprit négatif, il ne sait plus édifier, il ne sait que détruire, tel est le démon.

L'homme mécontent de son être spirituel, descend dans son être sensible pour y trouver l'abondance qu'il n'a pas trouvé dans son intelligence, mais l'être sensible et tout ce qu'il possède est encore bien moins capable de satisfaire son idée de l'infini; aussi la même peur de le perdre s'empare de lui, il lui semble toujours que la terre va lui manquer sous les pieds, il environne tous ces biens sensibles qu'il possède, de verroux, de serrures, et pardessus tout de sa vigilance, afin que rien ne se perde, car le sentiment de sa pénurie le dévore et ne lui laisse point de repos. Son trésor est fermé à tous et son cœur encore plus fermé que son trésor, car c'est parce que le cœur est fermé que le trésor l'est aussi.

Voilà donc la filiation de l'avarice. L'homme par le manque de foi renonçant à l'infini tombe dans une pauvreté réelle, car il n'a pour répondre à l'idée de l'infini qui est un besoin sans limite, qu'un bien fini qui est sa propre personnalité. Un profond sentiment de sa pénurie s'empare donc de lui, et ce sentiment engendre à la fois le désir d'accumuler et la crainte de perdre. Or, la crainte empêche d'agir et ôte toute force à la liberté. Cette filiation a été saisie avec une grande sagacité par le poëte philosophe des latins, Horace.

Qui cupiet metuet quoque; porrò
Qui metuens vivit, liber mihi non erit unquam.

« L'homme cupide craindra aussi; or, celui qui vit dans la crainte ne sera jamais libre, à mon avis. »

Quand l'avarice atteint un certain degré, cette gêne d'action arrive à un ridicule qu'on ne pourrait croire, si on ne le voyait de ses yeux. On a vu de ces avares plus que millionnaires n'oser avoir de domestique, ni se loger, ni faire du feu, ni porter du linge, ni presque manger à leurs frais; ils étaient moins libres que l'homme au cachot.

Personne n'est plus loin du but qu'il veut atteindre que l'avare; il veut se rendre indépendant et personne n'est plus esclave que lui; il comptait en accumulant ses richesses se guérir de la crainte, apaiser l'inquiétude qui le dévore, mais sa peur et sa vigilance ne font qu'augmenter avec son or; il a cru éviter la pauvreté, et au milieu de ses biens, il se condamne lui-même à une pauvreté, à un dénuement, à des privations qui paraîtraient intolérables au dernier des mendiants. Enfin, il essaye quelquefois d'acquérir par ses richesses une importance sociale, une influence personnelle, mais toute grandeur est incompatible avec l'avarice, les hommes les plus grands par leur action sur les autres ont toujours été ceux qui savaient prodiguer l'or, Philippe, Alexandre, César. Crassus avec toutes ses richesses n'a été qu'un homme nul et sans influence, parce qu'il était avare les gouvernements cupides et méticuleux sont toujours trompés dans leurs calculs.

L'avarice soit spirituelle soit matérielle est donc le vice opposé à la force et au détachement vertu de la liberté, elle est la plaie spéciale de cette faculté.

§ VII. — *De la Paresse.*

Enfin les ténèbres s'étendent jusque sur le principe même de l'être, jusque sur la vie dont l'expansion a tout produit. L'espérance lui faisant pressentir sa propre infinité lui avait ouvert un champ sans limite, et lui avait prêté ses ailes pour le parcourir. Eh bien ! le mal coupe les ailes de l'espérance, arrête l'expansion de la vie, lui fait par là une blessure mortelle et la laisse gisante dans son propre sang.

En effet, l'égoïsme en concentrant l'homme en lui-même ne lui laisse d'autre appui que lui ; et cependant il conserve toujours cette idée de l'infini. Il essaie d'abord de la réaliser en lui-même et par lui-même, mais jusque-là il n'a marché que de ruine en ruine, il n'a pu réaliser ni l'excellence par l'orgueil, ni la béatitude par la volupté, ni l'indépendance par l'avarice, il n'a trouvé que doute dans son entendement, fausseté et injustice dans son intelligence, et dans sa mémoire privée des idées éternelles, mobile et changeante comme la matière et le temps, tout son être lui a paru vaciller et prêt à s'éteindre, comme une flamme qui tremble avant de mourir. Alors il sent son propre vide, son être lui apparaît comme un gouffre béant et sans fond, son impuissance l'accable ; triste et découragé il achève de se replier sur lui-même et se laisse aller jusqu'au fond de l'abîme, et le fond de l'abîme c'est le désespoir. Toute action cesse, l'être ne peut reculer plus loin.

Or, le désespoir n'est autre chose que celui des sept péchés capitaux qu'on appelle paresse, péché dont le nom latin est *tristitia*, tristesse. Ce serait donc se faire une fausse idée de la paresse que de la faire consister dans cette nonchalance corporelle qui frappe nos regards; cette nonchalance est un défaut purement animal, que nous devons combattre, mais ce n'est pas dans lui que gît la malice du péché. Celui qui, né avec un tempérament vif et sensible, désespère d'arriver jusqu'à Dieu, et use son temps dans un tourbillon de frivolités, est mille fois plus paresseux que celui qui, né avec une organisation molle et lâche, traîne comme il peut sa pesante nature dans le chemin du salut. Celui qui ne se décourage pas, quelque lentement qu'il aille, n'est point encore paresseux, celui qui entreprend témérairement et ne termine rien est souvent coupable de paresse. Être misanthrope, douter de la Providence, se livrer à la mélancolie, s'arrêter dès qu'on ne réussit pas dans une œuvre bonne, tout cela c'est de la paresse. Mais il est vrai de dire aussi que la paresse de l'âme rejaillit souvent jusque sur le corps, et que la langueur de la vie spirituelle semble éteindre jusqu'à la vie animale; du reste, il y aurait déjà paresse si la vie supérieure laissait l'autre telle qu'elle est naturellement, car l'activité animale n'est rien devant l'activité intelligente, surtout quand elle est exaltée par la foi.

Tout animal est paresseux en comparaison d'un esprit; l'animal n'a ordinairement qu'un but, c'est de trouver son aliment, une fois qu'il l'a, il se repose et il ne peut mieux faire; il faut que l'activité intelligente stimule sans cesse l'activité animale pour lui faire produire des actes humains. Lorsque l'intelligence, livrée au désespoir a perdu elle-même son activité, la vie animale qui n'est plus stimulée, retombe dans sa nature, et manifeste au dehors le désordre intérieur, mais ce n'est point dans ce qui paraît au dehors qu'est la malice, le péché capital est dans la nature spirituelle et son vrai nom c'est le désespoir.

Ce vice pas plus que les autres n'atteint son but, car pourquoi la paresse? L'âme fatiguée d'une action qu'elle croit inutile, veut trouver dans l'inaction, sinon le bonheur dont elle désespère, au moins la tranquillité et le repos; mais inutilement. Il n'y a point de paix pour elle, elle se plonge dans un supplice pire peut-être que les autres, ce supplice c'est l'ennui qui est le sentiment du vide.

Oui, l'ennui est un supplice; qui ne le redoute? Ce seul mot ne nous glace-t-il pas d'effroi? Est-il quelque chose de plus intolérable à l'homme? Ne fait-on pas pour l'éviter les plus grands sacrifices? N'est-ce pas là le but de presque toutes les actions des riches!

Il en est à qui rien ne semble manquer, que tous proclament heureux, et au milieu de leurs plaisirs et de leurs richesses, l'ennui les atteint et les ronge, et cela leur paraît si insupportable, que pour s'en délivrer ils vont jusqu'à sacrifier leur vie; ils se tuent en invoquant le néant. Folie! le néant est sourd. *Post equitem sedet atra cura,* ils emportent le supplice avec eux, parce qu'ils emportent leur âme et son ennui, leur désespoir n'a fait qu'y mettre le comble.

N'est-ce pas un triste spectacle de voir l'être ainsi défiguré et ruiné de fond en comble par le mal? Voyez-la, cette âme digne d'horreur et de pitié! abaissée par l'orgueil, n'ayant, au lieu de béatitude, qu'une discordance déchirante, plongée dans le doute, dans la rage de l'envie, dans la crainte continuelle de l'avare, dans l'inquiétude de l'irrésolution, et pardessus tout dans le vide affreux de l'ennui. Ne semble-t-il pas la voir seule, assise, repliée sur elle-même, la tête baissée, les mains tombantes, froide comme le tombeau, muette d'un silence éternel? Le cœur ne se serre-t-il pas à cette pensée? Le froid ne pénètre-t-il pas jusqu'à la moëlle des os? Et devant cette âme, reste cette terrible idée de l'infini que rien n'a pu effacer, et qui est là comme un reproche éternel, comme un problème insoluble, comme un aiguillon sans repos ; et au dedans, sous ce froid aspect, est encore tout entier cet être que Dieu avait donné, cette vie infinie qui est là, comprimée avec violence ! Quand la vie du corps se concentre sur un point, ce point s'enflamme et devient brûlant; la vie infinie, comprimée par le mal, brûle comme un feu dévorant, mais un feu sans lumière, un feu qui est en même temps ténèbres.

Lorsqu'une épouse, du temps qu'on brûlait les corps, ramassait les cendres de son jeune et bel époux, et qu'elle considérait dans le creux de sa main ce qui lui restait de celui qu'elle aimait. «Quoi ! disait-elle, voilà donc ce que sont devenus tant de jeunesse, tant de beauté, tant de vigueur et de force? Ces yeux si pleins de vie, ce front si noble, ce sourire si doux, ce cœur si tendre, cette âme si fière, tout est là dans ce monceau de cendre gris, sale et froid? Et alors il lui semblait que, dans sa tristesse, son cœur allait s'anéantir en elle-même.

Lorsque Marius était sur les ruines de Carthage, il lui sembla que son infortune s'était agrandie de l'immense infortune qui était devant ses yeux, en voyant ce qui restait de tant de gloire et de grandeur ; sa propre grandeur lui parut plus chancelante et plus caduque que jamais ; le désespoir toucha son cœur, et le sentiment qu'il éprouva en ce moment a retenti dans tous les siècles. Qui a pensé à Marius sur les ruines de Carthage, sans éprouver un serrement de cœur? Mais ni un corps, ni une ville, ni la terre, ni l'univers entier ne peut entrer en comparaison avec une âme intelligente qui a possédé, avec ses sept facultés, les richesses de l'être; et toutes les ruines ne sont rien au prix du spectacle désolant de la ruine d'une âme. Oh! ayez pitié des âmes perdues, et tendez-leur la main pour les relever; heureux toutes les fois que vous pourrez obtenir ce triomphe le plus glorieux de tous, ce triomphe qui met en fête tout le ciel.

Le nombre 7 nous a dévoilé maintenant une partie de ses nombreux mystères, et certes, il méritait bien nos recherches, car, par lui, nous avons mieux connu Dieu et l'homme, les œuvres de l'un et de l'autre, et leurs rapports mutuels.

Le nombre 7 nous a d'abord découvert toutes les richesses de l'être divin, trésor où tout puise. Dieu a imprimé le sceau de sa perfection dans la nature en mettant le nombre 7 dans les jours et les couleurs; mais la plus belle manifestation de ce nombre se trouve dans l'âme où Dieu en a déposé l'empreinte vivante. Tous les rapports entre Dieu aux sept attributs, et l'âme son image vivante aux sept facultés, ont dû refléter ce nombre mystérieux. Aussi les sacrements nous apparaissent comme les sept remèdes que le Sauveur nous a préparé avec son sang précieux; les dons du Saint-Esprit comme sept émanations qui descendent des attributs divins; les vertus comme sept aspirations de nos facultés vers l'infini, et les vices comme sept ruines qui renversent les sept colonnes de l'édifice du bonheur, et ne laissent après eux que désolation et ténèbres.

Ainsi, Dieu est le type de toutes ces échelles mystérieuses, l'âme humaine un centre autour duquel elles viennent se grouper; leur harmonie est parfaite; par leurs rapports, elles s'expliquent et se font comprendre les une les autres; leur lumière réjouit notre âme comme les sept couleurs charment nos regards, et leur harmonie est un concert qui ravit notre intelligence, comme celle des sons enchante notre oreille. Quand est-ce que nous pourrons les voir dans leur type même, dans cette source féconde où toutes ont puisé l'être? Quand pourrons-nous contempler en face l'échelle suprême, entendre l'harmonie divine elle-même, et nous énivrer de la perfection aux sept formes de l'être par excellence.

CHAPITRE XXXII.

DU NOMBRE DOUZE ET DU NOMBRE PAIR.

Le nombre 7 nous conduira à l'intelligence d'un nouveau nombre, c'est le nombre 12. Ce nombre renferme certainement un mystère, puisque Dieu le présente si souvent et de tant de manières à notre esprit. Il l'a écrit dès le commencement dans la nature par les 12 mois de l'année ; il en a rempli l'ancienne loi, où tout était divisé par 12, à cause des 12 tribus ; il l'a placé au commencement de la nouvelle dans les 12 apôtres ; il a voulu que l'élection de saint Mathias rétablît ce nombre sacré que la mort de Judas avait rompu. Enfin, la Nouvelle-Jérusalem, décrite dans l'Apocalipse de saint Jean, ce dernier chef-d'œuvre de Dieu, cette épouse de l'agneau en qui il semble mettre toute sa complaisance, est pleine du nombre 12. Elle le montre dans ses fondements, ses portes, ses inscriptions, sa longueur, sa largeur et sa hauteur.

Il faut donc que ce nombre soit en Dieu, voyons comment il y est.

Nous avons vu l'idée de l'être, d'abord s'épanouir comme d'elle-même en trois termes; puis arrivant à son dernier développement, elle arrive au nombre 7. Le nombre 7 est donc l'idée de l'être la plus complète possible.

L'idée du non-être se manifeste d'abord dans le nombre 2, et lorsqu'elle est arrivée à son entier développement, elle devient le nombre 5. Or, la lumière, c'est les deux idées de l'être et du non-être, en présence l'une de l'autre, ne faisant plus l'une et l'autre qu'une seule idée complète, par l'unité de leurs deux éléments; le nombre composé de 7, le plus grand développement de l'idée de l'être, et de 5 le plus grand développement de l'idée du non-être, représentera donc la lumière à son plus haut point, la lumière infinie telle qu'elle est en Dieu; 12 sera le nombre de l'Esprit saint. Il n'est donc pas étonnant que la Jérusalem céleste, qui est le royaume de la lumière divine, où la conscience humaine boira à longs traits dans la conscience divine; où toute harmonie créée sera réglée sur l'harmonie éternelle, soit toute mesurée sur le nombre 12, comme l'atteste saint Jean. La division des 12 mois de l'année présente une idée analogue; l'année, c'est l'unité, les mois la distinction; ce qui fait l'année, c'est le soleil, qui a été regardé par les philosophes comme l'image du positif et de l'immuable; ce qui fait les mois, c'est la lune qui a été regardée comme l'image du négatif et du variable. C'est donc encore le rapport du positif et du négatif qui, dans la nature, manifeste le nombre 12.

Les anciens philosophes ont toujours regardé le nombre pair comme négatif ou féminin; il est vrai que c'est le nombre 2, premier nombre pair, qui engendre la distinction, et nous sort de l'unité radicale. Toutefois, la distinction suppose l'unité; elle ne peut se manifester elle-même sans rappeler l'idée de l'unité; il me semble donc qu'il serait plus juste d'appeler le nombre pair nombre complet, parce qu'il renferme toujours en lui les deux éléments positifs et négatifs. Sous ce point de vue, tous les nombres, jusqu'à 10, seront faciles à comprendre. Ainsi, 1, c'est l'être dans son principe; ajoutez-y la distinction, vous avez deux; mais pour ramener ces deux termes à l'unité, il en faut un autre qui fait trois; trois détruisant la division, nous ramène à l'idée d'unité, et nous présente trois personnes en un seul Dieu. Mais si, dans ces trois personnes, nous manifestons de nouveau la distinction, si nous séparons les deux idées de l'être et du non-être, et si surtout nous considérons cette dernière comme réalisée à part par la création, nous retombons dans le nombre pair 4, c'est-à-dire dans le nombre complet qui exprime à la fois l'infini et le fini, Dieu et la création. Le nombre 5, tel que nous l'avons expliqué, est le seul nombre exclusivement négatif, n'exprimant rien autre que l'idée du non-être dans son développement, ou la matière sa réalisation, c'est donc encore un nombre incomplet; mais ajoutez à la matière aux 5 propriétés, la vie ou l'unité sans forme à elle, vous aurez le nombre 6, nombre de la vie réalisée exclusivement dans la vie animale; le nombre 6 nous présente encore et distinctement le positif et le négatif. Le nombre 7 est exclusivement positif; il représente l'idée de l'être dans tout son développement. 7 comme 3, c'est Dieu seul. Ajoutez-y un terme qui exprime le fini en tant que réalisé par la création, vous aurez 8 qui exprimera aussi Dieu et l'univers. Il y a de ce nombre 8 deux manifestations très connues, l'une dans l'ordre naturel, l'autre dans l'ordre mystique; ce sont les huit notes de l'octave musicale et les huit béatitudes. La gamme n'a, comme on le sait, que sept notes différentes, *ut*, *ré*, *mi*, *fa*, *sol*, *la*, *si*. Mais arrivée là, l'oreille n'est point satisfaite; elle demande quelque chose de plus; ce quelque chose n'est point substantiellement différent de ce qui précède, c'est un autre *ut*, c'est-à-dire une communication et une image de ce principe de vie qui a engendré toute la gamme; ce second *ut*, c'est la création. Une seule raison empêche de dire que la création soit éternelle et d'une nécessité absolue; mais cette seule raison est sans réplique, c'est que l'idée même de création étant relative, ne peut comporter l'absolu. La création est fondée sur la limite, le temps ou l'espace; le temps exclut l'éternité, l'espace exclut l'immensité, la limite exclut l'infinité, ou l'absolu; la nécessité de la création n'est donc pas absolue dans le sens métaphysique du mot; mais on sent que toutes les voix de l'être l'appellent, comme l'oreille appelle l'*ut* qui complète l'harmonie, et qu'elle ne pouvait manquer de répondre à cet appel. Si Dieu n'a pas fait la création éternelle, c'est qu'il ne le pouvait pas; une création éternelle serait un bâton sans bout, un temps qui ne serait pas temps, puisque l'idée de commencement est renfermée dans celle de temps; ce serait une absurdité. Or ce qui commence ne peut être nécessaire absolument; autrement, il faudrait admettre avant sa réalisation un défaut, une pauvreté éternelle dans l'être infini. Dieu ayant dans son idée du non être, l'idée du fini, cette idée appelait sa réalisation, mais avec tous les caractères de relatif, de contingent, de variable qui lui sont essentiels; la création était donc à la fois certaine et libre, convenable et non nécessaire; il n'en fallait pas plus pour assurer son existence.

Le nombre 8 se trouve encore dans les béatitudes proclamées par Jésus-Christ au commencement du sermon de la Montagne. Il promet aux hommes d'abord le royaume du ciel; puis, successivement, la terre, la miséricorde, la consolation, la vision de Dieu, le rassasiement et l'adoption divine; mais le dernier terme qui complète cette bienheureuse gamme n'est, comme dans l'échelle musicale, que la répétition du premier : la huitième béatitude comme la première est le royaume du ciel !

Le nombre 9 est encore un nombre exclusivement positif, représentant, comme nous l'avons vu, la sainteté, c'est-à-dire Dieu dans la plénitude de son être, et en même temps dans l'unité de la béatitude. Ajoutez à cette nouvelle et dernière expression de Dieu un terme qui exprime la création, vous aurez encore une fois dans un nombre pair le positif et le négatif. Mais ici le double sens du nombre est exprimé par le signe même que les hommes emploient pour l'écrire. Le chiffre 10 est composé de l'unité qui signifie l'être, et du 0 qui exprime le non-être; il renferme donc plus explicitement encore que le précédent, Dieu et la création, l'esprit et la matière; il est le *nec plus ultra* de l'intelligence humaine, qui compte tout par le nombre 10.

Enfin au-delà de la série humaine des nombres, par l'union de l'idée de l'être dans tout son développement, et de l'idée du non-être dans tout son développement aussi, c'est-à-dire par l'union de la sagesse infinie et de la justice ou de l'intelligence infinie, se réalise cette lumière incréée, cette harmonie éternelle qui sépare Dieu de tout être. Lumière dont nous n'atteindrons jamais le sommet, harmonie dont nous nous rapprocherons toute l'éternité, sans diminuer sa distance; béatitude où nous puiserons sans fin, sans jamais l'épuiser. Le nombre qui l'exprime c'est le 12 mystérieux, union du 7 et du 5, seul nombre où le positif et le négatif soient complets, car dans tous les autres un seul des deux termes était développé, l'autre ne se rendait que par une unité additionnelle.

CHAPITRE XXXIII.

DES BEAUX-ARTS.

Il est peu de question qui ait intéressé plus vivement les hommes que celle de l'art, car c'est la question pratique du beau, et le beau, comme on sait, est l'aliment du bonheur. Mais pourquoi y a-t-il plusieurs arts appelés beaux, et combien y en a-t-il? C'est ce qui n'a pas encore été déterminé avec précision.

« L'art, dit Lamennais, c'est manifester extérieurement « une idée préexistante, la revêtir d'une forme sensible. « Si les œuvres de l'art, dit-il encore, dépendent radica- « lement de la nature des choses et de leurs lois sur les- « quelles l'homme ne peut rien, elles dépendent encore de la « manière dont il sent et conçoit ces mêmes choses. L'ar- « tiste se manifeste donc individuellement dans son « œuvre. »

On conçoit que l'art ne subsiste qu'à deux conditions, et qu'il renferme essentiellement deux éléments, l'un spirituel, c'est l'idée; l'autre matériel, c'est la forme sensible, ou autrement l'art, comme l'homme est composé d'une âme et d'un corps. Mais quelle est cette âme de l'art? toute idée peut-elle lui donner la vie et le mouvement? Non. L'idée de l'être se présente à nous sous trois formes, une seule enfante l'art, l'idée négative, la formule scientifique, la distinction pure est en dehors de l'art; l'idée positive seule, insaisissable à l'intelligence, ne peut se traduire; mais l'idée harmonique est l'inspiration de l'artiste. Dans tous les cas, c'est toujours Dieu ou l'être qu'on traduit; c'est par la vie même qu'on traduit sa bonté; c'est par l'industrie qu'on l'exprime en tant que juste et utile; mais c'est comme beau que l'art le manifeste dans la matière. Le Saint-Esprit est l'âme de l'art proprement dit, de celui qu'on appelle beau.

Pourquoi y a-t-il plusieurs arts? Quel est le prisme qui brise l'unité du beau divin, et combien lui fait-il produire de nuances? Ce prisme c'est l'âme sensible; lorsque la lumière céleste pénètre jusqu'à elle, elle la remplit, et s'échappant ensuite par chacune de ses facultés, elle forme toutes les divisions de l'art; il y aura donc nécessairement autant de formes différentes dans l'art qu'il y a de facultés dans l'âme sensible.

Cependant le produit de ces facultés sensibles, n'est pas lui-même de l'art; elles ont toutes un produit naturel et spontané : ce produit c'est le corps de l'art, mais un corps comme celui que Dieu avait pétri du limon de la terre, et qui ne devint un homme que lorsqu'il lui eut soufflé une âme vivante; de même le produit spontané de la faculté animale n'est point l'art, il n'en est que le cadavre; mais que ce produit soit illuminé du beau infini et le reflète à nos yeux, alors apparaît l'art plein de vie et de grâce, l'art qui parle à nos cœurs, les enchaîne et leur fait pressentir le ciel.

Étudions donc chacune des facultés sensibles, et voyons quelle forme spéciale elles donnent à l'art.

La source la plus fréquente de l'art, c'est la faculté animale que nous avons appelée les sens. Les sens sont l'intelligence de l'animal, c'est-à-dire la faculté qui le met en rapport avec le non-moi matériel. Il y aura donc un art, si l'homme en reproduisant ce non-moi matériel, ou plutôt l'impression qu'il en éprouve, manifeste le beau. Mais cette faculté des sens est complexe puisqu'il y a cinq sens. Tous les sens sont-ils source de l'art et capables du beau ? Non. Ceux qui perçoivent directement une propriété négative de la matière, ne sentent point le beau ; le négatif n'est pas le beau. Il faut donc exclure d'abord le goût, l'odorat et le toucher, qui perçoivent directement la dissolubilité, la divisibilité et l'impénétrabilité. L'ouïe, qui n'apprécie l'inertie, propriété négative, que par son contraire positif qui est le mouvement, a le sentiment du beau. La musique sera-t-elle donc l'art correspondant aux sens ? Non. Car la musique est, il est vrai, perçue par les sens, mais elle n'est point produite par eux, elle n'exprime pas les impressions des sens ; ce n'est point dans la nature extérieure que l'homme a appris cet art divin ; il a pu entendre tous les bruits de la matière, tous les cris des animaux, tous les gazouillements des oiseaux, rien de tout cela n'a pu lui apprendre le chant ; lui seul chante parce que lui seul possède le mystère des sept notes de la gamme. Nous verrons ensuite de quelle faculté la musique est l'expression ; qu'il nous suffise maintenant de constater qu'elle ne l'est pas des sens. Après tout il faut bien que tous les arts, pour arriver à notre être sensible, passent par nos sens, puisqu'ils sont pour lui le seul moyen de communication extérieure. La poésie aussi passe par notre oreille et notre œil, et ni l'un ni l'autre n'en sont la source ; la foi pénètre en nous par l'ouïe, comme le dit saint Paul : « *Fides ex auditu.* » Mais l'ouïe n'est ni l'origine ni le modèle de la foi : il ne nous reste donc plus qu'un sens, celui de la vue, qui sera par conséquent un des canaux par où le beau infini prend une forme sensible. Ce sens est essentiellement capable du beau, puisqu'il perçoit la forme, qui est la limite entre la matière et l'esprit, entre la non-substance et la substance, entre le négatif et le positif, la forme qui a un côté dans l'ombre, l'autre dans la lumière. L'œil voit presque l'esprit, car la forme c'est l'empreinte de l'esprit sur la matière.

Nous avons vu, en parlant de la matière et des sens, que la forme se faisait sentir à l'œil sous un triple rapport nécessaire à sa notion complète, savoir : sous le rapport d'étendue, de forme et de couleur. Aussi, lorsque l'homme reproduira les impressions de ses sens, l'art se subdivisera en trois branches, l'une qui répondra spécialement à l'étendue, c'est l'architecture ; l'autre à la forme, c'est la sculpture ; la troisième enfin à la couleur, c'est la peinture : on regarde l'architecture, la sculpture et la peinture comme un seul art qu'on appelle plastique ; et en effet, elles sont la manifestation du beau par un seul moyen, la forme telle qu'elle affecte une seule faculté, qui est l'intelligence sensible, un seul sens, qui est la vue.

L'homme, par l'art plastique, réalise donc le sens qu'il a de la forme ; cependant toute réalisation du sens de la forme ne mérite pas le nom d'art, la faculté des sens a un produit naturel qui se retrouve jusque chez les animaux ; guidés par elle, les uns se creusent des terriers ; d'autres se construisent des maisons, d'autres des nids : tout cela n'est pas de l'art. Dans le travail même de l'homme, il y a toute l'industrie qui n'est point encore de l'art, l'art ne commence que lorsque l'homme veut imiter le beau qu'il a senti dans la forme; et la perfection de l'art dépend de deux choses : premièrement du degré où l'homme a compris le beau de la forme; secondement de la perfection matérielle avec laquelle il exprime sa conception.

Ces deux conditions répondent à ce que nous avons appelé l'âme et le corps de l'art. La première et la plus importante condition de l'artiste, c'est le sentiment qui découvre et reconnaît le beau là où il est, car il n'est pas partout. Quelques-uns, croyant faire honneur à Dieu, ont prétendu que toutes ses œuvres étaient également belles, et pouvaient être modèles de l'art : ils se sont trompés; dans le travail de Dieu, comme dans celui de l'homme, il y a le côté de l'industrie et celui de l'art; il y a dans les entrailles de la terre de sombres laboratoires où tout est sacrifié à l'utile; il y a des bêtes hideuses et des plantes pleines de venin qui sont chargées de purger la terre de ses miasmes nuisibles, et souvent Dieu, pour en éloigner l'homme, les a privées de ce beau qui l'attire.

Tout n'est donc pas également à imiter dans la nature; mais s'il est des objets exclusivement utiles et privés de la beauté, il en est d'autres où le Créateur a caché des trésors de grâces, et ce sont ces trésors que sait découvrir l'œil de l'artiste, car tout œil ne voit pas le beau où il est; l'œil stupide de l'animal ne le comprend nullement, celui du pâtre grossier en est à peine effleuré; le regard distrait et quelquefois obtus du négociant, du politique et du savant laisse passer mille beautés sans les voir; il y a même quelquefois une différence prodigieuse entre un artiste et un artiste. Il est des formes où Dieu a caché des richesses presque infinies de beauté : nul œil humain ne les comprend toutes ; le génie consiste à en voir davantage. Il y a bien des beautés qui s'étalent sous la lumière du soleil qui les éclaire, depuis la petite fleur qui se cache dans l'herbe, jusqu'à la rose qui se penche avec grâce, jusqu'au glacier qui élève dans les nues ses lignes fières et hardies ; depuis le papillon qui voltige sur les fleurs, jusqu'au coursier bondissant, jusqu'au lion à la majestueuse crinière ; mais le chef-d'œuvre de la création, c'est le corps et surtout la figure humaine. La beauté dont ils sont susceptibles, paraît sans limites ; aussi, quand le type de l'œuvre de Dieu n'a point été défiguré par le vice, quand la foi et la civilisation qui en est le fruit ont de génération en génération épuré et sanctifié ses formes, alors l'âme, d'un Raphaël, est ravie comme dans une extase ; elle voit dans cette beauté placée devant elle mille secrets de Dieu que nul autre œil n'y pourrait voir : dans ce moment, le souverain bonheur pour elle c'est de reproduire ces lignes si douces et si pures, cette pose si ravissante, ce mouvement si noble et si gracieux, ces teintes si harmonieuses, et c'est avec un amour inexprimable qu'elle rend ce qu'elle voit.

L'âme ravie du peintre éprouve quelquefois de cruelles douleurs lorsqu'elle sent la matière rebelle à ses ordres ; car il ne suffit pas de voir le beau, il faut encore, par une longue habitude, aidée d'une facilité naturelle, assouplir les doigts et les former à suivre le sentiment dans ses voies les plus merveilleuses.

Il en est qui ont une adresse prodigieuse dans les doigts, et qui sentent peu le beau ; ils se croient des hommes de génie, et ils se trompent ; le génie de la peinture est dans son âme, les œuvres de ces hommes médiocres sont sans vie.

Les sens sont la faculté qui fait communiquer l'être sensible avec le sensible qui est en dehors de lui; c'est une faculté négative qui reçoit et ne produit pas; toute sa perfection est passive et consiste à recevoir exactement ce qui est dans l'objet auquel elle s'applique; on conçoit donc, que, de tous les arts, la peinture soit le plus rigoureusement astreint à l'imitation. Le modèle du peintre est en dehors de lui; son génie ne consiste pas à inventer, mais à saisir. La perfection de son art ne peut être autre que celle de la faculté dont il prend la forme; or la perfection de la faculté, c'est de voir ce que les autres ne voient pas; mais, tandis que l'œil matériel saisit les formes matérielles, il y a un œil intérieur qui en saisit l'harmonie et la beauté; c'est cet œil qui est le génie; celui qui n'a point cet œil, croit que le peintre a inventé, et cependant il a vu. L'art ne reproduit pas la nature, mais l'impression que l'homme en reçoit; le daguerréotype n'est pas de l'art, parce qu'au lieu de reproduire la sensation, il reproduit la nature même. Il met dans le portrait plus de détails que l'homme n'en voit dans le modèle; traduisant scrupuleusement des rides que l'éloignement dissimule à la vue, il vieillit la figure; exprimant les moindres accidents de l'horizon d'un paysage, il lui ôte son fuyant et son caractère d'immensité. Regardez un paysage de Claude Lorrain de près, vous n'y pourrez rien comprendre, mais à la distance convenable il vous fera délicieusement rêver; le daguerréotype, vu à la loupe, vous amusera, mais, vu de loin, il restera froid.

Je place ici une observation générale, et applicable à chacun des beaux-arts. Quand je dis que les sens sont la faculté spéciale du peintre, je n'exclus point les autres; l'imagination, la sensibilité, la spontanéité, peuvent contribuer à la perfection d'un peintre ; mais elles ne le font qu'indirectement, car le but propre et spécial de la peinture, c'est de rendre le beau infini en tant qu'exprimé par la forme et perçu par les sens ; et le sentiment de la forme sera toujours la qualité fondamentale du peintre, et celle qui déterminera sa vocation.

Nous avons dit qu'aucun des bruits de la nature n'avait pu révéler le chant, et que par conséquent ce n'était point ce qu'il avait entendu que l'homme exprimait par la musique. Qu'exprime-t-il donc ? dans quel moule le beau infini a-t-il dû passer pour nous arriver sous la forme musicale? c'est ce qu'il faut chercher. La musique n'est qu'un perfectionnement de la voix. Lamennais a dit avec justesse que la voix était la manifestation du moi animal : le moi animal ou son individualité, c'est la conscience ; la conscience, c'est la lumière ; la lumière animale, c'est la sensibilité. La sensibilité est donc la faculté animale qui donne sa forme à la musique ; tout animal exprime sa sensibilité par ses cris. La conscience est le sens des rapports avec les autres êtres ; ces rapports sont ou agréables ou désagréables : c'est pourquoi la sensibilité se divise en joie et tristesse ; la joie et la tristesse, qui sont l'objet du cri, le sont aussi de la musique.

On comprend, je pense, que toute joie et toute tristesse ne peuvent être l'objet de la musique, mais qu'elles ne le sont qu'autant qu'elles affectent la sensibilité. Serait-ce en effet un beau motif de musique que le désappointement d'un vieux diplomate trompé dans ses calculs, ou la joie d'un mathématicien qui vient de résoudre un problème? non, certes. Mais la musique traduira à merveille les larmes qu'on répand sur la tombe d'une personne aimée, le retour dans la patrie, la gaîté des festins, les joies de la victoire, les cris de la vengeance, tous les transports, toutes les fureurs, toutes les extases de la passion, c'est-à-dire tous les états divers de l'âme sensible, relativement à la douleur et au plaisir, en un mot la sensibilité. Cependant la musique, en exprimant la sensibilité, ne devient un art et n'exprime le beau qu'autant que cette sensibilité se trouve illuminée par l'idée de l'infini, ou plutôt par la conscience intelligente qui la renferme : elle l'exprimera en un degré d'autant plus sublime que, d'un côté, cette conscience aura été élevée plus haut par la civilisation, fruit de la foi; et de l'autre, la sensibilité qui doit la refléter, sera plus exquise. La sensibilité des animaux ne s'élève point jusqu'au beau; aussi ils n'ont que le cri, et aucun ne s'élève spontanément jusqu'au chant; le chant ou la mélodie ne traduit qu'une sensibilité traversée par un rayon du beau infini, et mêlée pour ainsi dire à la conscience intelligente. La sensibilité, par cette illumination et ce mélange avec l'âme supérieure, devient pour la musique une mine riche, féconde, inépuisable même, si l'on pense que, par la sainteté, la perfectibilité de la conscience est indéfinie. Dans ce progrès, en effet, l'âme intelligente entraîne l'âme sensible avec elle; elle lui fait parcourir toutes les régions qu'elle parcourt elle-même, et développe sans cesse en elle de nouveaux sentiments, de nouveaux états. La musique aura donc ainsi toujours de nouveaux motifs.

Tantôt cette âme sera placée devant les beautés de la nature : à mesure que l'intelligence aura compris les harmonies de ces beautés, elle fera descendre sur l'âme la joie pure de la contemplation, et la musique s'élèvera calme, fraîche, pure comme une matinée de printemps.

Tantôt le besoin de l'infini se fera sentir à cet être intelligent qui le porte en son sein sans le savoir; il s'élancera avec la rapidité de la pensée; inquiet et agité, il parcourra le ciel et la terre pour trouver celui dont la puissante voix l'appelle; alors l'âme sensible se sentira comme emportée par une tempête, comme ballottée par d'impétueux tourbillons, et la musique sera tourmentée comme le cœur et grondera comme l'orage.

Quelquefois l'intelligence va frapper à la porte du mystère; alors s'ouvre devant elle un abîme obscur et sans fond : elle ne voit pas, mais elle sent qu'elle est en face de l'immensité, et dans les ténèbres qui l'environnent, il lui semble entrevoir des milliers de mondes insaisissables qui passent devant elle comme des ombres; le saisissement solennel qu'elle éprouve en cet instant se communique à l'âme, et l'âme exprime ce nouvel état par des sons étranges, mystérieux, insaisissables aussi, où le chant se dessine à peine, mais où l'harmonie est grande, sourde, profonde.

D'autres fois, l'âme sera saisie comme par une vision céleste, la beauté humaine se sera révélée à elle, et tout le reste de la nature aura pâli dans son souvenir. Elle aura compris pour la première fois l'harmonie des âmes; à travers le voile de la sensibilité, elle sentira percer quelque chose de la lumière éblouissante de l'amour qui voit tout. Alors une joie indicible l'inondera et débordera comme le parfum d'un vase précieux, et la musique trouvera des chants pleins de bonheur et de lumière, des notes resplendissantes comme la goutte de rosée aux feux du soleil.

Puis quelquefois la pensée se tourne toute vers la matière, sa lumière pâlit, l'idée de l'infini s'efface, et avec elle le chant; l'âme sensible, alors abandonnée à elle-même, redescend jusque vers l'animal, la voix humaine cherche à imiter le gazouillement de l'oiseau, et la musique ne parle plus qu'aux sens.

D'autres fois, au contraire, l'âme s'absorbe dans l'infini; on dirait alors qu'elle perd l'idée de temps et de mesure, et, comme si elle pressentait déjà l'éternité, elle fait entendre, en présence de Dieu qu'elle adore, ces notes larges et pleines qui calment les sens, endorment les passions, élèvent l'âme dans un autre monde, et semblent la bercer dans la contemplation de cette même éternité.

Cependant le sentiment religieux n'a pas qu'une forme, et la méditation de l'éternité n'est pas la seule. A mesure que la société pénétrera dans l'intelligence de la foi, à mesure qu'elle comprendra quelque chose de l'amour et des joies du ciel, de nouveaux chants et de nouveaux rhythmes deviendront nécessaires; mais on ne saurait satisfaire à de pareils besoins en transportant dans le lieu saint des musiques inspirées par la matière et faites pour des théâtres; il y a même bien des musiques que leurs auteurs ont cru faire religieuses, et qui le sont moins peut-être que celle des théâtres, car dans le théâtre même il y a quelquefois des morceaux d'une sainte inspiration; mais il est presque aussi difficile de les bien discerner que d'en composer de nouveaux.

Quoi qu'il en soit, la musique religieuse des temps futurs n'est pas faite, elle naîtra avec les besoins de la société, et elle ne sera irréprochable que lorsque le sacerdoce, au niveau de ses obligations, exprimera lui-même le sentiment profond qu'il doit avoir de Dieu, et qu'il a la mission de communiquer aux hommes.

C'est ainsi qu'avec les différents états de la sensibilité la musique change de caractère et d'expression. Mais un jour, cette âme sensible sera transportée au milieu des joies du ciel, l'intelligence aura à sa disposition toutes les richesses du Verbe, et l'âme sensible, entraînée avec elle dans l'éternelle investigation, éprouvera des délices dont rien jusque-là n'avait pu lui donner l'idée. Quels accents trouvera-t-elle alors pour exprimer ce nouvel état? quelles seront les harmonies qui déborderont de son bonheur? Nul ne peut le dire, heureux qui pourra l'entendre !

Deux choses font toute la musique : l'une positive, l'autre négative, l'une qui manifeste l'être et la vie, l'autre, l'intelligence ou la distinction ; ce sont la voix et le nombre. Le nombre est partout dans la musique, dans le système, dans la mesure, dans la progression diatonique de la gamme, dans les rapports numériques des vibrations qui constituent l'harmonie. L'union de ces deux objets produit la perfection et réalise l'art, de même qu'en Dieu l'union du positif et du négatif réalise le beau.

Trois sortes d'êtres se manifestent au sens de l'ouïe : l'homme, l'animal et la matière ; l'un a la voix sans le nombre, l'autre le nombre sans la voix ; l'autre a en même temps la voix et le nombre, et seul il peut s'élever jusqu'à l'art. Expliquons-nous. L'animal a la voix sans le nombre. Il faut remarquer que parmi les nombres de la musique, il en est de nécessaires et qui tiennent à l'essence même de la matière, tel est le nombre de vibrations qui correspond à un ton plus ou moins aigu ; il en est d'autres qui sont libres et spontanés, tel que dans le rhythme et la mesure. L'animal ne peut manifester son être par le moyen de la matière organisée qui lui est unie, sans que la matière, fidèle à sa loi, ne manifeste un nombre ; mais ce nombre n'a point sa cause dans l'animal qui n'en a nulle conscience, la voix seule, en tant qu'elle manifeste la vie, vient de lui. Or, il la jette sans mesure et sans chant, et se montre par là dépourvu d'intelligence.

La matière n'a point de voix parce qu'elle n'a point de

vie, mais lorsqu'elle est attaquée par un être vivant, elle lui renvoie le son qui est le rebondissement d'une vie étrangère. Ce son manifeste un nombre par ses vibrations; il est mesuré lui-même, et n'est point tantôt long, tantôt court, mais à chaque attaque égale il répondra avec une mesure égale; la matière a donc le nombre expression de l'intelligence, parce qu'elle est elle-même la manifestation de l'intelligence divine, mais elle n'a point de voix spontanée, parce qu'elle est sans vie, c'est-à-dire sans substance.

L'homme est vivant, il a la voix, et aux nombres nécessaires qui expriment l'intelligence, il ajoute les nombres volontaires du rhythme et de la mesure, qui expriment son intelligence à lui, et élèvent sa voix à la dignité de l'art. Par le rhythme, l'homme montre que, non-seulement il a la vie ou la substance, mais encore l'idée du non être et l'idée de l'être qui en est inséparable; et par la connaissance qu'il a des sept notes et de la double gamme, majeure et mineure, c'est-à-dire positive et négative, il montre que Dieu lui a fait connaître ses grands mystères, que toutes les vérités de l'ordre surnaturel sont ouvertes devant lui, et qu'il n'a d'autres limites que sa faiblesse naturelle ou son manque de foi.

Ainsi, quoique tous les beaux-arts ne soient que la manifestation du beau infini ou de l'Esprit-Saint, qui est l'harmonie éternelle, aucun ne le manifeste plus directement que celui de la musique, parceque, pour arriver jusqu'à nos sens, il ne traverse que les facultés qui lui correspondent, l'amour d'abord, qui est la lumière intelligente, puis la sensibilité qui est la lumière animale. Aussi voyons-nous les anciens prophètes se préparer par la musique à recevoir la lumière de l'Esprit-Saint, et le poëte anglais, guidé par un admirable instinct de la nature des choses, a dit cette parole célèbre : « Il fait nuit dans l'âme où il n'y a point de musique. »

C'est encore le nombre qui élève à la dignité d'art une autre faculté de l'homme, la spontanéité. La spontanéité, qui est la manifestation de la vie, a un produit naturel, qui est le mouvement. Introduisez dans le mouvement, expression de la vie, le nombre, expression de l'intelligence, vous aurez un art, à la forme harmonique comme celui qui précède, vous aurez la danse.

On comprend bien qu'il faut prendre ici ce mot dans son acception la plus étendue ; il faut comprendre dans la danse tout mouvement rhythmé, quel qu'il soit, par conséquent toutes les évolutions militaires et toutes les cérémonies religieuses.

Les mouvements spontanés du corps sont la manifestation extérieure de la vie animale, impressionnée par la sensibilité. Mais lorsque la sensibilité est éclairée par une lumière supérieure, elle la reflète dans la vie, le mouvement alors exprime quelque chose de l'infini ; aussi les mouvements du corps sont-ils un indice certain de ce qui est au dedans, et Virgile fait reconnaître la Divinité même à la démarche : « *Et vera incessu patuit dea* : » sa démarche me révéla la déesse. Il y a une grâce infinie dans tous les mouvements d'une personne jeune, belle, douce et pure ; cependant ce n'est pas encore de l'art, car on ne regarde comme art que ce qui est volontaire et calculé, en un mot fait avec conscience.

La philosophie et l'art sont la même chose dans deux ordres divers : ils expriment tous les deux l'équation actuelle entre l'idée de l'être et du non-être, entre l'entendement et l'intelligence, entre la foi et la science. La philosophie est cette équation dans sa forme primitive et purement spirituelle; l'art est cette équation traduite dans l'ordre sensible. Lorsqu'il y a seulement science dans l'ordre spirituel, il y a seulement industrie dans l'ordre sensible; lorsqu'il y a seulement foi dans l'ordre spirituel, c'est-à-dire idée de l'infini et confiance dans cette idée, mais tout cela instinctif et sans conscience distincte, il y a, dans l'ordre sensible, ingénuité, aisance, grâce naturelle. Mais quand l'homme, non-seulement agrandit son intelligence, mais encore, saisissant le rapport qui doit l'unir à son entendement, développe l'équation de l'idée de l'être et de celle du non-être, équation qui est la lumière et la vraie formule de sa puissance, de sa valeur et de son bonheur, alors il entre dans la voie du véritable progrès; il grandit tout son être à la fois, c'est la plus sublime conquête de l'homme. La science est une conquête incomplète parce qu'elle est négative, la foi est un don de Dieu et une promesse plutôt qu'une réalité, la philosophie est la réalisation de la foi. Par la philosophie, l'homme entre en jouissance progressive du domaine de l'infini qui lui est ouvert par la foi; par la philosophie, l'homme brise l'écorce du mystère et conquiert le fruit de la vérité; il commence sur la terre l'œuvre que continueront les élus pendant l'éternité. La conquête qui, dans l'ordre sensible, correspond à celle-là, c'est celle de l'art. L'industrie, comme la science, n'est qu'une conquête incomplète, qui ne répond point à l'être sensible tout entier, ce n'est qu'un corps sans vie. D'un autre côté, les grâces les plus vives, les plus doux accents de la voix, les plus brillants éclats d'imagination, lorsqu'ils sont purement spontanés, sont sans mérite en nous, nous ne les possédons pas; ce sont des dons que la nature, le Dieu de la sensibilité, nous prête et nous retire. Mais lorsque l'homme, ayant saisi l'harmonie qui se trouve entre l'industrie et la vie, la réalise par l'art, alors ce n'est plus par hasard qu'il produit et manifeste le beau, mais parce qu'il le veut et comme il le veut ; cette manifestation est bien son œuvre, c'est sa création, c'est sa gloire.

Il faudra donc ajouter un mot à la définition que nous avons donné de l'art et dire qu'il est la manifestation sensible et *volontaire* du beau infini.

C'est la lumière qui dans l'être donne sa forme à la liberté, c'est la sensibilité qui dans l'animal la donne à la spontanéité, et comme c'est par la musique que la sensibilité se manifeste comme art, la musique règlera la forme de la danse ; aussi la danse est-elle inséparable de la musique, elle revêt tous ses caractères et prend toutes ses formes.

Elle exprime, comme la musique, tantôt la joie naïve de l'innocence, tantôt l'enthousiasme guerrier, tantôt la douleur funèbre, tantôt les extases de l'amour ; comme elle, elle peut se séparer de l'idée de l'infini, redescendre jusqu'au tour de force et arriver même jusqu'à la lubricité animale. Mais aussi elle saura comme la musique s'élever jusqu'à la pensée religieuse, et l'on sait que toutes les religions ont eu leurs danses sacrées.

Il est dans la danse deux formes dignes de remarque. La danse primitive c'est la ronde, c'est là la danse naturelle ; elle exprime parfaitement l'esprit humain qui, sans le stimulant de la foi, tourne dans le cercle de sa propre pensée. La révélation, en plaçant devant l'intelligence un but infiniment éloigné dont elle doit se rapprocher sans cesse, a changé son état, et le christianisme, pour exprimer cet état, a adopté comme danse sacrée, la procession qui est la danse du progrès indéfini; l'idée de progrès indéfini appelle l'idée d'éternité; aussi la danse chrétienne, comme la musique chrétienne, paraît presque oublier le temps et la mesure, et faisant correspondre la lenteur de ses pas aux notes pleines du chant religieux, semble s'avancer dans l'éternité.

Lorsque l'Église est enivrée par la présence de son Dieu qui marche avec elle, de douces et gracieuses pensées viennent se mêler à la grande pensée de l'éternité; elle semble alors préluder aux joies du ciel, et nous montre des enfants au front pur, couronnés de fleurs et revêtus d'or et de lin blanc, mêlant aux balancements réguliers de l'encensoir les cascades odorantes de leurs fleurs.

Dans le ciel la danse suivra les développements de la musique et acquerra une perfection dont rien ne peut donner l'idée; c'est la palme du martyre à la main, et la couronne des vierges sur la tête, que les bienheureux, au son des harpes d'or des Séraphins, exécuteront ces ravissantes évolutions dont saint Jean semble avoir entrevu quelque chose dans son Apocalypse.

De toutes les facultés de l'âme sensible, la plus pauvre dans l'animal et la plus riche dans l'homme, c'est bien l'imagination; c'est pourquoi les produits de l'imagination chez l'animal sont difficiles à observer; on pourrait dire cependant qu'on doit attribuer chez eux à cette faculté tout ce qui vient, non d'une sensation présente, mais d'un souvenir: la plainte d'un chien qui a perdu son maître, la peur d'un animal à la vue d'un objet qui lui a été nuisible, etc. Mais les richesses de l'imagination de l'homme sont si supérieures qu'elle nous paraît en lui une faculté toute différente. Il est même des philosophes qui l'ont regardée comme une faculté de l'âme supérieure.

L'imagination renferme d'abord toutes les autres facultés sensibles à l'état de souvenir, car sans elle toutes les sensations seraient comme le sillon fugitif du vaisseau sur la mer, qui ne laisse point de trace de lui-même. Toutes les impressions que l'homme reçoit par la peur, toutes les émotions de la sensibilité viennent se graver dans l'imagination et y acquièrent une permanence quelquefois indestructible. Mais ce qui place l'imagination à toute sa hauteur, ce sont ses rapports intimes avec l'intelligence et la mémoire; c'est dans l'imagination que les deux âmes se touchent de plus près et semblent se confondre. Nous savons en effet que, dans l'état où nous sommes, nous ne saurions penser sans revêtir notre pensée d'une image; cette image s'identifie tellement avec la pensée que nous ne les distinguons plus l'une de l'autre. L'imagination renferme ainsi, dans l'image qui en est devenue inséparable, tout le trésor de la pensée humaine; c'est elle qui possède l'inappréciable talisman du langage.

On conçoit donc que, lorsque le rayon du beau infini viendra éclairer cette riche faculté, lorsque la mémoire, lui communiquant son unité, manifestera les nombreuses harmonies qui unissent entre elles toutes ces images, et ramènera cette inépuisable variété à un seul tout, on verra apparaître l'art le plus varié, le plus riche, le plus élevé; cet art c'est la poésie.

Encore ici, nous prenons le mot dans son sens le plus étendu, nous admettons qu'il y a des vers sans poésie et des proses poétiques.

Ce qui précède nous fera comprendre les caractères fondamentaux de la poésie. La forme essentielle de la poésie c'est l'image ou plutôt l'harmonie des images. L'imagination les réunissant toutes et les étalant pour ainsi dire, comme le marchand ses richesses, donne à la pensée le loisir de voir tous les rapports qui les unissent;

alors par une aimable confusion elle donne à l'une le nom de l'autre, à l'être spirituel le nom de l'être matériel qui lui correspond, à l'être raisonnable le nom de l'animal qui lui ressemble; elle donne par là deux idées jumelles dans un seul mot, et manifeste ainsi leur harmonie. C'est là ce qu'on appelle le langage figuré qui est celui de la poésie.

Dans ce vers, si poétique, écrit par Lamartine,

« Mon cœur me l'avait dit, toute âme est sœur d'une âme, »

on voit d'abord l'inspiration intérieure comparée au langage d'un ami qui nous confie un secret; puis, ces deux âmes qui doivent s'unir apparaissent sous la gracieuse image de deux jeunes filles qui, sous l'œil de leur commune mère, partagent les mêmes peines et les mêmes plaisirs, et enlacent leurs bras pour se donner le baiser de l'amitié. Otez ces figures et mettez à la place, *j'avais deviné que les âmes ont besoin de s'unir*. La vérité reste, mais la poésie disparaît.

L'imagination n'est ni la sensation, ni la sensibilité, ni la pensée, mais la permanence de tout cela, elle est le souvenir sensible, et, comme nous l'avons déjà dit, elle est, par là même, l'espoir et la prévision, qui sont le reflet du souvenir. Elle ne copie pas l'impression actuelle des sens, comme la peinture; elle ne fait pas éclater au dehors l'émotion actuelle de la sensibilité comme la musique, mais elle reproduit les images qui en sont restées dans son souvenir, et celles qui se forment dans sa prévision. Or, il est rare que ces images demeurent parfaitement conformes à l'objet; elles se transforment peu à peu, elles prennent des dimensions colossales ou imperceptibles. Le guerrier dont on a eu peur devient un géant; celle qu'on aime prend pendant l'absence les traits d'une divinité; le bienfait et l'injure oubliée se changent en un point presqu'invisible; les objets surtout que nous ne connaissons que par ouï-dire, et que nous habillons d'images, comme on dit au juger, ceux que nous conjecturons dans l'avenir et qui n'ont d'autre mesure que nos fantaisies et nos passions, s'éloignent beaucoup de la réalité; c'est alors qu'on écrit la fable du cyclope et la légende de saint Christophe, c'est alors que Virgile nous dépeint ce nouvel âge d'or où la ronce doit porter des raisins, toute terre produire tout fruit, et où la toison de l'agneau s'embellira d'elle-même des plus riches couleurs.

Le poëte n'est donc pas tenu à la même fidélité que le peintre. il lui est même impossible de décrire avec la même exactitude; aussi a-t-on pardonné de tout temps aux brillants mensonges des poëtes: et après tout, ces mensonges n'en sont pas, car ce n'est pas la réalité qui est l'objet direct du poëte, mais l'impression qui lui en est restée; et toute les fois qu'il aura donné avec naïveté ce qui s'est passé dans son imagination, il aura toute la vérité qu'on peut attendre de lui. Il n'y a de faux que les poëtes maniérés, qui font de l'esprit et suivent les règles de la mode plus que l'inspiration. Toutefois si l'imagination est le modèle que doit copier le poëte, ce modèle lui-même peut être plus ou moins parfait, et sa perfection c'est la vérité. L'imagination qui, inondée de toutes les lumières d'une haute intelligence, d'une raison supérieure, et surtout d'une foi profonde et d'un amour sans bornes, est délivrée de tous les fantômes qui se jouent devant les autres, ne voit plus que les beautés de la nature dans toute leur naïveté; elle comprend dans ces beautés la vraie pensée du Créateur; en un mot elle voit comme Dieu, et cette imagination est la plus belle. Voilà pourquoi tout disparaît devant la beauté des simples récits de Moïse et de l'Évangile. Le poëte doit donc travailler toute sa vie à mettre son imagination dans le vrai et dans le beau, et c'est par la foi unie à la science qu'il atteindra ce but; mais au moment d'écrire, il doit s'abandonner à l'inspiration et reproduire, telles que, les images qui sont en lui.

La poésie reproduit les émotions de la sensibilité, mais c'est surtout comme souvenir; le moment même de l'émotion, surtout lorsqu'elle arrive à un certain degré, n'est pas celui du poëte. Absorbé par la jouissance ou la douleur, l'homme n'a pas le loisir de combiner des mots et des phrases, il ne s'exprime plus que par des sons inarticulés. Quand saint François d'Assise, arrivé à la fin de son brûlant cantique de l'amour, se sentait ravi comme dans une extase, il n'a plus trouvé de langage pour exprimer ce qu'il sentait et il a terminé par des mots qui n'ont plus de sens. Dans ce moment il avait dépassé les bornes de la poésie, la musique seule aurait pu achever son œuvre.

Ainsi la poésie, tout en résumant en elle la musique et la peinture, ne peut atteindre aussi loin qu'elles dans leur spécialité; mais d'un autre côté, quelle supériorité n'a-t-elle pas sur elles par son union avec la parole? La parole est pour elle la clef d'or, rien ne lui est fermé, point de hauteur où elle ne puisse atteindre; elle peut monter jusque dans les régions de la philosophie, parcourir librement tout le domaine des sciences, et embrasser de ses nobles étreintes l'idée tout entière de l'infini. Malheureusement, avec la science du bien, elle a celle du mal; elle peut descendre, et descendre jusqu'au fond de l'abîme, elle peut oublier l'infini et se prostituer à la matière, se souiller de toutes les ordures et infecter les âmes qu'elle touche. Oh! mille fois malheur au poëte infidèle à sa sublime mission, car il doit être le grand-prêtre du beau, c'est lui qui est son principal médiateur entre les deux natures intelligente et sensible.

La poésie est imparfaite parmi nous, parce que l'imagination, comme la terre, a été maudite dans le péché de l'homme; c'est pourquoi le poëte est obligé de la cultiver à la sueur de son front, pour arracher des fruits à son avarice. Mais au ciel, débarrassée de la matière grossière et éclairée de la lumière divine, l'imagination n'offrira plus ni fausseté, ni résistance ; la poésie alors débordera sans fin de notre âme, elle deviendra notre seul langage.

Le propre de la vie c'est de se donner; elle ne peut donner à une autre vie autre chose que sa forme et sa lumière; une vie ne peut donner à une autre vie que ce par quoi elle est autre; s'il n'y a qu'une substance, il n'y a au fond qu'une vie; une vie n'est autre d'une vie que par sa forme et sa lumière; donner sa forme et sa lumière, c'est transformer les autres en soi, les entraîner dans sa propre direction, et les conduire vers le but où l'on tend.

Figurez-vous un groupe d'hommes désœuvrés ; faites arriver au milieu de ce groupe un homme en qui la vie déborde ; bientôt il aura communiqué son activité à tout ce groupe dont il sera devenu l'âme, et l'on dira qu'il y a répandu la vie. Tout ceci n'est encore que spontané ; mais lorsque l'homme emploie cette vie sensible qui est en lui pour communiquer, non les impressions de ses sens et de sa sensibilité, mais pour faire passer dans les autres âmes la forme de sa pensée, la lumière de sa conviction, la direction de sa volonté, il crée un nouvel art, c'est celui de l'orateur.

L'éloquence, c'est donc la volonté intelligente tendant vers le beau infini, et se communiquant à d'autres volontés, c'est-à-dire les entraînant avec elle par l'action de l'âme sensible.

L'âme ou la vie est le principe de toutes les facultés : toutes sont sorties d'elle et lui appartiennent ; aussi l'art oratoire les met toutes à contribution. Voyez l'orateur, il emploie toutes les richesses de la poésie dans son style, les ressources de la danse dans son geste, le charme de la musique dans sa voix ; son front et son regard animé sont comme un tableau vivant où ceux qui ne peuvent plus l'entendre lisent encore sa pensée. Cependant l'art oratoire n'est lui-même aucun de ces arts, car quel est le but de l'art oratoire? est-ce de charmer les regards comme la peinture, ou de réaliser son activité en elle-même comme la danse? est-ce d'émouvoir délicieusement l'âme comme la musique ? est-ce de reproduire comme la poésie toutes les richesses de la nature et de l'âme, et d'en étaler le magnifique spectacle pour charmer les loisirs de la vie? Non, il y a pour l'orateur un autre but qui est spécialement le sien, c'est de faire passer sa volonté dans la volonté de ceux qui l'écoutent, et de la transformer en la sienne.

Toute manière de faire passer sa volonté n'est pas de l'art oratoire ; les paroles par lesquelles l'homme d'état communique ses ordres précis, le commandement absolu du général qui donne le signal du mouvement, tout cela n'est pas de l'art. Il faut que la volonté passe par l'âme et y prenne une vie sensible ; c'est pourquoi la qualité essentielle à l'orateur, et essentielle à lui seul, c'est la chaleur ; il n'y a pas de véritable orateur, froid ; il faut qu'il enflamme son auditoire pour l'entraîner, il faut que sa vie déborde avec puissance, et l'embrasse tout entier ; il faut en un mot qu'il y mette de l'âme. Il a une manière de s'exprimer, un style à lui ; il dit les mêmes choses qu'un philosophe et qu'un poëte, mais il ne les dit pas de même ; ses fréquentes exclamations, ses interrogations pressantes sont comme autant d'élans de son âme pour s'échapper au dehors, comme des traits qui s'élancent sans cesse de sa vie sensible, et tombent à flots sur l'auditoire ébranlé.

L'orateur a peu à faire dans une académie où on l'écoute avec l'intelligence, et ce n'est pas à de froids savants qu'il doit s'adresser; mais mettez-le en face du peuple, chez qui la vie sensible est dominante, c'est alors qu'il fera des prodiges et obtiendra ses vrais triomphes. Vous aurez alors Périclès tonnant à la tribune, Démosthène électrisant le peuple frivole d'Athènes, Cicéron foudroyant Catilina, Mirabeau dominant un peuple en fureur; vous aurez le missionnaire rappelant les populations à leurs devoirs oubliés, vous aurez O'Connell agitant l'Irlande de sa voix toute puissante.

On peut faire de magnifiques discours sans être orateur; ces discours seront des chefs-d'œuvre de philosophie ou de poésie, mais il n'y a lieu à l'art oratoire, proprement dit, qu'autant qu'il s'agit d'ébranler les âmes et d'entraîner les volontés.

L'art oratoire est à la fois le plus puissant, le plus utile et le plus dangereux; il est le plus puissant, parce qu'il est le plus vivant, et qu'avec l'instrument de la parole il pénètre jusque dans les régions supérieures de l'intelligence; il est le plus utile et le plus dangereux, parce que concluant directement à la pratique, selon qu'il pousse au bien ou au mal, il entraîne l'homme dans des destinées heureuses ou funestes. L'éloquence de Luther a troublé toute l'Église, l'éloquence des apôtres a régénéré le monde; c'est par l'éloquence que l'Église entretient dans la société la vie de la foi.

Voilà donc les cinq arts qui correspondent aux cinq facultés permanentes de l'être sensible; mais comme nous l'avons déjà dit, si chacune de ces facultés enfante un des beaux-arts, elles ne sont pourtant point en cela isolées les unes des autres, elles se prêtent, au contraire, un mutuel appui; l'imagination, la sensibilité, la spontanéité aident aussi le peintre, on peut mettre de l'âme dans la poésie et la musique; mais tous ces secours sont indirects, c'est toujours la faculté spéciale qui donne sa forme à l'art, quels que soient d'ailleurs les facultés aidantes; le peintre rend l'impression actuelle de ses sens, le danseur les élans de sa spontanéité, le poète les formes de son imagination, le musicien l'inspiration de sa sensibilité, et l'orateur l'expansion et le mouvement de sa vie.

Ces facultés sensibles ne font que déterminer la forme de l'art, elles n'en sont point la vie; nous le répétons, pour que l'art soit à sa hauteur et mérite le nom de beau, il faut que la faculté sensible ne soit que le voile transparent à travers lequel le beau absolu ou l'infini fasse pénétrer sa lumière. Voilà le seul but digne de l'artiste, et l'art pour l'art, ainsi que le culte du laid, sont une absurdité, une défection, un crime semblable à celui de l'idolâtrie qui n'est autre chose que le culte de la matière. L'idolâtrie est donc le grand danger de l'artiste; tandis qu'il pétrit la matière entre ses mains, il oublie d'élever son regard en haut, et s'absorbe dans cette matière qui est, par elle-même, sans vie et sans beauté. La matière trouve dans chaque classe d'artistes des faibles par où elle les entraîne; le peintre se laisse séduire par la forme, et sa plus grande tentation est l'amour sensuel; le musicien cherche des émotions qui excitent sa sensibilité, et s'il est grossier il les cherche quelquefois dans l'ivresse.

L'imagination du poëte enfante des passions où le sentiment joue le grand rôle; il est peu de poëtes qui n'aient un nom accolé aux leurs propres, et ceux qui n'en ont qu'un sont les plus grands et les plus beaux; cette passion, qui est quelquefois un piége pour le poëte, d'autres fois devient un grand bien pour lui; cela arrive surtout lorsque les circonstances, telles que la mort ou une impossibilité quelconque, lui ôtent ses conditions matérielles, et réduisent l'idole du poëte à ne plus vivre que dans son imagination ; alors elle entraîne le poëte avec elle hors de la réalité matérielle, la beauté n'est plus pour lui que le reflet de l'infini, elle devient la source féconde de ses inspirations, et comme la Béatrice du Dante, elle lui ouvre les portes du ciel.

Le danger d'idolâtrie qui accompagne les arts avait engagé Platon à bannir les poëtes de sa république-modèle, qui, après tout, n'était aussi qu'un poëme. Gardons-nous bien d'en faire autant. Quelque funestes que soient ses écarts, la mission de l'art est si grande dans le monde, qu'il faut le conserver avec soin et l'encourager autant que nous le pourrons, tout en nous efforçant de le purifier; car il sera grand devant Dieu et devant les hommes, celui qui emploiera sa vie à ramener l'art vers la source dont il n'aurait jamais dû s'écarter.

L'art est le complément indispensable de tout ce qui a quelque relation avec l'homme, tout œuvre sans l'art est une œuvre incomplète. En effet, tout œuvre parfaite doit satisfaire l'homme tout entier ; or, l'homme est composé de deux parties, l'une intelligente et l'autre sensible. L'art pour l'art ne s'adresse qu'aux sens; d'un autre côté, la vérité sans l'art, quelque belle et profonde qu'elle soit, laisse une moitié de l'homme sans aliment, et se montre par là même insuffisante. Le monde savant qui aime et comprend la science pure, n'est qu'un petit monde à part; mais le véritable monde, celui qui remplit la terre, c'est un monde qui vit surtout par la partie sensible, son intelligence est inaccessible à la science pure, elle est enfermée dans le milieu de son être comme dans une forteresse, et on ne peut l'atteindre sans passer par une de ces facultés sensibles dont l'art seul a la clef. De là vient que bien des écrits profonds sont restés presque sans fruits. Mais regardez l'Évangile ! quel livre renferme plus d'idées? non pas de ces idées négatives et de pure distinction qui sont le domaine spécial de la science, mais de ces idées positives qui manifestent l'être, et qui font toute la supériorité de la philosophie sur la science? La prééminence de l'Évangile sous ce rapport est si grande, que c'est sur son fond d'idées que le monde a vécu depuis lui. Cependant dans cet Évangile si profond, si riche en idées, tout aussi est poésie, tout est image, tout est sentiment; aussi a-t-il été fait à la fois pour les grands et les petits, pour les savants et pour le peuple, et son influence sur la société a été plus grande que celle de tous les autres livres ensemble. L'Évangile restera à jamais le chef-d'œuvre des chefs-d'œuvre, et l'on y reconnaîtra toujours la main du Très-Haut.

Outre les cinq facultés permanentes, nous avons reconnu dans l'âme une sixième faculté qui ne l'était pas, c'est l'amour sensible. Cette faculté qui complète l'être auquel elle appartient, qui résume en elle toutes les autres, est la reine de ses facultés; aussi c'est vers elle comme vers leur fin qu'elles tendent toutes, et elle est l'objet le plus fréquent de leur activité; c'est presque toujours l'amour que reproduit le peintre, que chante le musicien, que célèbre le poëte; il en a toujours été ainsi, il en sera toujours de même.

La poésie ne peut se passer de l'amour, la Bible même en est pleine; qu'on se rappelle Jacob et Rachel, Ruth et

Booz, Esther et Assuérus, le Cantique des cantiques; tous les prophètes représentent Israël et Juda comme des épouses infidèles, et les menacent de l'amour irrité de Dieu leur époux; la grande poésie du mysticisme chrétien, c'est d'appeler Dieu l'époux de nos âmes, et de considérer les mystères de la grâce comme un saint hymen. Après tout, l'amour sensible est la fin de l'être sensible, et ce n'est que par l'idée de cette fin sensible que l'homme peut arriver à comprendre la fin spirituelle et surnaturelle. Vouloir empêcher que les arts s'occupent de l'amour, c'est donc une entreprise non-seulement injuste, mais encore complétement inutile; certains moralistes y ont perdu bien du temps, et on le perd toutes les fois qu'on sort du vrai. Que faut-il donc faire? il faut diriger tous ses efforts à purifier et élever l'amour sensible de plus en plus, en faisant sentir aux hommes son beau côté, celui qui est le plus proche de l'esprit, et non celui qui regarde la matière, en engageant les artistes à peindre le sentiment et non la sensualité; il faut faire comprendre aux hommes qu'il y a un amour et une béatitude suprême, dont tout ce qui est sensible ne saurait approcher, que l'amour suprême doit dominer et régler l'autre, et que tous les amours de la terre, lorsqu'ils sont séparés de l'amour divin et de la loi de Dieu, perdent leur poésie et se couvrent d'épines qui déchirent sans pitié; que la lumière seule de cet amour suprême peut rendre l'amour sensible pur et chaste, et que la pureté seule peut rendre ce dernier vraiment doux. On a perdu une infinité d'âmes en faisant regarder le mot *amour* comme un mot infernal, il n'en pouvait être autrement; rendre inconciliable les deux fins de l'homme, c'est établir une guerre interminable et bannir la paix du monde; c'est jeter hors de la voie tous ceux en qui la nature inférieure a une grande influence, et froisser durement ceux qui ont l'énergie d'en faire un plein sacrifice. Ce n'est point là le vrai langage de la Foi; la Foi au contraire nous fait connaître les rapports qui existent entre les deux natures, elle nous apprend à établir l'harmonie entre elles, en les plaçant dans un ordre convenable, en subordonnant l'une à l'autre sans en détruire aucune.

Il reste à savoir si cette sixième faculté ne sera pas comme les autres la forme d'un art spécial. Que faut-il pour cela? il faut qu'elle ait un produit naturel et que le beau infini puisse pénétrer dans ce produit et se manifester par lui. Voyons si l'amour sensible possède ces deux conditions.

Dans tous les arts, l'homme reproduit, par un objet matériel, l'image de l'une de ses facultés, et tout le secret de l'art, comme nous l'avons vu, c'est d'y exprimer le beau infini; mais avant d'arriver à l'objet matériel, le beau doit traverser d'abord l'âme intelligente, puis la faculté sensible qui, illuminée par lui, arrive au sommet de la perfection; et c'est de la faculté sensible qu'il passe immédiatement dans l'objet matériel.

L'art est donc une espèce d'incarnation de l'âme; l'homme qui fait une œuvre, fait passer quelque chose de lui dans la matière; comme Pygmalion, il voudrait y faire passer toute son âme et la rendre vivante. Efforts impuissants, il ne fait qu'une image, parfaite si l'on veut, qui quelquefois même peut faire illusion, mais image sans vie. Pourquoi cela? parce que l'homme sensible n'est qu'une moitié d'être, qui n'est point encore arrivé à l'apogée de sa puissance; mais qu'il reconstitue par l'amour l'unité brisée de son être, alors ce ne sera plus seulement une image morte qu'il reproduira, mais une image vivante; dans la plénitude de son être il reproduira son être même, il y aura un homme de plus dans le monde. Pouvoir admirable! résultat sublime! chef-d'œuvre de l'homme dans l'ordre naturel! œuvre qui ne le cède à aucune qu'à celle infiniment plus belle de multiplier sans division l'âme intelligente, en reconstituant son unité dans le sein même de Dieu.

L'amour sensible a donc une des conditions nécessaires pour constituer un art, il produit une œuvre matérielle et la plus parfaite de toutes. L'autre condition ne peut lui manquer, car pourquoi l'œuvre la plus parfaite serait-elle moins propre que les autres à manifester le beau infini? elle doit donc le manifester, et par les mêmes moyens que les autres; c'est-à-dire que la lumière divine doit descendre d'abord dans la faculté spirituelle, de là dans la faculté sensible, puis dans l'œuvre qui la reproduit. Mais ici l'homme éprouve une grande difficulté; l'âme animale n'ayant d'autre forme que la matière, la forme de ses facultés dépend de la matière; de là il suit que ses facultés dans cette reproduction matérielle d'elle-même ne peuvent se transformer sans transformer la matière, et nous savons combien depuis le péché originel cette matière qui est notre corps est rebelle à notre volonté; il faut donc quelquefois de longs efforts pour faire pénétrer la lumière divine dans notre être sensible; il a fallu à saint François-de-Sales dix-huit ans d'une lutte continuelle pour détruire un défaut de caractère; plusieurs saints ont lutté toute leur vie sans pouvoir se réformer entièrement. Cette ténacité de la matière, vu la malice des hommes, a quelquefois un bon côté, car on a vu des âmes que rien ne saurait nommer, qui, ayant reçu les plus beaux dons de la nature, ont passé leur vie à les traîner dans la boue sans pouvoir en effacer entièrement la beauté.

Il en sera donc de ce dernier art comme des autres, ses

conditions et ses règles seront les mêmes. Comme le poëte reproduit son imagination avec le beau infini qui a pu y pénétrer, comme le musicien exprime sa sensibilité, cet être double qu'on appelle du même nom, époux, se reproduira tout entier dans son œuvre, et l'enfant sera la moyenne de ses parents.

Remarquons cependant que Dieu n'a pas tout abandonné au caprice de l'homme, et qu'il s'est réservé la plus importante part. Dieu seul forme l'âme raisonnable, l'homme lui prépare seulement son palais qui est le corps, forme de l'âme sensible; mais l'œuvre comme art appartient à l'homme, puisque toute la partie sensible vient de lui, et que c'est dans le sensible que repose l'art en tant qu'exécution; et certes la part de l'homme est bien grande aussi, car est-il indifférent à cette âme immortelle, qui sort pure des mains de Dieu, de tomber dans une nature viciée et déjà accoutumée d'avance au mal, ou bien dans une nature toute sanctifiée? L'âme est toujours libre, je le sais, elle peut lutter, elle peut remonter, mais quel bonheur de trouver le chemin à moitié fait! quel malheur de naître au fond du précipice et d'avoir tout à remonter! Or, la naissance des hommes nous présente de pareilles alternatives, ne dit-on pas qu'un enfant est bien ou mal né? Quelle différence entre ces petits anges à la blonde auréole et au doux sourire, qui vous font rêver au ciel, et ces petits monstres qui semblent dès leur naissance destinés au gibet.

C'est en vain que vous maudissez vos enfants et que vous accusez le hasard; pères et mères, frappez vos poitrines et écoutez cette sentence de l'Esprit-saint: « *Ex iniquis somniis filii qui nascuntur testes sunt nequitiæ adversus parentes* : Les enfants nés dans le sommeil coupable sont des témoins d'iniquité contre leurs parents » (Sap. 6.) Quoi!

vous êtes bas, grossiers, égoïstes, et vous voudriez produire cette générosité que vous n'avez pas? Vous êtes sans foi, sans règle, sans justice, tout plongés dans la matière, et vous voudriez avoir des enfants obéissants, probes et purs? « Cueille-t-on jamais, dit Jésus-Christ, des raisins sur des épines et des figues sur des chardons? *Numquid colligunt de spinis uvas aut de tribulis ficus?* » Je sais bien que vous n'êtes pas responsable de la mauvaise volonté de vos enfants, mais tout le monde sait distinguer entre le vice de la volonté et les défauts naturels; or, ceux-ci vous appartiennent et ils vous accusent. Oui, il y a un art dans la reproduction de soi-même, un art difficile, mais un art sublime, car il n'est point autre que la sainteté, la sainteté qui par l'union avec Dieu remplit l'âme de la lumière divine, et faisant pénétrer cette lumière dans l'âme sensible et le corps, la fait briller ensuite jusque dans l'œuvre produite.

Regardez cette jeune fille qui a su conserver jusqu'au bout le lys de son innocence, que ses plus doux souvenirs ramènent au pied des autels, qui a formé son âme par la constance dans le travail, qui a exercé son cœur à soulager les misères et à consoler les douleurs qui étaient sous sa main. Voyez ce jeune homme au cœur ardent et généreux, et à la foi profonde, que l'injustice révolte et dont tout ce qui est grand enflamme les nobles instincts. Voyez-les tous les deux se préparer au jour de leurs noces par le recueillement et la prière, comme on se prépare à une ordination. Ils ont compris la beauté de leur mission, ils ont senti la grandeur et la difficulté de l'art; soyez sûr que bientôt la maison sera peuplée de petits anges, que leurs enfants seront de vrais chefs-d'œuvre, et que les bienheureuses âmes que Dieu enverra habiter ces corps, lorsque viendra le moment de choisir entre le bien et le mal, se trouveront déjà à moitié dans le ciel. *O quam pulchra casta generatio.* (Sap. 4.)

Plus l'âme est détachée de la matière, plus elle est élevée et perdue en Dieu, plus l'œuvre est belle. Il faut quelquefois des larmes pour éteindre le feu grossier de la chair, il faut une longue et fervente prière pour arriver jusqu'à la sublimité. L'histoire nous fournit une foule d'exemples de ces êtres privilégiés que nous avons coutume de regarder presque comme divins, et qui ont été les enfants des larmes et de la prière. N'est-ce pas de Sara morte dans sa chair, comme elle le dit elle-même, et éprouvée par une longue douleur, que naquit Isaac, l'enfant de la promesse, et l'ami de Dieu ? Que de larmes n'a pas répandues Rachel, avant d'avoir Joseph et Benjamin, les deux anges de la maison ? Voyez la pauvre Anne sangloter dans le temple et prier avec tant d'ardeur qu'elle attire l'attention du grand prêtre Héli ; l'enfant de ses prières sera Samuel, le prophète et le sauveur de son peuple. Il fut encore l'enfant de la vieillesse et de la prière ce Jean-Baptiste appelé par Jésus-Christ le plus grand des enfants des femmes. La vie des Saints nous offre une foule de traits pareils.

Il faut pourtant l'avouer, souvent un homme seul ne peut pas tout faire ; il y a des natures tellement viciées qu'il faut plusieurs générations de vertus et d'études pour les ramener à la beauté morale et intellectuelle. D'ailleurs il reste toujours à faire, la perfection ici n'a point de terme assigné ; la perfectibilité, même sensible, peut donc être indéfinie, chacun pouvant par sa volonté libre se perfectionner soi-même et laisser à ses enfants quelque perfection de plus que celles qu'il a reçues de ses pères ;

ainsi l'art dans son ensemble n'est plus un art individuel, il est éminemment l'art social.

Écoutez donc, peuples et nations, écoutez et comprenez. *L'homme engendre son semblable.* Si donc vous aimez votre pays, si vous voulez que votre nation soit la première entre les nations, si vous aimez la société tout entière, et si vous désirez la voir heureuse, faites-vous bons par une longue pratique de la vertu, afin que vos enfants soient encore meilleurs que vous. Vous vous plaignez de ce que les galères s'encombrent, de ce que les crimes pullulent, de ce que le vice dévore la jeunesse. Dites-moi, qu'avez-vous fait de la sainteté du mariage? L'Église vous en prêchait les devoirs sévères; elle vous forçait, avant de le contracter, de purifier votre âme par la pénitence et de revenir à la sainteté perdue; elle vous pressait de recevoir le pain des anges; elle environnait votre union des pompes de la religion, elle la bénissait au pied de l'autel, devant l'agneau sans tache, en présence du sang répandu sur la croix, sous les parfums de ce vin qui fait germer les vierges; tout cela pour élever votre âme en haut et l'empêcher de s'absorber dans la matière. En faisant cela elle faisait immensément pour le bonheur des peuples et pour le progrès de la société; n'eût-elle fait que cela elle eût mérité à jamais la reconnaissance du monde. Eh bien, l'avez-vous compris ce bienfait? Quelle est la part de Dieu dans vos unions de calcul, d'ambition et de plaisir; vos unions sans prières, sans vertu, sans amour? N'allez-vous pas jusqu'à refuser la sanction divine? Compulsez les registres des églises d'une grande ville et comptez tous les mariages qui n'y sont pas... Et vous vous étonnez que l'art social au lieu d'enfanter des chefs-d'œuvre produise des monstres!

Sachez donc que lorsque l'Église vous dit d'être saints,

c'est-à-dire humbles, chastes, sobres, désintéressés, justes, patients et surtout pleins de foi, d'espérance et de charité, ce ne sont point là des paroles en l'air, des paroles de l'autre monde comme vous les appelez; mais qu'à ces paroles que vous méprisez sont attachés votre bonheur, celui de vos enfants, l'honneur de votre famille, le remède aux misères des peuples, la paix, la prospérité des nations et le progrès du monde. Malheureux! en refusant de l'écouter vous empoisonnez les sources mêmes de la société. Oh! quand donc comprendrez-vous enfin vos véritables intérêts? quand prendrez-vous le seul vrai moyen de satisfaire le désir immense que vous avez de vous glorifier dans vos enfants? Si tous le comprenaient, dans cent ans d'ici, la terre se verrait couverte d'une génération belle et neuve, qui ramènerait l'âge d'or, et les anges eux-mêmes seraient ravis d'admiration devant les chefs-d'œuvre de l'art humain par excellence, de l'art complet, de l'art vivant, de l'art social.

Dieu qui, connaissant la puissance de l'art sur l'homme, a dépassé toute poésie humaine dans la Bible et l'Évangile, a voulu employer aussi l'art vivant pour agir sur l'homme, et son chef-d'œuvre laisse à une distance infinie toute œuvre humaine. Il l'avait promis d'avance lorsqu'il disait: «*In funiculis Adam traham eos*. Je les attirerai par les liens d'Adam,» c'est-à-dire de la nature humaine. Qu'est-ce en effet que Jésus-Christ sinon le chef-d'œuvre de l'art divin, la plus sublime manifestation sensible de la Divinité? C'est par là que Dieu a attiré l'homme, sur qui le témoignage des sens a une si grande force, car il a pu dire avec saint Jean: «*Ce que nous avons entendu, ce que nous avons vu de nos yeux, ce que nous avons examiné, ce que nos mains ont touché du Verbe de vie, cette vie qui a été ma-*

nifestée, nous l'avons vue, nous l'attestons, nous vous l'annonçons comme la vie éternelle, qui était dans le sein du Père et qui nous a apparu. »

Cela n'a pas suffi à Dieu, il a voulu réaliser l'art sous toutes ses formes, et dans une seconde réalisation, il a fait quelque chose de plus près encore du cœur de l'homme. A côté de la figure de Jésus-Christ, il a placé la douce et suave figure de Marie, vierge et mère, pleine de grâce, fleur de beauté, parfum d'amour, effusion de douceur, de bonté et de miséricorde. Aussi, n'est-ce pas elle qui enlève tous les cœurs? N'est-elle pas la poésie intime de tous et la principale ressource du pauvre peuple, à qui sont interdites les hautes régions de la métaphysique? Et le savant lui-même peut-il se soutenir avec sa seule intelligence; n'y a-t-il pas une partie de lui-même qui languit dans les plus sublimes régions, et ne lui faut-il pas aussi un point d'appui pour son cœur sensible? Ce point d'appui qui se présente le premier, et par où il pourra arriver aux autres, c'est Marie. Aussi ôtez de compte tous les cœurs qui sont rattachés à Dieu par Marie, et vous serez épouvanté du vide qui se fera. Dieu est le but, mais c'est par Jésus-Christ, le médiateur, que nous pouvons tendre à Dieu, et c'est par Marie, comme par une pente douce et pleine d'attrait, que nous arrivons à Jésus-Christ, montant toujours du plus négatif au plus positif. Sans Marie, l'art divin serait incomplet; elle est la première arche du pont qui conduit nos cœurs dans les régions surnaturelles. Ils ont donc bien peu connu le cœur de l'homme ceux qui l'ont retranchée de leur culte, et ils portent dans leur stérilité et leur sécheresse la peine de leur faute.

Mais l'art social n'a point terminé son œuvre à la naissance de l'enfant. Lorsque le peintre a ébauché son tableau, il faut, pour le conduire à la perfection, qu'il le refasse presqu'entièrement ; lorsque le poëte a, d'un premier jet, enfanté son poëme, il faut que d'une main patiente il le polisse d'un bout à l'autre ; telle est la condition de tout ce qui participe à la matière, elle communique sa divisibilité à tout ce qu'elle touche. Nous avons déjà vu la faculté des sens se diviser en cinq sens ; l'art plastique se partager en trois branches principales, architecture, sculpture et peinture ; la musique est vocale et instrumentale, et elle exige deux opérations, la composition et l'exécution. L'amour, qui, comme toutes les facultés de l'âme sensible, est informé par la matière, a une forme très complexe dont l'amour conjugal n'est qu'une face spéciale. On est souvent tenté de confondre les divers sentiments qui appartiennent à l'amour, et ce qui favorise cette confusion, c'est que l'amitié et l'amour sont souvent simultanés ; mais il y a cependant un caractère très distinctif qui les sépare et en fait deux choses de nature différente. L'amitié c'est le sentiment de l'harmonie, et l'amour le sentiment de l'unité. Ainsi l'amitié voit non-seulement le rapport, mais la différence, elle est préoccupée du beau plus que du bonheur ; l'amour voudrait s'identifier avec ce qu'il aime et se sent attiré vers lui par le pressentiment du bonheur. L'amitié s'arrange très bien de l'égalité parfaite et peut se trouver entre deux êtres complets ; l'amour ne se trouve jamais qu'entre deux êtres relativement positifs et négatifs, et qui se complètent en quelque sens. Outre l'amitié spirituelle entre les intelligences dont nous avons parlé ailleurs, il y a une amitié sensible entre les âmes, elle fait des compagnons de jeux, de table ou d'amusement ; mais l'amour aime son objet en lui-même et pour en jouir.

Le premier embranchement qui sort de la tige de l'amour

sensible, c'est l'amour maternel, qui prend l'enfant à sa naissance, et, avec une douceur dont il est seul capable, donne la première façon à cette œuvre si tendre et si délicate. Le sentiment de la mère pour son enfant n'est point une amitié, c'est un amour sensible qui ne le cède à aucun en énergie et en profondeur. Rien de plus intime que les premiers rapports de l'enfant avec la mère : il se nourrit d'elle, elle s'absorbe en lui, ils ne font qu'un seul tout ; et cependant c'est entièrement différent de l'amour des époux : dans l'amour maternel, c'est la mère qui est positive relativement à l'enfant. Dans tout amour il y a multiplication ou dilatation de l'être, et c'est toujours le positif qui multiplie, dilate ou féconde le négatif ; mais cette fécondation ne produit pas toujours un troisième terme distinct ; dans l'esprit, la multiplication ne sort pas de l'unité ; et dans le sensible, l'amour seul des époux produit une multiplication individuelle. L'amour de la mère développe l'enfant : cela est matériellement et visiblement vrai tant qu'elle le nourrit ; mais n'a-t-elle d'influence sur son développement que par la nourriture que lui fournit son lait ? je suis loin de le croire. Certes, les tendres embrassements d'une mère ne sont point de purs mouvements sans résultat ; il se fait par eux une continuelle émanation de la mère, qui environne l'enfant comme une atmosphère bienfaisante où il puise la vie et le bien-être. On a peu réfléchi jusqu'à présent à l'existence de ce corps fluide dont nous avons parlé, organisation parfaite renfermée dans une plus grossière, comme le fruit dans son écorce ; cependant ce corps fluide prend à nos actions une part bien plus fréquente et bien plus grande que nous ne le pensons. Il est des faits dont lui seul peut rendre raison, et sans lui un très grand nombre de rapports entre les hommes seraient inexplicables. Qui expliquera, par exemple, la fascination du regard? dira-t-on qu'elle est l'œuvre de l'intelligence et de la volonté? pourquoi alors ne l'éprouve-t-on qu'en présence du corps? et d'un autre côté, comment pourra-t-on l'attribuer au corps, puisque le corps ne touche en aucune manière? Il faut donc qu'il y ait un agent qui soit en même temps invisible et impalpable, et en même temps sujet à l'espace, c'est-à-dire matériel; le corps fluide répond à toutes ces conditions. Pourquoi encore ce pressentiment qui vous glace quelquefois involontairement à l'approche d'un homme qui a sur vous de sinistres desseins? pourquoi ce frisson de plaisir que fait éprouver la proximité de quelqu'un qu'on aime vivement? Il y aurait mille questions à faire, toutes insolubles sans le corps fluide. Le corps fluide de l'enfant a besoin de grandir aussi; c'est son embonpoint, si l'on peut parler ainsi, qui fait toute la supériorité d'une volonté animale sur une autre, et nul doute que les émanations de la mère, qui aime, ne provoquent puissamment son accroissement.

Dans les premiers temps, l'enfant est à peine distinct de sa mère, il a toute sa vie en elle, il semble une fleur sur sa plante; mais à mesure qu'il grandit, il se détache d'elle et s'individualise, il tombe alors sous une autre influence plus puissante et plus énergique, qui est pour lui comme une atmosphère plus active, comme une nourriture plus forte. Après l'amour de la mère vient l'amour du père, à qui la nature a confié le soin de continuer et d'achever l'œuvre commencée. La mère a formé l'enfant, le père doit former l'homme. Cette œuvre importante se divise en deux branches principales : il faut élever l'esprit jusqu'à la science et former le cœur à la vertu; ce sont là les deux branches de l'enseignement, qui sont l'instruction et l'éducation.

Nous sommes en présence de la plus noble fonction des parents, car la noblesse d'une fonction dépend de la perfection de l'œuvre ; or, si l'amour conjugal donne naissance à l'enfant, c'est l'amour maternel et paternel qui élève cet enfant à la perfection ; c'est par eux que la révélation divine et ses conséquences se perpétuent dans le monde, et avec elles la sainteté et le progrès. Mais il y a dans l'enseignement deux côtés à considérer : le côté spirituel, par lequel les hommes imitent la fonction des anges ; celui-là n'est pas de notre sujet ; et le côté sensible : c'est celui qu'il nous faut examiner. Quelle part a le sensible dans l'instruction et l'éducation ? elle est plus grande qu'on ne pense. Et d'abord rien ne paraît plus exclusivement intellectuel que l'instruction, qui est la transmission de la science, de la pensée de l'homme et même du Verbe éternel qui se donne par la foi. Cependant cette transmission exige des conditions matérielles ; nous ne pouvons posséder la pensée sans en imprimer les traces dans notre cerveau, et le stylet avec lequel notre âme grave ces traces, c'est cette matière impondérable, ce corps fluide dont la puissance nous est si nécessaire, puisque c'est par son moyen que nous dominons notre propre corps. Lorsque l'homme, par son travail, a acquis toute sa force, il suffit de laisser échapper la vérité pour qu'il la saisisse, il suffit de la lui énoncer pour l'instruire ; mais lorsque nous nous adressons à l'enfant dont les deux organisations sont faibles, il n'est point indifférent de lui aider et de soutenir les premiers pas de son attention, comme la nourrice soutient les premiers pas de son corps. Le cœur qui aime, se fait toujours mieux comprendre, parce qu'il sort de lui un torrent de vie qui vous soulève, vous épargne une partie de la peine, et augmente vos forces ; c'est pourquoi il y aura toujours une grande différence entre les instructions vivantes qu'on entend sur les genoux paternels, et le froid enseignement qui sort de la bouche de l'indifférent et de l'étranger. Ce qui est vrai de l'instruction, est mille fois plus vrai de l'éducation ou de la formation à la vertu. Nous n'avons d'autre obstacle à la science que notre faiblesse; nous avons de la peine à avancer assez vite, mais nous ne sommes point entraînés vers l'ignorance par un charme séducteur. Combien la difficulté s'agrandit quand il s'agit de la vertu! La vertu c'est la tendance à la fin surnaturelle, et nous avons un corps qui depuis le péché tend de toutes ses forces à la fin naturelle qui est le plaisir; nous avons donc à vaincre, non-seulement une faiblesse, une inertie, mais un entraînement contraire. Il faut que l'âme, par le moyen du fluide, arrache le corps à cet entraînement, transforme ses goûts, change ses habitudes, et lui apprenne à la suivre vers la fin surnaturelle.

Lorsque le corps de l'homme est entièrement formé, il est bien tard pour entreprendre cette œuvre difficile; l'homme qui commence alors seulement à tendre vers le bien, doit s'attendre à une lutte acharnée, dans laquelle il n'obtiendra rien que par la violence. Le chef-d'œuvre de l'éducation, c'est de s'emparer de l'organisation encore tendre et flexible, et de la réformer avant qu'elle ait pris son pli. Mais comment agir sur cette organisation de l'enfant? Lorsque le père et la mère l'ont produit à leur image, ils ne peuvent pas la pétrir de nouveau avec leurs doigts pour lui donner cette forme plus parfaite dont ils ignorent les secrets. On peut s'adresser à la raison naissante de l'enfant, mais c'est une grande illusion de compter beaucoup là-dessus; cette ressource est nulle dans la première enfance, bien faible jusqu'à un certain âge, et ce n'est qu'au moment où l'œuvre de l'éducation doit être presque finie, que la raison devient une puissante ressource. Il nous reste donc pour principal agent de l'éducation, cette influence mystérieuse de l'amour et de la volonté qui, tout en s'aidant de la crainte d'un côté, et de la raison de l'autre, agit directement et lève les plus grands obstacles. On a dit mille fois que l'enfant suçait la foi et la vertu avec le lait de sa mère, que l'exemple était une exhortation infiniment plus efficace que la parole; on sait que la cohabitation d'une personne éminemment vertueuse porte à la vertu, que celle de l'homme vicieux augmente le penchant au mal, et si les hommes ont pu remarquer cela, on peut dire que l'enfant bien plus faible et plus impressionnable éprouve cette influence d'une manière quelquefois irrésistible. C'est donc la plus grande de toutes les illusions de vouloir persuader à des enfants de pratiquer la vertu, quand soi-même on n'y croit ni on ne la pratique. L'homme vicieux et incrédule, lors même qu'il parle de vertu, ne porte qu'au vice, parce que sa présence seule projette une atmosphère empoisonnée qui flétrit les âmes. Au reste, de nos jours, la société a reçu à ce sujet une leçon solennelle.

Ceux qui gouvernent la France ont voulu organiser un corps enseignant fondé sur la seule science, indépendamment de la foi et de l'amour : quels ont été les résultats? La science des maîtres de l'Université n'a pu suppléer au vice fondamental ; l'instruction, proportion gardée des talents des maîtres, y a été moins féconde et moins générale que dans les écoles religieuses, parce qu'il y a eu presque toujours haine entre les élèves et les maîtres ; aussi on lui a porté à ce sujet des défis qu'elle n'a pas acceptés. Quant à l'éducation, elle y a été plus que nulle, elle a été destructive ; l'influence seule de la famille a pu conserver la vertu dans le cœur d'un certain nombre et c'était presque toujours parmi les externes; qu'on somme l'Université de produire des hommes actuellement croyants et vertueux, qui attestent qu'ils ont puisé la foi et la vertu dans son sein et par son influence : je doute qu'elle trouve autre chose que des exceptions, que le plus souvent on doit attribuer au hasard plus qu'à elle. On a cru que l'éducation passerait par-dessus le marché, erreur grossière! L'éducation est beaucoup plus importante et infiniment plus difficile que l'instruction, l'éducation a été appelée à juste titre par saint Grégoire: « L'art des arts, *Ars artium, regimen animarum.* » Et la sainteté seule en possède tous les secrets. Il ne suffit donc pas d'un parlage de vertus et de froides maximes de morale, il faut un langage vivant. On ne peut réussir parfaitement avec une honnêteté ordinaire ou avec l'indifférence, il faut un zèle ardent, un zèle paternel ou apostolique; il faut de plus que rien ne vienne contrarier cette opération délicate qui est le *grand œuvre* de l'ordre moral, il faut que l'enfant vive tout entier dans une atmosphère de sainteté. L'Université a-t-elle pourvu à tout cela? Loin de là, l'incrédulité ou du moins l'indifférence y domine, l'amour y est rare et les hommes de foi en bien petit nombre; l'Université est donc, par son organisation même, incapable d'éducation; le seul point où elle pourrait primer, sa vraie spécialité, serait de conserver le dépôt des hautes sciences et d'en communiquer le trésor aux hommes déjà formés, et à l'intelligence desquels il suffit de parler. Quant au reste, jamais elle ne soutiendra la concurrence, on peut le lui prédire, et elle ne comptera ses combats que par ses défaites. L'Université n'est qu'une intelligence, elle n'a point de cœur.

Eh bien! pères et mères, avez-vous compris? Il faut donc

vous le dire encore une fois, vos enfants sont méchants, frappez vos poitrines, car le plus souvent c'est votre faute. Qu'avez-vous fait pour vous-mêmes de la foi et des mœurs ? Quoi! vous-mêmes vous ne croyez pas, vous n'aimez pas la vertu et vous croyez que vos paroles la feront aimer? Mais ne voyez-vous pas qu'à mesure qu'il sort une parole de votre bouche qui dit oui, il en sort une autre plus puissante de votre cœur qui dit non? et c'est toujours celle-là que croira l'enfant. Oui, sachez-le bien, c'est peu avec la bouche, mais beaucoup avec le cœur qu'on fait l'éducation; faites-vous donc un cœur bon et saint, et vous élèverez bien vos enfants.

Il est vrai que la plupart des pères n'ont pas le loisir d'achever eux-mêmes l'éducation de leurs fils, mais c'est le même cœur qui élève, qui doit choisir celui qui doit le remplacer. L'œil de celui qui aime, dit La Fontaine, est le plus clairvoyant de tous, c'est l'œil jaloux. Le père qui aime avant tout la vertu, examine assez attentivement pour ne point se laisser tromper, et la plupart de ceux qui sont dupes ont mérité de l'être.

L'amour maternel et paternel ne sont pas les seules fleurs de l'amour sensible; l'amour fraternel en est une aussi, il n'est qu'un diminutif de l'amour paternel; les effets en sont les mêmes. La haine des frères est une chose odieuse et funeste, leur union est la prospérité des familles, la sainteté des frères est un aide puissant pour la vertu. Cet amour est en réalité un amour sensible, quoique son union avec l'amitié qui lui est presque toujours simultanée le fasse souvent confondre avec elle.

Il se présente maintenant dans les branches de l'amour sensible un amour curieux à observer, difficile à bien comprendre et qu'on a appelé platonique, parce que Platon a essayé d'en donner une théorie. Cet amour consiste en un attachement tendre, inspiré par la beauté ou quelque charme naturel, mais sans aucune considération des sexes. L'adolescence en est le plus souvent l'objet. L'enfant n'a point de sexe, il est en cela négatif relativement à l'homme formé; lorsqu'il est arrivé pur à son adolescence, il porte sur toute sa personne une splendeur virginale qui ressemble à la beauté de la fleur, et lorsqu'une nature plus positive se trouve en contact avec lui, il s'opère entre eux une attraction qui est le caractère propre de l'amour d'unité. Voilà le fait. Mais qu'en penser? cet amour n'est-il qu'une pure illusion? peut-il avoir un but? C'est ce qu'il est important de savoir.

Voyons d'abord en quels termes Platon exprime son opinion. Dans le magnifique discours qu'il fait tenir à Socrate, par la prêtresse Diotime, après avoir dit que l'amour était la production dans la beauté, il ajoute: « Ceux qui « sont féconds selon le corps, préfèrent s'adresser aux fem- « mes... mais ceux qui sont féconds selon l'esprit... re- « cherchent le sexe masculin... c'est par grandeur d'âme, « par générosité de nature et virilité, qu'ils aiment leurs « semblables; la preuve en est qu'avec le temps ils se mon- « trent plus propres que les autres à servir la chose pu- « blique... il en est donc qui sont plus féconds d'esprt « que de corps pour les choses qu'il appartient à l'espit « de produire. Or, qu'appartient-il à l'esprit de produie? « La sagesse et les vertus qui sont nées des poëtes et de « tous les artistes doués du génie de l'invention... Qund « donc un mortel divin porte en son âme dès l'enfanc les « nobles germes de ces vertus, et qu'arrivé à un âge mûr, « il éprouve le désir d'engendrer et de produire, alrs il « s'en va aussi cherchant de côté et d'autre la beautédans

« laquelle il pourra exercer sa fécondité, ce qu'il ne pour-
« rait jamais faire dans la laideur. Pressé par son désir, il
« s'attache donc aux beaux corps de préférence aux laids,
« et s'il y rencontre une âme belle, généreuse et bien née,
« cette réunion en un même sujet lui plaît souverainement.
« Auprès d'un être pareil, il lui vient en foule d'éloquents
« discours sur la vertu, sur les devoirs et les occupations
« de l'homme de bien ; enfin, il se voue à l'instruire. Ainsi
« par le contact et la fréquentation de la beauté, il déve-
« loppe et met au jour les fruits dont il portait le germe ;
« absent ou présent, il y pense sans cesse et les nourrit
« en commun avec son bien-aimé. Leur lien est bien plus
« intime que celui de la famille, et leur affection bien plus
« forte, puisque leurs enfants sont bien plus beaux et
« plus immortels. Il n'est point d'hommes qui ne préfèrent
« de tels enfants à toute autre postérité, s'il vient à con-
« sidérer avec une noble jalousie la renommée et la mé-
« moire immortelle que garantissent à Homère, à Hésiode,
« et aux grands poëtes leurs immortelles productions ; ou
« bien encore s'il considère quels enfants un Lycurgue a
« laissés après lui à Sparte, pour le salut de la patrie, et je
« dirai presque de la Grèce entière. Telle a été parmi vous
« la gloire d'un Solon, père des lois ; et d'autres grands
« hommes, en diverses contrées, soit en Grèce, soit chez
« les Barbares, pour avoir accompli de nombreux et ad-
« mirables travaux, et enfanté toutes sortes de vertus.
« De tels enfants leur ont valu des temples, les enfants du
« corps n'en ont valu à personne. »

Avant d'exprimer sa propre pensée en un sujet si délicat, il est nécessaire de faire ses réserves. Je reconnais donc que les hommes, les païens surtout, ont fait de ce sentiment les plus grossiers et les plus condamnables abus,

abus que saint Paul leur a reprochés avec énergie; et quoique la pensée de Platon soit évidemment d'engager les hommes à la plus grande pureté, sa tolérance à ce sujet est néanmoins inadmissible; mais les abus ne prouvent rien contre la nature même d'une chose, et laissent encore le champ libre à l'examen de la raison. Examinons-donc.

Indépendamment de toute interprétation, il ressort un fait du passage de Platon. Il affirme comme notoire que les hommes les plus susceptibles d'un pareil sentiment sont les plus parfaits et semblent d'une nature supérieure aux autres ; si quelqu'un était apte à distinguer et à reconnaître les natures supérieures, c'était bien certainement Platon ; son témoignage rend donc ce fait irrécusable, voyons quelle en peut être la raison philosophique.

Tout amour est un complément du positif par le négatif. Le complément de l'extrême positif, c'est l'extrême négatif; prenons un exemple : on sait que l'eau est une combinaison d'un demi volume d'oxigène avec un volume d'hydrogène; mettons que le demi-volume soit exprimé par 10 et le volume par 20 : 20 d'hydrogène pour devenir de l'eau auront besoin pour complément de 10 d'oxigène pur. Mais supposez un mélange de 15 d'hydrogène et de 5 d'oxigène, le complément de ce mélange, moins exclusivement négatif, sera un autre mélange de 5 d'oxigène et 5 d'hydrogène, car leur addition reproduira 20 d'hydrogène et 10 d'oxigène quantité voulue. Il en est de même dans l'amour. L'homme et la femme tiennent les deux bouts de l'échelle, l'un du côté positif, l'autre du côté négatif, et dans cette échelle le produit des extrêmes est égal au produit des moyens; ce produit c'est l'amour. L'homme donc qui est exclusivement homme, l'homme type en qui brille seulement les caractères positifs de puissance, de force et de grandeur (et il ne faut pas oublier que nous ne parlons que de l'ordre sensible); cet homme que la mythologie grecque avait symbolisé dans le dieu Mars, ne peut trouver son complément que dans la femme purement femme, la vraie fille d'Ève. C'est Mars aimant Vénus. Mais il en est, soit parmi les hommes, soit parmi les femmes, qui semblent réunir à un certain degré les attributs des deux sexes, la force et la douceur, la grandeur et la grâce, un vrai courage et une sensibilité exquise; ces natures, qu'on appelle si justement angéliques parce qu'elles ont l'air d'être un être complet comme l'ange, ont été aussi symbolisées par la mythologie grecque, dans Appollon, Diane et la chaste Minerve; et, chose remarquable, ces divinités sont celles de la philosophie et des beaux-arts. Il est clair que ces natures harmoniques, si elles ont encore besoin de complément, n'ont pas besoin de le chercher ni dans l'extrême positif, ni dans l'extrême négatif, mais dans d'autres natures harmoniques comme elles, dans des proportions inverses. La question est facile à résoudre maintenant : si l'on admet ce que personne ne saurait contester, qu'une nature harmonique soit plus parfaite qu'une nature exclusivement positive ou négative, le fait dont parle Platon est expliqué et son assertion justifiée.

David nous offre un exemple frappant de ce sentiment dans son amour pour Jonathas, qu'il appelle aimable d'un amour plus tendre que celui qu'on a pour les femmes. « *Amabilis super amorem mulierum.* » Mais le plus beau modèle que nous en puissions avoir, c'est l'amour de l'homme-Dieu pour le disciple qui était reconnu par tous comme le bien-aimé; ce n'était point une simple amitié que cette tendre affection de Jésus pour Jean, qui seul avait encore la double fleur de la jeunesse et de la virginité; c'était bien un amour sensible, qui s'exprimait par d'étreignantes caresses, et qui ne voulait pour le bien aimé d'autre lit de festin que son propre cœur, dans la cène des adieux. Aussi nul disciple n'a mieux compris le maître ; il semble que par la voix mystérieuse de l'amour, saint Jean ait pénétré jusque dans l'âme de Jésus pour y découvrir les plus hauts secrets de la divinité.

Qu'on me comprenne bien, quand je parle d'amour je parle d'un sentiment véritable, et je ne pense pas que personne veuille donner ce beau nom à ces vices hideux qui sont la dépravation d'une sensualité égoïste et brutale. Eh bien ! dans cet amour qu'on appelle platonique, et que je voudrais pouvoir toujours appeler angélique, les sens jouent un rôle beaucoup moins grand, et leur dernière limite ce sont des caresses plus tendres il est vrai, mais qui ressemblent à celles de l'amitié. On n'y voit point cette fureur de la matière, cette frénésie farouche et presque bestiale, que quelques-uns de nos romans modernes se sont plu à exalter; mais à mesure que la sensualité s'efface, le sentiment s'agrandit et domine, il n'est presque plus que la contemplation de la beauté que nous savons être limite entre la matière et l'esprit; il devient calme, profond et radieux comme l'esprit dont il se rapproche, il ne reste plus que la fleur de l'amour, que sa vraie poésie.

Car qu'est-ce que la poésie, sinon le sens du beau ? et où peut-on acquérir ce sens, sinon au contact des deux natures, là où la lumière de l'unité, que possède la nature supérieure, se reflète sur la nature inférieure ? Or, nous avons vu que dans l'amour sensible il y avait deux côtés : un côté qui regarde la matière, c'est la sensualité ; et un côté qui regarde l'esprit, c'est le sentiment; et comme le beau vient de l'esprit, il suit que c'est à ce point de contact qui est le sentiment, que s'acquiert le sens du beau sensible. C'est donc l'amour en tant que sentiment, qui peut seul enfanter tous les beaux-arts et faire fleurir toutes les facultés de l'âme; aussi, c'est l'amour qui a fait tous les artistes, et les artistes les plus parfaits, ceux qu'on regarde presque comme des anges et à qui on serait tenté de donner le nom de divins, ont été de ces natures harmoniques, aussi gracieuses que grandes. Tels ont été le divin Platon, Virgile, Raphaël et bien d'autres encore; lorsque ces hommes ont aimé des femmes, leur passion n'avait point un caractère dur, violent et jaloux; mais elle était dominée par la contemplation du beau, et ils ont toujours eu quelque chose d'angélique, comparativement au milieu plus ou moins corrompu dans lequel ils vivaient. Si je l'osais, je citerais encore celui qui a fait la plus vraie, la plus belle, la plus pure, la plus délicieuse peinture de cet amour angélique dans l'immortel épisode de la grotte aux aigles. Malheureusement les artistes ne restent pas toujours dans la ligne pure et élevée qu'ils devraient suivre, leur pied glisse dans la matière; mais loin d'y gagner, leur génie est toujours revenu plus pâle de ces excursions ténébreuses, la sensualité ne pourra jamais revendiquer aucun de leurs chefs-d'œuvre; tous doivent le jour au sentiment, parce qu'il est limite entre l'esprit et la matière, parce que c'est en lui qu'ils s'unissent, et que lui seul peut apprendre à incarner l'un dans l'autre.

Mais à mesure que nous avançons, la vérité se découvre, et l'objet de notre étude grandit à nos yeux. Nous nous étions trompés quand nous avions pris l'amour conjugal pour la souche de l'amour, il n'en est qu'un embranchement. Le vrai tronc de cet arbre lumineux, qui a sa racine dans le ciel, c'est l'amour platonique qui est, pour ainsi dire, la grande artère du beau infini et la source de tous les arts. Expliquons-nous davantage, et suivons l'arbre depuis sa racine jusqu'à son entier développement.

Le beau, c'est l'unité; il n'y a point d'unité dans la matière, le beau est donc radicalement dans l'esprit principe de tous les esprits, en Dieu. Dieu en nous communiquant sa nature spirituelle, nous communique quelque chose du beau; il est donc en nous dans la lumière ou l'union de l'idée de l'être et de l'idée du non-être, nous pouvons le contempler ainsi par l'intelligence. A cet état il est la splendeur du vrai, mais il n'est point encore l'art. Il faut que cette unité pénètre dans la partie sensible et lui imprime son empreinte. Suffira-t-il que le beau ou la lumière touche la faculté qui lui correspond, c'est-à-dire la sensibilité, pour que l'art apparaisse? Non, tant que l'homme ne fait que sentir le beau comme beau, il n'est pas encore artiste; il admire, il ne crée pas, et cependant l'art est une création, une multiplication, un enfantement. Il n'est qu'une seule idée qui ait la magie d'arracher l'homme à lui-même pour le faire produire, c'est l'idée de bonheur; pour que l'homme devienne artiste, il faut donc qu'il sente le beau comme bonheur; il faut que le besoin de l'unité s'empare de lui, mais l'unité demande un complément négatif, et le complément négatif de l'homme ne peut se trouver en dehors de la nature humaine; l'art ne commence donc que lorsque l'attraction d'une créature humaine entr'ouvre le cœur, rompt le sceau qui scellait le trésor de l'art, et le force à le répandre au dehors. Ainsi c'est l'amour qui enfante les arts, la sensibilité répand dans toutes les facultés la lumière du beau; mais à l'amour seul il appartient de rendre ces facultés fécondes. Voici comment cela se fait.

Lorsque l'amour a imprimé à tout l'être sensible l'élan irrésistible qui l'entraîne vers son but, il donne par-là à chaque faculté la puissance de reproduire le beau qui est en elle ; cependant il s'attache spécialement à l'une d'elles qui suffit le plus souvent à absorber son action. Si l'activité de l'amour reste dans la faculté où elle a pris naissance, l'amour cesse d'être platonique ; mais lorsque cette activité est empêchée de réaliser l'amour des époux, ou lorsqu'elle n'en est pas entièrement absorbée, elle cherche une autre issue, se répand dans les autres facultés et enfante des poëtes, des orateurs, des musiciens et des peintres. L'amour platonique ou angélique si l'on veut, c'est l'amour avant qu'il soit descendu dans la matière, l'amour à ce premier état qui renferme en puissance tous les autres, l'amour tel qu'il est descendu du ciel et tel qu'il y demeurera à jamais. Nous voyons maintenant que l'amour angélique est le Dieu des arts, car si pour conduire l'art à sa plus haute perfection il faut un grand amour, il faut aussi la chasteté ; c'est, en effet, dans l'amour angélique qui a précédé que l'union des époux puise la poésie qui embellit son œuvre ; l'union des sexes sans l'amour est une bestialité qui ne fera que des œuvres grossières. Mais les autres beaux-arts ne peuvent guère atteindre leur sommet en compagnie du plus absorbant de tous, leur perfection demande quelquefois plus que la chasteté, elle demande la virginité, et si le libertinage les tue, le mariage les enchaîne et ralentit leur vol. L'expérience de tous les temps l'a démontré ; les anciens attribuaient à la continence de Platon la pénétration de son génie aussi poétique que philosophe ; les Romains appelaient Virgile la vierge ; nous entendrons avec plaisir la belle âme de M. Blanc Saint-Bonnet se répandre dans l'éloge de la virginité, nous pouvons maintenant comprendre toute la vérité de ses paroles.

« Mais, dit-il, ce qui surtout distingue l'homme chaste,

« c'est l'enthousiasme... La virginité c'est là la virilité!
« La virginité remplit les artères de sang; elle gonfle
« l'âme de puissance : à la moindre pensée, au moindre
« acte, toute la vie se précipite vers le cœur; du cœur elle
« s'élance au cerveau, et l'on sent dans tout son être un
« courage prodigieux qui vous dévore... Demandez-lui s'il
« connaît l'indépendance, à celui qui tient la nature sous
« ses pieds! mais surtout demandez-lui s'il connaît le
« bonheur, à celui dont le sein déborde d'un amour in-
« tact! Les émotions sillonnent son âme, son sang circule
« avec mille vies, et ses organes, sans cesse abreuvés,
« éprouvent plus de délire à la fois à chaque battement de
« son cœur, que le lâche n'en a jamais perdu dans toutes
« ses voluptés. Lui, il possède dans sa plénitude le don de
« son créateur, il le sent jusqu'à s'énorgueillir, sa poi-
» trine se gonfle, il la sangle de ses bras, et se dit : je suis
« roi, et mes sujets sont les passions que je tiens gar-
« rottées! Où est-il celui qui cherche des émotions brû-
« lantes? qu'il vienne; il ne sait rien, s'il ne connaît les
« flammes dont perce la chasteté! »

Il ne faut donc plus demander si cet amour sans union des sexes peut avoir un but; son but le plus noble et le plus beau qui se puisse concevoir dans l'ordre sensible, nous est évident maintenant; c'est la fécondité du cœur de l'homme, c'est la diffusion du beau dans toute œuvre humaine, même dans celle de l'amour conjugal; c'est la joie et l'ornement de la société, et le perfectionnement de l'humanité par l'art.

Mais nous avons encore une phase de l'amour à parcourir. Le principe de l'amour, c'est l'unité divine, l'harmonie de l'être. Son premier effet dans l'âme c'est cet amour platonique dont nous venons de parler, qui s'allume au choc d'un cœur contre un autre cœur, comme l'étincelle au choc de deux pierres. Or pour que cet amour arrive à sa dernière perfection, il faut qu'après avoir allumé le feu sacré des arts et les autres amours dont nous avons parlé, il remonte à son principe et vienne se confondre avec lui. Comment cela s'opère-t-il ? C'est encore Platon qui va nous l'apprendre dans la suite de ce même discours de la prêtresse Diotime à Socrate.

« J'ai bien pu, Socrate, t'initier jusque-là dans les mys-« tères de l'amour ; mais pour les derniers degrés de ces « mystères, et les revélations les plus secrètes auxquelles « tout ce que je viens de te dire n'est qu'une préparation, « je ne sais trop si tu pourrais suivre même un bon « guide. Toutefois je ne laisserai point de continuer, et il « ne manquera rien à ma bonne volonté. Tâche de me « suivre du mieux qu'il te sera possible. Elle continua en « ces termes : Celui qui veut s'y prendre comme il con-« vient doit, dès son plus jeune âge, commencer par re-« chercher les beaux corps. D'abord, s'il est bien dirigé, « il doit n'en aimer qu'un seul, et là, concevoir et enfanter « de beaux discours. Ensuite il doit reconnaître que la « beauté qui réside dans un corps est sœur de la beauté « qui réside dans les autres. Et s'il est juste de rechercher « ce qui est beau en général, notre homme serait bien peu « sensé de ne point envisager la beauté de tous les corps « comme une seule et même chose. Une fois pénétré de « cette pensée, il doit faire profession d'aimer tous les « beaux corps, et dépouiller toute passion exclusive, qu'il « doit dédaigner et regarder comme une petitesse. Après « cela, il doit considérer la beauté de l'âme comme bien « plus relevée que celle du corps, de sorte qu'une âme « belle, d'ailleurs accompagnée de peu d'agréments exté-

« rieurs, suffise pour attirer son amour et ses soins, et « pour qu'il se plaise à y enfanter les discours qui sont le « plus propres à rendre la jeunesse meilleure. Par là il « sera amené à considérer le beau dans les actions des « hommes et dans les lois, et à voir que la beauté morale « est partout de même nature ; alors il apprendra à regar- « der la beauté physique comme peu de chose. De la « sphère de l'action il devra passer à celle de l'intelligence « et contempler la beauté des sciences ; ainsi arrivé à une « vue plus étendue de la beauté, libre de l'esclavage et des « étroites pensées du servile amant de la beauté de tel « jeune garçon ou de tel homme, ou de telle action parti- « culière, lancé sur l'océan de la beauté, et tout entier à « ce spectacle, il enfante avec une inépuisable fécondité les « pensées et les discours les plus magnifiques et les plus « sublimes de la philosophie ; jusqu'à ce que, grandi et af- « fermi dans ces régions supérieures, il n'aperçoive plus « qu'une science, celle du beau, dont il me reste à parler.

« Donne-moi, je te prie, Socrate, toute l'attention dont « tu es capable. Celui qui dans les mystères de l'amour « s'est avancé jusqu'au point où nous en sommes, par une « contemplation progressive et bien conduite, parvenu au « dernier degré de l'initiation, verra tout-à-coup appa- « raître à ses regards une beauté merveilleuse, celle, ô So- « crate, qui est la fin de tous ses travaux précédents : « beauté éternelle non engendrée et non périssable, « exempte de décadence comme d'accroissement, qui n'est « point belle dans telle partie et laide dans telle autre, « belle seulement en tel temps, dans tel lieu, dans tel rap- « port, belle pour ceux-ci, laide pour ceux-là ; beauté qui « n'a point de forme sensible, un visage, des mains, rien « de corporel ; qui n'est pas non plus telle pensée ni telle

« science particulière ; qui ne réside dans aucun être diffé-« rent d'avec lui-même, comme un animal, ou la terre, « ou le ciel, ou toute autre chose ; qui est absolument iden-« tique et invariable par elle-même ; de laquelle toutes les « autres beautés participent, de manière cependant que « leur naissance ou leur destruction ne lui apporte ni di-« minution, ni accroissement, ni le moindre changement. « Quand de ces beautés inférieures on s'est élevé par un « amour bien entendu des jeunes gens, jusqu'à la beauté « parfaite, et qu'on commence à l'entrevoir, on n'est pas « loin du but de l'amour. En effet, le vrai chemin de l'a-« mour, qu'on l'ait trouvé soi-même ou qu'on y soit guidé « par un autre, c'est de commencer par les beautés d'ici-« bas, et les yeux attachés sur la beauté suprême, de s'y « élever sans cesse en passant pour ainsi dire par tous les « degrés de l'échelle, d'un seul beau corps à deux, de deux « à tous les autres, des beaux corps aux beaux sentiments, « des beaux sentiments aux belles connaissances, jusqu'à « ce que, de connaissances en connaissances, on arrive à la « connaissance par excellence, qui n'a d'autre objet que le « beau lui-même, et qu'on finisse par le connaître tel qu'il « est en soi. O mon cher Socrate ! continua l'étrangère de « Mantinée, ce qui peut donner du prix à cette vie, c'est le « spectacle de la beauté éternelle. Auprès d'un tel spec-« tacle, que seraient l'or et la parure, les beaux enfants et « les beaux jeunes gens, dont la vue aujourd'hui te trou-« ble, et dont la contemplation et le commerce ont tant « de charmes pour toi et pour beaucoup d'autres, que « vous consentiriez à perdre, s'il se pouvait, le manger et « le boire, pour ne faire que les voir et être avec eux ? Je « le demande, quelle ne serait pas la destinée d'un mor-« tel à qui il serait donné de contempler le beau sans mé-

« lange, dans sa pureté et simplicité, non plus revêtu de « chairs et de couleurs humaines, et de tous ces vains « agréments condamnés à périr; à qui il serait donné de « voir face à face, sous sa forme unique, la beauté divine? « Penses-tu qu'il eût à se plaindre de son partage celui « qui, dirigeant ses regards sur un tel objet, s'attacherait « à sa contemplation et à son commerce? Et n'est-ce pas « seulement en contemplant la beauté éternelle avec le seul « organe par lequel elle soit visible, qu'il pourra y en- « fanter et y produire, non des images de vertus, parce « que ce n'est pas à des images qu'il s'attache, mais des « vertus réelles et vraies, parce que c'est la vérité seule « qu'il aime? Or, c'est à celui qui enfante la véritable « vertu et qui la nourrit, qu'il appartient d'être chéri de « Dieu; c'est à lui plus qu'à tout autre homme qu'il ap- « partient d'être immortel. »

Pour comprendre Platon, il est absolument nécessaire de bien savoir de quel amour il parle, si c'est de l'amour sensible ou de l'amour spirituel; or, il est évident que ce ne peut-être de l'amour spirituel, car l'esprit qui est unité part de l'unité et procède par synthèse, tandis que l'amour que décrit Platon procède par analyse, remontant d'un fait particulier à l'ensemble et à l'unité. Cet amour analytique qui présuppose l'autre est impossible sans lui, car, comme dit Platon dans un autre endroit, « N'est-ce pas « par la justice que les justes sont justes? par la sagesse « que les sages sont sages? de même n'est-ce pas par le « beau que les belles choses sont belles? » Toutes ces nobles qualités qui ne sont point dans la nature du fini ni de la matière, ne sont en eux que la communication ou un reflet de quelque chose d'un et d'absolu. Qui a jamais reconnu le portrait d'une personne qu'il ne connaît pas?

Comment pouvons-nous reconnaître une chose belle si nous n'avons pas en nous-même un type du beau, auquel nous comparons cette chose? Le sentiment du beau relatif suppose donc l'idée du beau absolu. Aussi les animaux n'ont point le sentiment du beau; ils n'ont ni amour platonique, ni sentiment: leur amour n'est que pure sensualité. Ainsi, la belle gradation que Platon nous a exposé, n'est point celle de l'amour de l'esprit, l'esprit n'a pas besoin de remonter graduellement à l'absolu; il en renferme la notion dans son essence même, cette notion c'est l'idée de l'être. Tout au contraire, l'être sensible n'ayant d'autre forme que la matière a, comme elle, pour essence, la divisibilité, et il serait à jamais incapable d'en sortir, si l'esprit ne venait le prendre par la main pour le faire monter avec lui. Voilà donc la position de l'homme, il y a en lui deux êtres infiniment éloignés l'un de l'autre, l'un spirituel qui a pour point de départ l'unité, l'autre sensible qui est dans la divisibilité; le bonheur de l'homme exige qu'il y ait harmonie dans les différentes parties de son être; il faut donc opérer le rapprochement de ces deux natures. L'esprit descend des hauteurs de l'unité jusque dans la région de la divisibilité; il donne un baiser à l'âme qui tressaille, car ce baiser c'est un rayon de lumière qui lui donne le sentiment et l'amour du beau. Mais tout n'est pas fait par cette réconciliation des deux natures dans l'amour et dans l'art. Pour que l'œuvre soit parfaite, il faut non-seulement que les deux natures entrent en contact, mais encore qu'elles résonnent à un parfait unisson, qu'elles coïncident dans toute leur étendue, que leur harmonie soit complète. Il faut donc que l'esprit attire l'âme et lui fasse remonter peu-à-peu tout l'espace qu'il a parcouru pour venir la chercher.

Alors, comme dit Platon, il lui fait sentir le beau d'abord dans un corps, puis dans plusieurs; de la comparaison de ces beautés, vient un sentiment abstrait qui conduit à la beauté de l'âme ; de la comparaison de plusieurs âmes, naît la sociabilité, puis, d'abstraction en abstraction, l'âme arrive avec l'esprit au sentiment de l'unité absolue : alors, non-seulement nous avons l'idée de Dieu, mais nous en avons le sentiment ; non-seulement nous aimons Dieu d'un amour spirituel, mais d'un amour sensible. A ce point sublime le chef-d'œuvre est consommé, l'art des arts a atteint son sommet, l'âme jouit de Dieu, le fini et l'infini ne sont plus qu'un par l'amour. L'être sensible ne saurait atteindre plus haut, il ne lui reste plus qu'à suivre toujours l'intelligence dans son éternel progrès.

Oh ! qui pourra comprendre combien cela est grand et beau ! qui expliquera à quel degré de puissance et de fécondité le cœur est arrivé ! Ce qu'il aime, ce n'est plus un corps ni plusieurs corps, une âme ni plusieurs âmes, une science ni plusieurs sciences; il aime l'unité, c'est-à-dire, l'être ou l'infini, et dans cette unité il aime tout. Or comme tout est sorti de l'unité et n'en est qu'une image, il voudrait voir cette image de l'objet de son amour aussi parfaite que possible. De même que l'amant voudrait voir partout la ressemblance de ce qu'il aime, traite avec soin et affection tout ce qui lui appartient, tout ce qui le touche de près ou de loin ; de même et avec la même ardeur et la même tendresse, le cœur qui aime l'unité, qui est à la fois bonté, vérité, justice, beauté et bonheur, voudrait voir partout la bonté, la vérité, la justice, la beauté et le bonheur : le désir qui le dévore, c'est de voir toute créature bonne, belle et heureuse.

Ce n'est plus à rendre telle ou telle beauté sur le marbre ou sur la toile, à l'exprimer par des sons ou de mélodieuses paroles, qu'il s'occupe; ou s'il le fait, ce n'est que comme moyen d'arriver au but plus élevé auquel il tend sans cesse; ce but c'est de reproduire ce beau infini tel qu'il l'a senti, et comme à ce degré il n'y a dans tout le règne sensible que l'âme humaine qui puisse y atteindre, le grand but de cette âme c'est d'entraîner toutes les âmes ses sœurs vers cette unité à laquelle elle s'est élevée elle-même. En un mot elle se consacre à élever l'humanité à son plus haut point de perfection : c'est elle qui occupe le sommet de l'art social.

C'est cet amour sensible de l'absolu qui a fait tous les législateurs, les fondateurs, les bienfaiteurs de l'humanité ; c'est cet amour, qui est un des plus précieux secrets de la sainteté et qui y met le dernier sceau. Quelle différence y a-t-il en effet entre un chrétien ordinaire et ce que les hommes appellent un saint? Il n'y a pas de chrétien sans la foi, l'espérance et la charité. Tout chrétien en état de grâce aime donc Dieu par-dessus tout spirituellement. Je sais bien qu'il y a une infinité de degrés dans la sainteté toute spirituelle des anges ; mais dans l'homme elle ne peut augmenter toujours sans se manifester au dehors. Tant qu'elle reste dans l'intelligence, elle n'est vue que de Dieu et ne répand point son parfum parmi les hommes : elle ne commence à leur être utile et à les attirer à elle que lorsqu'elle éclate au dehors ; ce qui fait donc le saint vis-à-vis du reste de l'humanité, c'est qu'il a réalisé en lui le chef-d'œuvre de l'art : non-seulement l'amour de l'infini est dans sa volonté, mais il est son sentiment, il l'a incarné dans son cœur ; c'est pourquoi il brille à tous les yeux d'un si merveilleux éclat ; le saint est la plus parfaite réalisation du beau infini qui puisse se faire dans l'ordre sensible.

Ceci nous fait comprendre l'efficacité prodigieuse de la parole vivante des saints et leur irrésistible influence pour toucher les cœurs et les convertir. Il est clair qu'aux saints seuls doit appartenir le pouvoir de faire d'autres saints. En effet la sainteté consiste à élever l'être sensible jusqu'à l'unisson de l'être spirituel. Or nous avons vu, en parlant des enfants, que le seul moyen efficace d'agir sur cet être sensible, c'était l'action directe d'un autre être sensible par le corps fluide qui est son instrument. Ce qu'on a dit des enfants on peut le dire du peuple. L'action du fluide ne peut être qu'une action d'attraction ou d'assimilation, et on ne peut attirer plus loin ou plus haut qu'on n'est soi-même : un moule ne peut pas laisser une empreinte plus parfaite que lui-même ; celui dont l'être sensible n'est pas élevé, ne peut s'en servir pour élever celui des autres. Lors donc qu'un orateur qui n'est pas saint prêche la sainteté du haut d'une chaire chrétienne, il y a entre lui et ses auditeurs deux murs : son être sensible et le leur; à travers ces deux obstacles, la voix de sa raison arrive comme un écho affaibli à cette raison languissante des auditeurs, qui manque de force pour soulever jusqu'à elle la nature inférieure.

Tout au contraire, lorsque le saint prêche, il sort de son cœur des torrents de vie qui se répandent sur ceux qui l'écoutent ; plus de séparation entre lui et ses auditeurs ; son être sensible touche et attire leur être sensible ; son fluide ébranle tous les fluides ; aussi les cœurs sont émus, les larmes coulent, et on a vu des hommes convertis aux exhortations de saints qu'ils n'avaient pu ni entendre ni comprendre : une influence secrète avait agi sur eux. C'est qu'il n'est pas que Dieu qui donne la grâce ; pendant qu'il la donne à la nature supérieure, le saint la donne à la nature inférieure, et la victoire est complète. Les peuples me semblent donc comme une troupe d'hommes haletants sur une pente rapide qu'ils ont à peine la force de gravir; l'orateur qui n'est pas saint, moins élevé qu'eux, leur crie par derrière de toujours monter; mais le saint marche devant, et arrivé au sommet, il leur tend la main et les amène jusqu'à lui.

Il suit de là que les saints seuls peuvent faire une éducation parfaite, et que de toutes les qualités de l'instituteur, on devrait regarder la sainteté comme la plus importante.

Tout ce que nous venons de dire nous montre le célibat religieux et apostolique sous un nouveau point de vue. On a cru que le prêtre sacrifiait la nature et qu'il renonçait à l'amour sensible, et plusieurs se sont pris d'étonnement et de pitié! Qu'ils quittent cette fausse idée. L'amour sensible, divisible comme la matière, a plusieurs parts, le prêtre prend la meilleure et la plus belle. L'amour sensible a pour objet et pour but, plus encore de perfectionner l'humanité que de la perpétuer.

Dans les ateliers bien ordonnés les ouvriers se partagent l'ouvrage : les uns préparent la matière première et la livrent brute ; d'autres la prennent de leurs mains et lui donnent une première façon ; enfin les derniers y ajoutent la dernière perfection, et c'est en sortant de leurs mains qu'elle est livrée à l'admiration publique. Or, ce sont toujours ces derniers ouvriers qui sont les plus rares et les plus estimés, et tous les autres se reconnaissent leurs inférieurs. Ainsi en est-il dans les divisions de l'amour sensible. Le cœur qui se voue au célibat pour se consacrer au bonheur des hommes, renferme en lui seul plus d'amour que les cœurs de mille époux; celui-là en élevant son amour sensible jusqu'à l'unité, l'a rendu infini et capable de renfermer tous les êtres; cet amour sublime n'est point fait pour embrasser une femme, mais il lui faut un monde pour le féconder dans ses nobles et puissantes étreintes.

Non, le célibat n'est point contre nature quand il a pour motif un plus grand développement de l'amour, quand il est inspiré par la préoccupation de la science ou des arts, et surtout de l'art social par excellence, c'est-à-dire la diffusion de la sainteté sur la terre. Mais il est abominable quand il est inspiré par l'égoïsme ou l'avarice, le cœur qui n'a jamais aimé est maudit de Dieu. Du reste il semble que Dieu ait voulu nous faire voir que le célibat avait sa place dans la nature; car il nous en a donné un exemple frappant dans les animaux les plus admirables, dans les abeilles, que les anciens croyaient pénétrées d'une influence divine : *Esse apibus partem divinæ mentis.* (Virg.)

Ici encore nous apparaît une nouvelle gloire de l'Église; car si nous l'avons admirée sous le rapport de la foi et de la science, nous ne l'avons point regardée sous le côté de l'art, et ce côté n'est pas moins beau que les autres. L'Église, en effet, avec son célibat apostolique, n'est que la plus haute et la plus parfaite organisation de l'art social et de l'amour. Nous admirons et nous aimons ces corporations artistiques du moyen-âge, qui s'étaient vouées à l'art de l'architecture; qui se transmettaient, de génération en génération, comme un saint héritage, le soin d'achever ces constructions séculaires de nos cathédrales, que nous contemplons maintenant sans nous sentir la force d'en faire autant. Il est une œuvre plus grande et plus belle, mais aussi plus longue et plus difficile, c'est celle d'élever l'humanité; non point seulement les riches et les savants, mais d'appeler tous les hommes, depuis le premier jusqu'au dernier, à la plus haute perfection, et de construire avec ces pierres vivantes l'édifice de la sainteté; et l'Église seule est organisée pour cela. Pour accomplir cette œuvre il faut beaucoup d'amour, je ne dis pas seulement d'amour spirituel, mais d'amour sensible. Le prêtre, qu'il enseigne ou qu'il prêche, ne doit point être une intelligence pure; si le pasteur veut se faire entendre du troupeau, il faut que son cœur lui parle, il faut que sa tendresse se répande sans cesse sur lui. Et le célibat seul peut conserver la richesse et la fécondité de cet amour que la famille absorberait bientôt. On s'est déjà plaint avec amertume du népotisme clérical, que serait-ce donc s'il y avait là une femme et des enfants? Le prêtre en sortant de sa famille pour aller vers ses ouailles, n'aurait plus autant de flots d'amour à verser sur eux; il ne leur apporterait qu'un cœur entamé, sans enthousiasme, et semblable à une coupe qui n'est plus pleine et qui a perdu son ivresse.

L'Église est donc l'association des artistes du grand art; elle seule a assez de puissance et d'amour pour élever l'humanité à sa perfection; jusqu'à elle le monde a décliné; depuis elle il progresse, et si elle n'a pas toujours fourni tous les éléments du progrès, on ne peut lui refuser d'avoir donné seule le plus important, qui est la foi. Elle seule s'adresse à tous et ne méprise personne; et cependant elle seule tient le secret de la dernière perfection et peut mettre le dernier sceau à l'œuvre; elle est le chef-d'œuvre social de la pensée divine sur la terre; elle est la grande ouvrière de Dieu, c'est lui-même qui lui a appris les secrets de l'art vivant, et le ciel sera l'apothéose de son œuvre.

CHAPITRE XXXIV.

DES LOIS DU MONDE PHYSIQUE. CONSÉQUENCES ET CONJECTURES.

Il ne sera pas sans intérêt, avant de finir, de faire une application de notre théorie aux lois du monde physique. Nous savons déjà que Dieu n'ayant d'autre modèle que lui-même, n'a pu reproduire autre chose que lui-même dans toute création, et que par conséquent les lois de la matière doivent être calquées sur les lois de l'être. Après avoir plusieurs fois conclu de la nature à Dieu, concluons de Dieu à la nature, et cherchons à pressentir l'unité de l'ordre physique et de l'ordre moral.

Au reste je ne veux point qu'on donne à ce chapitre plus d'importance que je n'en donne moi-même; ce n'est pas un traité de physique que j'entreprends, ni des démonstrations rigoureuses que je veux donner, mais des conséquences analogiques. Dans le petit ensemble que j'exposerai, il y aura trois choses différentes: premièrement, des rapprochements entre les théories métaphysiques de ce livre et des théories admises par la science; secondement, il y aura des hypothèses nouvelles explicatives de certains phénomènes. Les explications que les physiciens donnent d'un grand nombre de faits ne sont, comme on le sait, que des hypothèses, dont le mérite est de rendre compte du fait. Si dans celles que j'émets, il s'en trouve d'aussi explicatives, elles auront, toutes choses égales d'ailleurs, l'incontestable avantage de se relier à l'ensemble des choses, et de pouvoir remonter sans interruption jusqu'à l'idée même de l'être dont nous avons tout fait sortir. Ce sera donc un véritable progrès que d'avoir appuyé sur des principes antérieurs ce qui n'avait d'autre appui que soi-même, et d'avoir rattaché à la synthèse générale ce qui, jusque là, flottait sans liaison dans le champ mobile de l'analyse.

Enfin il y aura de pures conjectures qui n'auront d'autre fondement que l'analogie. L'analogie est un guide dont il est bien difficile de suivre avec discernement les indications. Puissé-je ne m'être pas trompé; puissent mes conjectures devenir plus tard des vérités : je serais trop heureux si elles pouvaient contribuer à avancer d'un jour une découverte belle ou utile.

Que le lecteur donc apprécie chacune de ces trois choses à sa juste valeur.

Cherchons d'abord les éléments de la matière. La matière, avons-nous dit, privée de substance, n'a de réalité que la forme; son essence dépend donc de sa forme élémentaire. Quelle est donc la forme de la matière?

Ici la question se divise, car nous savons qu'il y a deux matières essentiellement opposées l'une à l'autre et dont, par conséquent, la forme ne peut être la même; l'une, c'est la matière inerte dont nous avons étudié les cinq propriétés, matière la plus voisine du néant, qui est la dernière et la plus fidèle expression du non-être, c'est-à-dire sa réalisation la plus négative possible; l'autre, c'est la matière fluide et impondérable, matière la plus voisine de l'esprit, qui exprime l'être autant qu'elle le peut, sans cesser d'être matière, c'est-à-dire qui est la réalisation matérielle la plus positive possible. Puisque l'essence de la matière est dans sa forme, il suit que la matière inerte aura la forme la plus négative possible, et la matière fluide la forme la plus positive.

Mais qu'est-ce qu'une forme positive ou négative? Les géomètres appellent négative relativement à une autre, toute figure en opposition et en sens inverse; mais cela ne nous mène à rien, parce qu'il ne s'agit pas d'une négativité relative mais absolue. Comment une forme peut-elle donc être appelée positive ou négative en elle-même? Si nous trouvions des formes que l'esprit seul peut concevoir et que la matière composée ne pourrait jamais réaliser, il faudrait, ce me semble, appeler cette forme positive, puisqu'elle n'est possible que dans l'esprit qui est positif, en tant qu'il renferme l'unité. Or, si nous faisons attention, nous verrons que toute ligne courbe remplit cette condition. En effet, je défie de concevoir un cercle parfait, réalisé avec des molécules, quelque forme régulière qu'on leur donne; car, ou ces molécules seront rectilignes, ou elles seront arrondies. Dans le premier cas le cercle ne sera qu'une suite de facettes droites, il ne sera pas un cercle, mais un polygone dont les côtés seront d'une extrême petitesse; dans le second cas la circonférence ne sera qu'une suite de petits dômes et non une courbe mathématique. Quelques géomètres se représentent le cercle comme un polygone qui a une infinité de côtés. Dès qu'on a recours à l'infini, on sort de la matière; d'ailleurs une infinité de côtés est une expression matériellement absurde; car tout ce qui est divisé se compte, et un nombre actuellement infini est une absurdité. Ainsi donc toute courbe renfermant l'idée de l'infini et ne pouvant se réaliser matériellement en dehors de l'unité de la molécule primitive, est une forme positive, et on pourrait presque dire spirituelle.

Il n'en est point de même de la forme rectiligne. Admettons les molécules primitives parfaitement cubiques; en les supposant ajustées avec précision, elles pourront reproduire un cube parfait, de telle dimension qu'on voudra; si donc la figure courbe est positive, parce qu'elle exprime en un sens l'unité et l'infini, la figure rectiligne sera négative, parce qu'elle exprime le fini.

Ce sera donc dans les rectilignes que nous trouverons la forme la plus négative possible. Or, comme nous l'avons déjà vu ailleurs, la forme la moins compliquée, la plus réduite, qui a le moins de côtés, et qui, sous le plus grand périmètre, renferme le moins de matière, c'est le tétraèdre (fig. 14), autrement la pyramide triangulaire. Le tétraèdre sera donc la forme de la molécule de la matière inerte.

Mais la matière inerte n'a-t-elle qu'une molécule et une forme? Il n'est guère admissible que dans la plus exacte expression de l'idée du non-être, on rencontre l'unité au lieu des nombres qui lui sont propres. Admettons donc une seconde molécule qui manifestera le nombre deux, comme les propriétés de cette même matière manifestent le nombre cinq.

Quelle forme donnerons-nous à cette seconde molécule? La forme la plus fondamentale et une des plus réduites après le tétraèdre, c'est le cube. Nous pourrons donc supposer la seconde molécule cubique. Voilà les molécules de la matière inerte qui, sous l'action des fluides, formeront tous les corps. Ces éléments paraissent peut-être bien simples pour fournir à toutes les combinaisons de la nature; cependant, que l'on considère que ces molécules peuvent se trouver en rapport de bien des manières; les cubes et les tétraèdres peuvent être en nombre égal ou inégal, ils peuvent se toucher par les surfaces, par les arètes ou par les pointes; les surfaces et les pointes peuvent se croiser plus ou moins, elles peuvent ne pas se toucher du tout, et le corps sera liquide, ou s'écarter beaucoup l'une de l'autre, et le corps sera un gaz. Toutes ces combinaisons peuvent se multiplier par les différents rapports qu'on peut leur supposer avec les trois fluides. Le champ est donc plus vaste qu'il ne paraissait d'abord, et peut-être peut-il suffire.

Ces molécules n'ont aucunes propriétés réelles que leur forme; elles sont, comme nous l'avons vu, divisibles, impénétrables, instables et inertes; elles sont donc entre elles sans liaisons, sans rapports, sans attractions; sauf la forme, la nullité est leur apanage.

Cherchons maintenant la forme de la matière fluide et impondérable. Cette matière étant la plus positive possible, sa forme sera la plus positive possible. De tous les noms prononcés dans la géométrie, le plus positif c'est le point; mais le point géométrique ne peut nullement être matière; le point tel que le définissent les géomètres, n'a ni forme ni étendue; il est indivisible, il n'est donc pas matière; l'indivisible c'est l'unité, c'est l'infini; le point géométrique, c'est Dieu. Cherchons alors dans les courbes. De toutes les formes les plus opposées au tétraèdre, celle qui contient le plus d'espace sous le moindre périmètre, c'est la sphère. L'idée même de sphère renferme celle du point qui, placé au centre, jouit de nombreuses propriétés, et, sous ce rapport-là, elle renferme et manifeste l'idée de l'infini. La sphère sera donc nécessairement une forme de la matière fluide. Mais il y a trois fluides, auront-ils la même forme? Si nous admettons que la forme étant l'essence unique de la matière, soit la cause même de ses propriétés, il est impossible que les trois fluides, qui ont des propriétés différentes, aient la même forme. Cherchons donc d'abord auquel nous donnerons la forme sphérique. Lorsque nous avons traité des sections coniques, nous avons vu que le cercle, avec son centre unique, ses rayons directs et sans retour, exprimait parfaitement l'unité radicale, l'expansion et la puissance du Père ; nous avons vu ensuite que le calorique aussi exprimait par son action l'expansion et la puissance ; il semble donc que les propriétés du calorique ne soient que la traduction en action des propriétés indiquées par la figure du cercle ; on peut donc penser non-seulement que la molécule calorique est sphérique, mais encore que cette forme sphérique est la cause directe de toutes ses propriétés.

De semblables analogies nous indiquent sans équivoque la forme élémentaire des autres fluides. Nous savons que l'ellipse exprime, par l'harmonie parfaite de ses deux foyers, qui sont deux points, l'harmonie de deux infinis, c'est-à-dire l'idée de l'être et du non-être, en un mot, l'Esprit-Saint. Or, la lumière aussi exprime par son action les propriétés de l'Esprit-Saint, qui est la lumière incréée ; elle devra donc ses propriétés à la forme elliptique de ses molécules.

De même l'électricité exprime les deux idées de l'être et du non-être, non à l'état d'union comme la lumière, mais à l'état de distinction et d'indépendance, puisque les deux électricités, quoique s'attirant l'une l'autre, peuvent facilement se séparer. De toutes les figures géométriques, une seule exprime les mêmes choses, c'est l'hyperbole qui, dans ses deux courbes distinctes, indépendantes, et en sens inverses, présentent en images les mêmes propriétés que l'électricité traduit en action. La double molécule électrique doit donc avoir la forme hyperbolique.

Les physiciens pensent que ces trois fluides remplissent tout l'espace, ils doivent donc avoir le même centre et le même foyer que la création, c'est-à-dire le sommet du grand cône, et puisque partout on les rencontre tous les trois, il faut que leurs rayons soient groupés trois à trois, de sorte que chacun d'eux touche les deux autres et soit au milieu d'eux. Dans cet état, ils manifestent une des propriétés de l'être, c'est la communication des propriétés ou la sainteté, c'est-à-dire, par exemple, que chaque rayon lumineux touchant le rayon calorique et électrique leur communique sa lumière, et emprunte d'eux chaleur et influence chimique; on peut en dire autant des autres. Ainsi ces rayons unis ont chacun les trois propriétés lumineuses, caloriques et chimiques : c'est ce qu'on peut observer dans les rayons du soleil qui jouissent de ces trois propriétés.

Mais avant d'aller plus loin, il faut résoudre une question importante. Si ces trois fluides sont partout, pourquoi ne se manifestent-ils à nous que dans certains points? C'est évidemment parce que nous ne les voyons point directement, et que nos sens sont trop grossiers pour les saisir dans la pureté de leur nature.

Si nous étions en communication directe avec les fluides, nous n'éprouverions jamais ni froid, ni obscurité; le calorique étant partout, nous serions en tout lieu enveloppés de sa bienfaisante influence; la lumière aussi, qui est le moyen de la vision, étant universelle, nous dévoilerait tout ce qu'elle renferme, c'est-à-dire toute la création. Ainsi, non-seulement notre vue serait indéfectible comme la lumière, mais elle pourrait s'étendre jusqu'aux dernières limites de l'univers; c'est ainsi qu'au ciel, à la faveur de la lumière de l'Esprit-Saint, nous plongerons notre regard spirituel jusque dans les profondeurs de l'être. Malheureusement il n'en est point ainsi; pour entrer en communication directe avec la matière fluide, il faudrait pouvoir faire usage de cet organisme intérieur que nous avons appelé corps fluide, et c'est probablement la mise en activité de cet organisme qui, comme nous l'avons dit ailleurs, donne ce qu'on appelle avec justesse la seconde vue. Mais maintenant nous sommes assujétis à cette matière grossière et palpable de notre corps terrestre, et rien ne nous parvient du dehors qui n'ait passé par la porte de cette geôle. Or, à cette porte, la matière inerte a seule par elle-même le droit de passer, il faut donc que les trois fluides se fassent accompagner d'elle pour pouvoir parvenir jusqu'à nos sens.

Nous pouvons donc poser pour loi que les trois fluides sont en eux-mêmes inaccessibles à nos sens, et que nous ne les percevons que par la matière inerte sur laquelle ils agissent et avec laquelle ils entrent en différents rapports.

On pourra m'objecter que l'étincelle électrique semble nous manifester immédiatement le fluide électrique, surtout lorsqu'elle le fait dans le vide. Je réponds qu'il est impossible de prouver que l'étincelle électrique ne renferme pas des particules de matière inerte et qu'il y a des faits qui le prouvent directement. En voici un sans réplique : Je sais quelqu'un qui a fait de nombreuses expériences sur la guérison des maladies par l'électricité. Voici comment : Après avoir isolé et électrisé une personne, il soutirait l'électricité dont elle était chargée en touchant la partie malade avec différents corps, tels que des baguettes de métal, ou des capsules d'ivoire contenant de plantes pulvérisées; l'effet était très différent, selon le corps qui servaient à décharger l'électricité, et cet effe était analogue aux propriétés médicales que la médecine reconnues à ces objets divers. Donc le courant électriqu qui allait de la personne à la terre, et de la terre à la per sonne, entraînait des molécules d'or, d'argent, de cuivre ou de valériane, selon l'objet qui servait à décharger; e comme l'électricité ne nous parvient jamais qu'après avoi traversé de la matière inerte, elle doit toujours entraine ses molécules, et personne ne peut se vanter d'avoir vu l'électricité pure. Nous pouvons donc croire que les fluide ne parviennent à nos sens que par le moyen de la matièr inerte.

Comment les fluides s'unissent-ils à la matière inerte ou, plutôt, comment se manifestent-ils dans elle?

En Dieu toute manifestation se fait par le Verbe; c'es par la pensée, en effet, que Dieu se manifeste à lui-même c'est encore par le Verbe qu'il se manifeste aux êtres créés parce que la pensée, ou la forme, est la faculté d'intus-sus ception et de communication de l'être; par elle seule i peut se distinguer lui-même, et pénétrer dans tout ce qu n'est pas lui. Mais c'est surtout par le côté négatif de la pensée qu'il communique avec ce qui n'est pas lui; auss Jésus-Christ, manifestation négative du Verbe, est l médiateur universel.

Or, c'est l'électricité qui est celui des fluides qui corres pond au Verbe. D'ailleurs, nous avons remarqué que l'hy perbole, ainsi que toute courbe ouverte, représentait pa cette ouverture la double faculté de communication e d'intus-susception de l'être, et ne pouvait par conséquent correspondre qu'à la pensée. Si donc nous tirons les conséquences, nous dirons que l'électricité, avec sa forme hyperbolique, peut seule jouer, entre la matière fluide et la matière inerte, le rôle de médiateur, et que cette médiation doit commencer par l'électricité négative. L'expérience nous rapproche tous les jours de cette conclusion : plus l'on va, plus l'on voit que l'électricité se trouve au commencement de tout phénomène ; mais ce que l'expérience ne fait qu'indiquer, la théorie le dit d'une manière absolue. L'électricité étant médiateur nécessaire entre la matière inerte et la matière fluide, et la matière inerte étant par elle-même incapable d'aucun mouvement, il ne peut y avoir un seul phénomène sans l'intervention de l'électricité.

Nous voilà arrivés à la loi fondamentale et universelle des corps, loi parfaitement semblable à la loi des esprits et s'exprimant par une formule presqu'identique ; car la loi du monde spirituel peut se résumer ainsi : Manifestation de la Trinité dans les intelligences par le Verbe ; et la loi du monde visible peut se résumer ainsi : Manifestation des trois fluides dans la matière inerte par l'électricité. De sorte que, de même que saint Jean dit du Verbe : « *Et sine ipso nihil factum est quod factum est,* et sans lui rien n'a été fait de ce qui a été fait ; » on peut dire aussi de l'électricité : Sans elle rien ne se fait de ce qui se fait dans la matière. Mais cette loi des corps n'est au fond qu'une partie de la loi générale ; car la matière aussi n'est qu'une manifestation de la Trinité par le Verbe, mais manifestation purement négative. La loi de la matière n'est qu'un écho, qu'un reflet de la loi de l'esprit ; il me semble voir ce second arc-en-ciel qui se peint en dehors de l'autre dans les nues, plus pâle, moins beau que le premier, et coloré en sens inverse.

Allons encore plus loin : dans ce monde de la matière fluide, qui échappe à nos sens grossiers et à toute observation directe, la même loi doit se reproduire ; c'est-à-dire que c'est par l'électricité que la chaleur et la lumière doivent se manifester et devenir appréciables aux sens délicats de ce corps fluide dont nous ne savons pas nous servir ; car dans la Trinité dont ces fluides sont l'image, c'est par le Verbe que Dieu se manifeste à lui-même. La manifestation de l'être par le Verbe est donc la loi éternelle de l'être, cette loi doit être le type de toutes les autres, et toutes doivent dépendre de celle-là.

Essayons de comprendre comment l'électricité manifeste les trois fluides. Mais pour nous guider dans cette recherche où les données de l'expérience sont insuffisantes, contemplons d'abord le type et voyons comment les choses se passent dans la Trinité. Les deux idées de l'être et du non-être se présentent à la pensée sous deux points de vue différents ; si l'on considère les objets elles sont entièrement opposées l'une à l'autre ; mais d'un autre côté elles ne peuvent subsister l'une sans l'autre, elles s'appellent et ont un impérieux besoin de se réunir, et c'est cette réunion qui produit le Saint-Esprit ou la lumière. Cette réunion des deux idées n'a jamais eu en Dieu ni commencement ni interruption ; elle n'aura jamais de fin, c'est l'harmonie éternelle ; néanmoins de toute éternité aussi Dieu conçoit ces deux idées comme séparées, mais cette séparation n'est eu lui qu'une abstraction, et c'est cette abstraction réalisée qui est la création. La création manifeste dans toutes ses divisions la distinction divine ; dans la matière elle manifeste la distinction considérée abstractivement ; dans la vie animale elle manifeste le Père considéré abstractivement ; jusque là ces manifestations sont finies ; mais par leur réunion les deux idées devenant la lumière ou la triple conscience divine, manifestent à la fois et infiniment le Saint-Esprit, le Père et le Fils. Ainsi donc nous avons par la séparation, manifestation finie du Père et du Fils, et par l'union, manifestation infinie et simultanée du Père, du Fils et de l'Esprit saint.

En concluant de la Trinité aux fluides, il faut tenir compte des différences essentielles entre Dieu et la matière. En Dieu, esprit pur et indivisible, la séparation et la réunion sont simultanées et éternelles ; dans la matière, quelque rapides qu'on les suppose, elles sont nécessairement successives. Figurons-nous donc d'abord les trois fluides seuls dans l'espace, il faudra pour représenter son type que l'électricité imite cette séparation et cette union, et ne pouvant le faire simultanément, elle le fera successivement. On verra donc chaque demi-molécule hyperbolique se séparer de sa compagne, et aussitôt s'unir à la suivante. Cette continuelle décomposition et recomposition de l'électricité produira une vibration qui manifestera le rayon calorique et le rayon lumineux, et remplira l'espace de lumière et de chaleur. Nous ne pouvons connaître la rapidité de cette vibration qui est en dehors de nos sens ; tout ce que nous savons, c'est qu'elle doit être effrayante, puisque cette même vibration, à l'état où nous pouvons l'observer, c'est-à-dire chargée de matière inerte qui la retarde sans doute beaucoup, parcourt à peu près 100,000 lieues par seconde.

Introduisons maintenant la matière inerte et voyons les conséquences. La première fois que la matière inerte s'est présentée à l'électricité, l'électricité négative, qui représente l'idée du non-être, s'attachant à cette expression du non-être, comme l'idée à son objet, a dû se séparer en masse de sa compagne, s'emparer de la molécule de la matière pour laquelle elle a le plus d'attrait, la molécule tétraèdre par exemple; l'electricité positive abandonnée a dû s'attacher, à son tour, à la molécule cubique; puis les deux électricités chargées de leur proie, ont dû, en se réunissant, former les corps; les corps peuvent donc se considérer comme une masse de matière inerte groupée par une portion d'électricité qu'elle a absorbée, fixée et soustraite au courant électrique général de l'espace.

Lorsque par des moyens artificiels, nous arrachons et séparons l'une de l'autre les deux électricités fixées à la surface des corps, dans cet état de séparation, elles manifestent par le fait même leur distinction, et par le phénomène de l'attraction, elles indiquent la tendance qu'elles ont à se rejoindre. Lorsque la réunion s'opère subitement, l'étincelle électrique manifeste la lumière. Un grand nombre de phénomènes électriques sont accompagnés d'une chaleur sensible; mais comme tout mouvement de l'électricité suppose une suite de décompositions et de recompositions dont la rapidité est insaisissable, il est impossible jusque-là de déterminer par l'expérience si c'est la décomposition ou la recomposition qui manifeste la chaleur. La théorie suppléant à l'expérience nous dit que la chaleur pourrait être manifestée par l'un et l'autre, mais d'une manière bien plus puissante par la composition. Et en effet, nous voyons la plus grande intensité de chaleur accompagner presque toujours la plus grande intensité de lumière; et nous savons que la lumière ne peut résulter que de l'union ou recomposition.

Toutefois ces manifestations ne se font sentir à nos sens grossiers que lorsque l'opération se fait avec rapidité et quantité suffisante. On admet que toute composition et décomposition est un phénomène électrique, il produit donc chaleur et lumière, mais souvent insensible. « Le fer « qui brûle avec éclat dans l'oxigène, dit M. Dumas (1), pro- « duit une chaleur que personne ne voudrait nier ; mais « il faut de la réflexion et quelque science pour s'aperce- « voir que le fer qui se rouille lentement à l'air, en dégage « tout autant quoique sa température ne varie pas sensi- « blement. »

Nous connaissons maintenant non-seulement la cause, mais le mode fondamental de tout phénomène. La cause c'est le grand balancier de l'électricité, son va et vient, c'est-à-dire la composition et la décomposition ; avec ce double mouvement elle manifeste les trois fluides, par la chaleur, l'attraction et la lumière : la chaleur produit le mouvement ; l'attraction compose toutes les formes ; la lumière produit les couleurs. Il ne faut donc pas nous laisser effrayer de la multitude des phénomènes, l'électricité suffit à tout : mouvement, forme et couleur, tout est là.

De tous les phénomènes, celui qui est peut-être le plus beau, le plus fécond en résultats et le plus universel, c'est la combustion ; il mérite une attention spéciale. La combustion, prise dans le sens général et scientifique, est toute combinaison avec l'oxigène. Il est clair que dans l'être, la lumière, le beau, l'harmonie, étant l'union du positif absolu et du négatif absolu, le phénomène par excellence doit être celui qui, plus que tous les autres, réunit le négatif au positif. Or, l'oxigène est de tous les corps celui qui renferme le plus exclusivement l'électricité négative, qui, comme nous l'avons vu, est la première à attaquer la matière, et se trouve, par là, cause première et déterminante de tout phénomène. L'oxigène, par son énergie négative,

(1) Leçon du 20 août 1841.

par son caractère agresseur, par son activité, renferme donc au plus haut degré les conditions nécessaires pour produire d'une manière vive et complète la réunion du positif et du négatif, et la beauté de son action sera d'autant plus parfaite qu'elle s'adressera à un corps plus exclusivement positif. Aussi, la combustion, ou la combinaison de l'oxigène avec des corps plus ou moins positifs, est le moyen universel employé par les hommes pour se procurer la chaleur et la lumière, c'est-à-dire le feu ; et le plus souvent on l'obtient par le frottement, grand producteur de l'électricité.

A mesure que la science avance, elle voit se multiplier les cas qui peuvent se rapporter à la combustion. On sait maintenant que le plus admirable de tous les phénomènes, la vie matérielle de l'animal, n'est qu'une combustion. Cependant la combustion ne peut être le phénomène unique, car la matière est finie, elle ne peut fournir l'aliment d'un feu et d'une lumière éternelle ; la vie, si tout était combustion, au bout d'un temps donné s'éteindrait donc d'elle-même ; sa perpétuité suppose qu'elle a une contre-partie, qu'à son mouvement direct est opposé un mouvement réflexe qui, ramenant sans cesse les choses au point de départ, lui permet de recommencer toujours. La vie, dans son ensemble, ne peut se concevoir comme un va et vient, elle ne peut espérer de marcher sans fin qu'en tournant dans un cercle ; il faut absolument deux vies : l'une positive, l'autre négative. MM. Dumas et Boussingault nous ont montré la contre-partie de la vie animale dans la vie végétale. M. Dumas, dans sa belle leçon du 20 août 1841, nous fait voir les animaux brûlant les matières organisées, tandis que les plantes préparent l'oxigène des matières brûlées par l'animal, et les rend de nouveau combustibles.

« Si nous nous résumons, dit-il en terminant, nous « voyons que de l'atmosphère primitive de la terre, il « s'est fait trois grandes parts : l'une qui constitue l'air « atmosphérique actuel, la seconde qui est représentée par « les végétaux, la troisième par les animaux.

« Entre ces trois masses, des échanges continuels se pas- « sent : la matière descend de l'air dans les plantes, pé- « nètre par cette voie dans les animaux, et retourne à l'air « à mesure que ceux-ci la mettent à profit.

« Les végétaux verts constituent le grand laboratoire de « la chimie organique ; ce sont eux qui, avec du carbone, « de l'hydrogène, de l'azote, de l'eau et de l'oxide d'am- « monium, construisent lentement toutes les matières or- « ganiques les plus complexes. Les animaux défont peu à « peu ces matières organiques, créées lentement par les « plantes, et les ramènent peu à peu vers l'état d'acide « carbonique, d'eau, d'azote, d'ammoniaque, état qui leur « permet de les restituer à l'air. En brûlant ou en détrui- « sant les matières organiques, les animaux produisent « toujours de la chaleur.

« Ainsi, tout ce que l'air donne aux plantes, les plantes « le cèdent aux animaux, les animaux le rendent à l'air, « cercle éternel dans lequel la vie s'agite et se manifeste, « mais où la matière ne fait que changer de place. »

Le règne végétal ne fait pas seulement contre-poids avec la vie animale, mais c'est encore lui qui, soit à l'état naturel, soit à l'état fossile, alimente nos foyers et nos usines.

Le règne végétal nous offre principalement le caractère des beautés négatives ; c'est lui qui repose nos yeux par la verdure, et qui nous procure l'ombre et la fraîcheur. Mais la combustion est le côté fort et brillant de la matière, le feu est la vie ; c'est le grand secret ravi par Prométhée ; il est l'âme de l'industrie; par lui nous neutralisons l'horreur de la nuit et la rigueur de l'hiver; les services qu'il nous rend sont incalculables; mais c'est dans la machine à vapeur que nous l'avons entièrement dompté, et que nous avons réduit en esclavage sa force indomptable, car nous avons organisé cette vie, nous lui avons donné des membres qui exécutent tous les mouvements que nous voulons; il suffit presque d'un geste pour être obéi.

De tous les phénomènes qui manifestent chaleur et lumière, le plus beau et le plus gigantesque c'est la lumière du jour. D'après tout ce que nous venons de dire, cette lumière qu'accompagne toujours la chaleur ne peut être qu'une immense combustion. Mais comment s'opère cette combustion, et quel est son aliment? ce serait un beau problème à résoudre, si les données étaient suffisantes. Voyons les conjectures que nous pouvons tirer de celles que nous avons.

La chaleur et la lumière ont pour cause première la composition et la décomposition de l'électricité; mais nous savons que cela ne suffit pas pour arriver à nos sens, et qu'il faut que l'électricité, dans son mouvement, entraîne la décomposition et la recomposition de la matière inerte; on ne peut donc pas supposer que la chaleur et la lumière nous arrivent toutes faites du soleil, et qu'à trente quatre millions de lieues, il nous jette ainsi des flots d'étincelles enflammées; la science commence à le comprendre, et déjà beaucoup pensent que le soleil agit sur la terre par influence électrique, et que la chaleur et la lumière, telles qu'elles parviennent à nos sens, se font dans l'atmosphère. Le jour est donc littéralement un vaste et magnifique incendie de l'atmosphère. Mais ici les difficultés s'accumulent; quel que soit le corps qui brûle dans l'air, il n'est pas inépuisable, et cette continuelle combustion l'aurait bientôt détruit, s'il n'a pas les moyens de se renouveler. Il faut donc qu'il se passe là quelque chose d'analogue à ce que nous avons vu entre les animaux et les plantes ; il faut que cette vie brillante et radieuse du jour ait sa contre-partie qui achève le cercle dans lequel elle puisse recommencer sans fin ; il faut qu'il y ait continuellement dans l'air décomposition et recomposition ; en un mot, il faut quelque chose qui puisse se décomposer en air, et en quoi l'air puisse se recomposer. De tous les corps de la nature, un seul se présente en assez grande quantité pour alimenter une si immense combustion, c'est l'eau ; mais pour cela, il faudrait que l'eau et l'air eussent les mêmes éléments, et jusque-là la science a cru le contraire. Mais un savant vient de faire une découverte qui jettera sans doute un grand jour sur cette question, et fera peut-être résoudre le problème. M. Schœnbein, de Bâle, vient de décomposer l'azote en hydrogène, et un corps analogue au chlore auquel il a donné le nom d'ozone ; cet ozone ne semble mis là que pour isoler l'hydrogène, et empêcher qu'à la première étincelle, l'atmosphère tout entier ne se réduise en eau avec une épouvantable détonation. Du reste, l'air se trouve en grande partie composé des mêmes éléments que l'eau, oxigène et hydrogène, et dès-lors il peut se faire entre l'air et l'eau un continuel échange.

La découverte de M. Schœnbein donne encore une explication facile de plusieurs faits historiques qui, malgré les efforts des commentateurs, sont restés jusque-là inexplicables.

Nous lisons dans le premier chapitre de la Genèse, que Dieu divisa les eaux en inférieures et en supérieures, et qu'aux eaux supérieures il donna le nom de ciel ; si l'azote est composé en partie d'hydrogène, l'atmosphère tout entière peut être considérée comme ces eaux supérieures dont l'ozone maintient la distinction en maintenant les deux éléments de l'eau à l'état de mélange, et empêchant la combinaison totale qui les confondrait de nouveau avec les eaux inférieures.

Moïse, dans le récit du déluge, nous dit que les écluses du ciel s'ouvrirent: *Et cataractœ cœli apertœ sunt;* si l'air renferme tous les éléments de l'eau, on peut supposer, pour expliquer ce texte, qu'une grande partie de l'atmosphère s'est fondue en eau et a inondé la terre. Cette hypothèse entraîne plusieurs conséquences très remarquables. Les astronomes regardent la grandeur de l'atmosphère comme une richesse pour un globe. Et en effet, plus l'atmosphère est grande, plus il doit y avoir d'équilibre entre le froid et le chaud, et d'harmonie entre les saisons et les climats. En outre, l'atmosphère plus grande pesant davantage, doit condenser les couches inférieures de l'air où respirent les êtres vivants; or, nous savons que si la pureté est une des qualités précieuses de l'air, sa pesanteur le rend aussi plus favorable aux poumons: lorsque le baromètre baisse beaucoup, un grand nombre de personnes se trouvent fatiguées et languissantes comme des machines dont le feu se ralentit; mais on respire l'air avec délices lorsque le baromètre indique sa plus grande pesanteur. La médecine a tiré parti de la condensation de l'air. Pour soulager les poumons faibles, on met le malade sous une cloche hermétiquement fermée, et au moyen d'une pompe foulante on y accumule l'air; le malade, pendant cette opération, respire plus à l'aise et éprouve un bien-être et une vigueur qui contraste avec sa faiblesse habituelle. Supposons donc qu'avant le déluge l'atmosphère, au lieu d'avoir dix-huit lieues comme maintenant, ait eu cent ou mille lieues, le cercle de la vie organique prend des dimensions colossales; les végétaux trouvent dans l'air un aliment bien plus abondant et plus fort, les fruits sont plus beaux et plus succulents ; la vie de l'homme trouve, dans l'oxigène accumulé, une vigueur et une activité bien plus grande; aussi le voit-on prolonger sa vie jusqu'à près de mille ans. Mais au déluge, cette atmosphère se dissout en partie, le globe est appauvri et presque noyé dans ses océans, ses fruits ne suffisent plus à la nourriture de l'homme; l'homme ne respire plus à l'aise dans cet oxigène dilaté, et selon la menace de Dieu, la vie de l'homme n'est plus que de cent vingt ans.

Enfin, l'azote éliminé, il ne nous reste plus que deux gaz permanents qui sont probablement les seuls simples, et dont le sens est facile à comprendre, car toutes leurs propriétés nous font voir en eux la manifestation des deux électricités.

L'oxigène est, comme toute la chimie l'enseigne, le plus négatif de tous les corps; il l'est tellement qu'il n'y aurait rien d'improbable à le supposer absolument tel. Dans cette hypothèse, l'oxigène serait cette première combinaison dont nous avons parlé plus haut, par laquelle l'électricité négative, abandonnant la positive, s'est emparée de la molécule tétraèdre de la matière inerte.

L'hydrogène, au contraire, est le plus positif de tous les gaz, et, relativement à son poids, il serait le plus positif des corps. Il ne peut se combiner qu'avec les corps les plus négatifs; lorsqu'il brûle par l'oxigène, il donne la chaleur la plus intense et la lumière la plus vive, avec celle de la pile électrique. Cette vive lumière ne devrait être l'effet que de la réunion du plus négatif avec le plus positif. Quoi qu'il en soit, il reste toujours que ces deux gaz composant l'eau tout entière, l'atmosphère en très grande partie, et près de la moitié des substances animales et végétales, sont dans la nature les principaux représentants de la double action positive et négative de l'électricité.

Deux forces régissent l'univers : l'une, cause première du mouvement, qui lance les mondes dans l'espace, et celle-ci est une force directe et positive ; l'autre, qui attire les mondes les uns vers les autres, dont la fonction est de modérer le mouvement, et qui, si elle l'emportait, finirait par tout ramener à l'inertie et à l'immobilité ; celle-là est négative. D'après notre théorie, la force positive ne peut avoir d'autre source que l'action du calorique ; elle n'a jamais encore été expliquée d'une manière suffisante. La force négative ne peut avoir d'autre cause que l'électricité ; la science commence depuis peu à le reconnaître, grâce aux beaux travaux de M. Ampère. La résultante de ces deux forces est, comme on le sait, la courbe elliptique, symbole de l'amour et de la lumière.

L'attraction n'a point d'autre cause que l'électricité. La science a observé, dans l'électricité, une cause d'attraction, et depuis qu'elle a reconnu l'identité de l'électricité et du magnétisme terrestre, il lui est impossible d'en assigner une autre. D'un autre côté, après tout ce que nous avons dit, il est impossible de l'attribuer à la matière inerte, car ce serait lui donner une action et elle n'en a point, toutes ses propriétés étant des non-propriétés. Donc toute attraction, même celle qu'on appelle pesanteur, vient de l'électricité et s'expliquera tôt ou tard par elle.

On sait qu'un corps électrisé positivement attire un corps électrisé négativement ; mais cette attraction se détruit elle-même, car les corps, en s'attirant, échangent leurs fluides exubérants, et finissent par cesser de s'attirer sensiblement. Mais une attraction plus importante et plus curieuse à étudier est celle de l'aimant qui est permanente.

On se demande d'abord quelle peut être la raison de cette propriété merveilleuse qui ne peut se communiquer qu'à très peu de corps? Nous avons posé en principe que la forme étant l'essence de la matière était la raison de toutes ses propriétés. Mais remarquons d'abord que la molécule étant le fondement de tout corps, la forme moléculaire entraîne une propriété fondamentale et ineffaçable; ainsi, la molécule des fluides, ayant une forme qui exprime l'infini ou la vie, a pour propriété fondamentale ce qui, dans la matière, représente la vie, c'est-à-dire le mouvement; nous appellerons donc les propriétés des fluides propriétés vivantes. Tout au contraire, la molécule de la matière inerte ayant une forme qui représente le fini ou la limite, a pour propriété fondamentale l'inertie, et rien ne peut remédier à ce vice de naissance; on aura beau la revêtir, autant qu'elle en est capable, de toutes les courbes possibles, ses formes ne seront jamais vivantes, mais seulement mécaniques. Toutefois ces formes courbes de la matière inerte, toutes inertes qu'elles sont, la rendent moins rebelle à la vie qu'on veut lui donner, et elle devient passive du mouvement. Presque toute la mécanique est fondée sur le rouage, c'est-à-dire sur la forme ronde, qui est celle de la vie. Il faut donc, pour poser clairement notre principe, dire : *Dans la matière, toute propriété mécanique vient de la forme de la matière inerte, et toute propriété vivante vient de la forme de la matière fluide.*

Or, si nous considérons les propriétés de l'aimant, qui sont des propriétés vivantes, nous voyons en lui deux pôles : l'un positif, l'autre négatif; toute la vie, c'est-à-dire la force attractive, se concentre sur ces deux points qui ne sont ni à l'extrémité, ni au centre, mais qui peuvent, selon les circonstances, se trouver à tous les points entre ces deux limites. Autour de l'aimant, existe un courant électrique dont l'axe passerait par ces deux points appelés pôles. Changez deux mots seulement à cette description, mettez *rayons* au lieu d'*attraction*, mettez *circonférence* au lieu de *courant*, et vous aurez une hyperboloïde ou une ellipsoïde. La propriété de l'aimant n'est donc que la traduction vivante des propriétés qui ne sont qu'en image dans une de ces deux figures.

Je conclus de là que dans l'aimant il y a une portion de fluide électrique organisé ; que cette pierre, comme l'homme, a, outre son corps matériel, un corps fluide, et que ce corps fluide a la forme de l'une des deux figures que nous venons de citer.

Deux aimants, mis en rapport, agissent comme le feraient deux molécules électriques. Supposez, en effet, deux molécules électriques suspendues, l'une à côté de l'autre sur un pivot, nous savons que l'électricité négative repousse l'électricité négative et attire la positive ; or, l'électricité négative n'est que la moitié de la molécule complète qui forme une hyperbole, les deux molécules tourneront donc sur leur pivot jusqu'à ce que les pôles de même nom soient opposés, et les pôles de noms différents rapprochés.

Comment se fait-il que deux pierres, qui renferment une infinité de molécules électriques, agissent comme si elles n'étaient qu'une seule molécule? Il faut pour cela que la multiplicité des molécules ait été ramenée à l'unité d'une seule, et la matière n'a d'autre unité que celle de la forme ; l'électricité de la pierre d'aimant s'est donc groupée et a pris la forme d'une seule molécule électrique ; alors chaque molécule a perdu son action spéciale, l'action de toutes se concentre sur un seul point, sur le foyer de la courbe; et ce seul point représente la force sommaire de toutes réunies. Ou plutôt, comme la courbe a deux foyers, l'un négatif, l'autre positif, toute la force négative se résume dans le foyer négatif, toute la force positive dans le foyer positif. Ainsi un aimant, au lieu d'agir avec chaque molécule sur chaque molécule d'un autre aimant, agit avec le pôle sommaire sur le pôle sommaire, et cette action concentrée met à découvert l'attraction du positif pour le négatif et la répulsion des pôles de même nom. Malgré cela, l'attraction est sommaire et totale; un aimant qui approche son pôle négatif du pôle négatif d'un autre, enlève l'aimant tout entier avec ses deux pôles, et ne s'en sépare quelquefois qu'avec une grande résistance. S'il est vrai que la force de répulsion des pôles de même nom soit moins énergique que l'attraction des pôles opposés, il suit de là qu'entre deux aimants, toute déduction faite, il y attraction, et qu'il en doit être ainsi entre deux molécules électriques. Examinons les conséquences de ce fait, elles sont importantes.

D'après ce que nous avons dit, chaque molécule de matière inerte dans les corps est accompagnée d'une molécule électrique; chacune de ces molécules électriques a une attraction pour les autres molécules électriques : un corps attire donc un autre corps par l'influence de toutes ses propres molécules électriques sur toutes les molécules électriques de l'autre. On peut donc expliquer la pesanteur par l'électricité seule, et attribuer avec fondement à la molécule électrique qui est dans la matière, tout ce que l'on a attribué hypothétiquement jusque-là à la molécule inerte. Ceci posé, une foule de choses s'expliquent clairement.

1° Toutes les molécules électriques d'un aimant ne sont point employées dans l'organisation de son corps fluide ; il est probable, au contraire, que le très grand nombre reste occupé à relier ensemble les molécules inertes et à former le corps palpable. Entre deux aimants il y a donc, outre l'attraction magnétique qui vient des molécules organisées en corps fluide, une attraction qui vient des molécules non organisées, et qui agit en raison des masses et des distances.

2° Toutes les molécules de la terre agissant de cette dernière manière, l'attraction mutuelle des corps qui sont à sa surface est inappréciable à cause de la petitesse de leur masse, relativement à celle de la terre ; aussi c'est à peine si les montagnes font dévier le fil à plomb, et il n'est que les appareils les plus délicats inventés par la science qui puissent apprécier l'attraction des corps d'une petite dimension.

3° La terre, comme l'aimant, a une portion d'électricité organisée : ce corps fluide, comme celui de l'aimant, a ses pôles et ses courants ; mais ce qui est remarquable, c'est que dans la terre, les pôles, l'équateur et le mouvement du corps fluide ne sont point les mêmes que ceux du corps inerte. La terre a donc sur tous les corps qui sont à sa surface une double action : par son corps grossier elle les rend pesants, par son corps fluide elle ajoute à cette pesanteur ; mais comme les pôles magnétiques sont presque au centre, ils contribuent à faire prédominer l'attraction du centre.

4° La terre a sur les corps aimantés une double action : par la masse elle les rend pesants ; par le magnétisme elle les dirige, lorsqu'ils sont libres de leurs mouvements.

5° Lorsqu'on aimante un corps, on n'ajoute point à ses

molécules électriques, seulement on en organise une partie; mais, après tout, l'action de ce corps fluide concentré aux deux foyers ne représente que la somme des molécules qui entrent dans son organisation; l'aimantation qui rend les corps sensibles à la direction du magnétisme terrestre ne doit donc rien ajouter à leur poids: c'est ce que confirme l'expérience.

6° Lorsque deux corps contiennent, l'un plus d'électricité positive, l'autre plus d'électricité négative, il y a une attraction sensible entre eux, qui provoque quelquefois leur décomposition; c'est ce genre d'attraction qu'on appelle affinité, et qui est le grand agent de la chimie.

7° Lorsque les molécules se touchent et que leur distance se trouve par là infiniment petite par rapport à celle de la terre, l'attraction de la terre est vaincue; c'est en cela que consiste la force de cohésion, qui fait la continuité des corps solides.

8° La proximité exigée pour la cohésion est proportionnée à la petitesse des molécules qui agissent isolément; c'est pourquoi un aimant peut agir sur un autre aimant à des distances en apparence beaucoup plus grandes, mais proportionnées à la grandeur de l'aimant qui doit se considérer comme une seule molécule. En outre, l'attraction du corps fluide de la terre étant concentrée à des foyers éloignés de la surface par l'énorme distance de quinze cents lieues, l'aimant peut lutter facilement contre son influence.

9° Le soleil et la terre devant se considérer comme deux aimants, il suit qu'ils ont l'un sur l'autre une double action, l'attraction de la masse et l'influence magnétique. Or la terre présentant alternativement au soleil ses deux pôles négatif et positif, il est facile de concevoir que l'action magnétique doit être plus ou moins forte, selon le pôle, et que cette différence suffise pour déterminer l'ellipse qu'elle parcourt.

Enfin on peut se demander quelle est précisément la forme de ces corps fluides, soit dans la terre, soit dans le soleil, soit dans l'aimant; car nous avons vu deux figures se présenter, l'ellipse et l'hyperbole. Ces deux figures sont en effet les seules qui aient deux foyers ou deux pôles : ces deux figures sont unies par des rapports intimes; leurs équations algébriques, sauf un signe, sont absolument les mêmes, et au fond elles représentent toutes deux les mêmes objets sous des points de vue divers; toutes deux expriment la double idée de l'être et du non être, mais l'hyperbole à l'état de distinction, et l'ellipse à l'état d'inséparable union. Lorsque l'idée de l'être et du non-être s'unissent dans la lumière divine, nous savons qu'elle conclut à l'humilité, c'est-à-dire à la préférence de l'idée de l'être : il semblerait donc que dans l'ellipse qui n'est que l'union des deux demi-courbes de l'hyperbole, l'influence positive doive absorber l'autre et régner seule. La double action des pôles de la terre et de l'aimant, la répulsion des pôles de même nom, sont bien mieux exprimées par l'hyperbole; il faudra donc admettre l'hyperbole comme forme de leur corps fluide.

Nous ne pouvons employer les mêmes arguments en parlant du soleil, car nous n'avons aucune expérience de sa double polarité : nous ne savons pas si elle est distincte ou harmonique; tout ce que nous savons, c'est qu'il est lumineux par lui-même, et que la terre ne l'est pas. Or n'est-il pas possible et même probable que si l'électricité organisée d'un globe prend la forme elliptique, qui est la forme de la lumière, il donnera à ce globe le merveilleux pouvoir de manifester la lumière par lui-même? On peut donc penser que c'est à la forme elliptique de son magnétisme que le soleil doit de manifester la lumière, soit à sa propre surface, soit à la surface des globes sur lesquels il agit. Au reste, il est impossible de rien savoir avec certitude sur la nature de cette lumière à la surface même du soleil. Lorsqu'on s'élève à une grande hauteur dans l'atmosphère, le soleil semble perdre ses rayons et diminuer son éclat : qui sait si ce n'est pas la combustion de notre propre atmosphère qui nous fait paraître sa chaleur brûlante et son éclat insupportable? qui sait si ce beau globe sans nuit n'est pas éclairé par une lumière à la fois plus blanche et plus douce, et n'est pas un séjour mille fois plus délicieux que le nôtre?

Quoi qu'il en soit, s'il faut admettre la loi que nous avons posée, que toute propriété vivante vient de la forme fluide, nous pouvons conclure avec probabilité que les globes lumineux par eux-mêmes, c'est-à-dire le soleil et les étoiles, sont tels, parce que leur magnétisme a la figure de l'ellipse, qui est la forme de la lumière; que les planètes au contraire, avec leurs satellites, sont privées de cette glorieuse propriété, parce que leur corps fluide a la figure de l'hyperbole, forme de la distinction.

Par la même raison que nous avons attribué l'attraction, force négative, à l'électricité, symbole du Fils, nous devons attribuer tout mouvement direct, et principalement la force tangentielle des globes, au calorique, symbole du Père. La science tend à cette conclusion : elle reconnaît que le calorique est le principe de la dilatation, et que c'est presque toujours dans la dilatation que le mouvement prend son origine; nous avons vu d'ailleurs que celui de tous les phénomènes qui manifestait le plus la chaleur, c'était le roi des phénomènes, la combustion, qui est la combinaison du négatif oxigène avec les différents corps plus ou moins positifs, et surtout avec l'hydrogène.

Aussi, regardez dans la nature, nous ne voyons qu'un seul grand mouvement qui soit dû à l'attraction, c'est le mouvement rétrograde de l'eau qui vient rentrer dans l'immobilité de l'Océan ; mais cette eau ne rentrerait pas ainsi si elle n'était sortie, et c'est la chaleur qui l'a d'abord vaporisée dans l'Océan, qui l'a élevée dans les nues, et c'est là le mouvement direct. Du reste, on attribue les vents à la dilatation de l'air ; c'est à la dilatation qu'est due la puissance motrice de la poudre et de la vapeur ; enfin tous les êtres qui ont le mouvement en eux, c'est-à-dire les animaux, sont, comme nous l'a dit M. Dumas, après Lavoisier, un appareil de combustion.

Lorsque la combustion se fait avec une grande rapidité, la dilatation et avec elle le mouvement sont subits ; c'est ce que nous appelons explosion. Qu'est-ce qui empêche la rapidité de la combustion ? C'est que le corps qu'attaque l'oxigène étant déjà composé, il faut qu'avant d'opérer sa combinaison, il détruise la combinaison préexistante, et cette double opération ralentit sa marche. En outre, le corps composé renfermant les deux électricités, l'oxigène exclusivement négatif est d'autant moins attiré vers lui, que celui-ci renferme plus d'électricité négative. Mais lorsque les éléments du corps composé, chargés tous deux d'électricité semblable, ont si peu d'affinité qu'ils sont prêts à se séparer à la moindre impulsion, comme dans la poudre ; ou bien lorsque le corps est très positif, comme l'hydrogène et le potassium, la combinaison de l'oxigène est instantanée, et l'explosion a lieu.

Lorsque l'électricité, pour la première fois, s'est trouvée en présence de la matière inerte encore sans aucune composition, l'électricité négative comme nous l'avons déjà dit, a dû se séparer de l'autre et s'emparer de toutes les molécules tétraèdres; l'électricité positive a dû de son côté s'unir à toutes les molécules cubiques. Il a dû résulter de là deux corps très peu denses, puisque composés de la même électricité, chaque molécule tend à repousser les autres; ces corps devaient être des gaz. Mais la répulsion du positif pour le positif est plus forte, plus absolue que celle du négatif pour le négatif. Nous le voyons en Dieu où le positif est un et indivisible, tandis que la forme négative est divisible et renferme la possibilité de deux modes, l'infini et le fini; nous le voyons encore dans l'amour, car la société, qui a quelquefois admis la polygamie, n'a jamais reconnu qu'un mari ou chef de famille. Et parmi les animaux, presque sans exception, le mâle est seul et ne peut souffrir de rival, tandis que les femelles sont souvent en nombre. Il suit de là que le gaz positif doit être moins dense que le gaz négatif, et nous voyons qu'en effet l'hydrogène, gaz positif, est le moins dense des corps connus.

Mais voilà en présence, en quantité immense, deux gaz simples dont l'union se fait avec la plus grande chaleur, la plus belle lumière et la plus vive explosion. La matière a donc dû par cette union se convertir en eau et être lancée avec force dans l'espace.

Nous pouvons maintenant nous faire une idée à la fois sublime et effrayante de ce premier jour de la création si brièvement mais si exactement raconté par Moïse. Au commencement, dit-il, Dieu créa le ciel et la terre; ce premier acte ne produit que le chaos, car c'était cette matière inerte et obscure sans autre forme que celle de sa molécule. La terre était informe et en désordre, dit l'hébreu. *Invisible* et *incomposée*, dit la version des Septante. Cette matière sans attraction, sans liaison, sans consistance, n'a point de nom dans les langues; l'historien la compare à de l'eau, et fait planer au-dessus de la matière l'esprit éternel, c'est-à-dire, selon quelques-uns, l'immensité divine qui contient l'espace dans son indivisible unité.

Dieu dit que la lumière soit, par cette parole célèbre Dieu crée les trois fluides; avec la rapidité qui leur est propre, les deux électricités se séparent en parties, l'une s'empare des molécules tétraèdres, l'autre des molécules cubiques de la matière inerte, et cette masse immense de matière se trouve formée en oxigène et hydrogène. Il ne faut alors à Dieu qu'une étincelle pour enflammer et changer en eau toute cette masse avec la plus gigantesque et la plus terrible explosion dont la pensée puisse épouvanter l'imagination de l'homme. Quelle puissante chaleur! quelle sublime lumière durent alors remplir l'espace! Voilà donc les mondes lancés par cette subite et universelle manifestation du calorique, roulant çà et là dans l'espace leurs masses énormes d'eau. Mais ces mondes divisés par l'explosion commencent aussitôt à agir les uns sur les autres par l'attraction, les petits sont arrêtés au passage par les plus gros et dévient de la ligne droite qu'ils avaient commencé de parcourir. Un corps en mouvement arrêté d'un côté se met à tourner sur lui-même, c'est peut-être en tournant sur eux-mêmes que les mondes s'aimantent; alors commence sous la double influence de l'attraction et du magnétisme cette belle course elleptique des planètes; avec la course qui la symbolise, l'harmonie prend possession du monde, et l'ordre admirable de la création monte à la pensée divine comme un sublime concert.

Mais ne nous arrêtons point là, continuons de suivre le récit de Moïse et de contempler l'établissement des lois du monde.

Au milieu de ces grands mouvements, de ces puissantes attractions et de tout ce travail de l'électricité, il se forme de nouvelles combinaisons entre les molécules de la matière, le premier corps qui se forma fut peut-être cet ozone à peine connu encore; par son moyen Dieu décompose l'eau, réduit l'hydrogène et l'oxigène à l'état de pur mélange, les deux électricités séparées de nouveau redonnent à la matière la forme gazeuse, et l'atmosphère est formée. Telle est l'œuvre du second jour que Moïse exprime ainsi : Dieu fit le firmament et sépara les eaux qui sont sous le firmament d'avec les eaux qui se trouvent au-dessus.

Cependant l'électricité continue son œuvre, les combinaisons se multiplient, s'agglomèrent, s'entassent les unes sur les autres, il se forme une masse solide, qui augmente sans cesse; enfin, elle s'élève au-dessus des eaux où elle a pris naissance, et alors continue Moïse : « Dieu dit que les eaux qui sont sous le ciel se rassemblent en un seul endroit, afin que la partie solide apparaisse. Dieu nomma la partie solide terre, et le rassemblement d'eaux mer. »

Les paroles qui suivent font naître une grave et difficile question : « *Dieu dit que la terre fasse végéter toute sorte de végétation.* » Or, la terre ne produit point de plantes qu'on n'en mette le germe dans son sein. Mais qu'est-ce que le germe d'une plante? et par quelle hypothèse peut-on concevoir sa formation? Le récit de la Bible ne semble point indiquer une nouvelle création, car Dieu ne dit pas comme quand il a créé les fluides que la lumière soit. Mais il ordonne à une matière préexistante de former les plantes ; le germe des plantes semble donc être une agglomération de molécules qui, ayant pris une forme spéciale et indestructible, devient un type qui dirige l'action de l'électricité dans le développement de la plante et lui fait produire d'autres agglomérations pareilles.

Mais qui a pu donner à cette agglomération cette indestructibilité que l'électricité respecte, à qui même elle obéit ?

L'unité du germe est, comme nous le voyons, une unité définitive et non provisoire ; en ce sens, elle ne dépend point de l'électricité comme l'agglomération des minéraux. D'un autre côté, ce n'est point non plus l'unité radicale, puisqu'il y a agglomération ; elle ne peut donc être l'effet du calorique, symbole de l'unité radicale, et qui tend par son action à ramener la matière à la molécule qui est cette unité radicale. Toute unité qui renferme le nombre est harmonie ; il n'y a donc que la lumière, symbole dans la matière de l'harmonie éternelle qui puisse par son influence constituer cette unité.

Comment l'action de la lumière peut-elle parvenir au germe ? Lorsque cette quantité immense d'électricité qu'il a fallu pour former tous les mondes s'est détachée de la matière vivante pour se condenser dans la matière inerte, elle a dû entraîner avec elle, en partie du moins, les rayons caloriques et lumineux qui l'avoisinaient. On peut donc concevoir que lorsque l'action électrique a produit des agrégations de molécules d'une forme assez parfaite pour exprimer l'harmonie à un certain degré, le fluide lumineux s'identifie avec cette forme qui lui est sympathique et lui communique l'union inséparable des éléments qui est sa propriété distinctive. Alors cette agrégation devient un germe. C'est donc de la terre que Dieu a tiré les germes des plantes, et il lui a suffi d'employer l'action de l'électricité et de la lumière. Ainsi se termine le troisième jour.

Si nous continuons le récit de Moïse, nous trouverons bientôt une parole plus étonnante que tout ce qui précède. Au commencement du sixième jour, Dieu dit : « Que la terre produise des âmes vivantes selon leur espèce ; *Dixit quoque Deus : Producat terra animam viventem in genere suo.* » Qu'est-ce donc que la vie pour que Dieu charge la terre de la produire? et comment faut-il concevoir cette production?

La vie, nous ne pouvons plus dire le contraire après ce qui précède, c'est l'être, c'est l'unité, c'est l'infini, c'est la substance.

Cette unité radicale et indivisible est partout, partout tout entière, tout entière dans le moucheron comme dans l'homme, comme dans Dieu ; mais en Dieu seul elle est manifestée infiniment, car c'est la forme qui manifeste la vie, et Dieu seul a une forme infinie. Il ne s'agit donc point ici de créer la vie, la vie est ; elle est éternelle, et la manifestation infinie est éternelle aussi. Outre la forme infinie, ou plutôt dans le côté négatif de la forme infinie il y a une infinité de formes finies, dont plusieurs peuvent manifester la vie d'une manière limitée ; lorsqu'une de ces formes manifeste la vie, la vie s'individualise dans cette forme, et c'est cette vie individualisée qu'on appelle une âme vivante.

Entre la forme infinie du Verbe et la vie infinie du Père, il y a une attraction nécessaire, éternelle, infinie. Mais si l'on songe que toute forme finie, même la forme matérielle, n'est qu'une manifestation de cette forme infinie qui est là pensée de Dieu, trouvera-t-on étonnant qu'entre quelques-unes de ces formes et la vie il y ait une attraction assez efficace pour produire l'union?

Nous dirons donc que le germe animal est une forme assez parfaite pour attirer en elle la vie et la manifester. Il n'est donc pas besoin que Dieu façonne une âme exprès pour chaque être vivant, tout se fait par des lois générales. Plongez dans l'Océan un vase fermé, dès que vous l'ouvrirez il se remplira de lui-même de l'immensité d'eau qui l'entoure.

De même toute forme capable d'exprimer la vie se remplit d'elle-même et puise, selon sa capacité, dans l'océan sans rivage de la vie divine. Par-là même donc que la terre, à l'ordre de Dieu, a produit le germe animal, composé lui aussi des molécules élémentaires, elle a produit en un sens des âmes vivantes.

Mais pourquoi y a-t-il des formes capables de vie et d'autres qui ne le sont pas, et quel peut être leur caractère distinctif? Ne nous écartons point des principes. La vie, c'est l'unité ou l'infini; toute forme donc qui exprime et renferme l'unité ou l'infini doit être une forme vivante; toute forme, au contraire, qui exclut l'unité ou l'infini, une forme incapable de vie.

Il se présente maintenant une conséquence devant laquelle nous ne pouvons plus reculer. Puisque les fluides ont une forme qui exprime l'infini et l'unité, ils ont la vie, et chacune de leurs molécules est un être vivant. Après tout, leur activité aurait déjà dû nous le faire soupçonner, car il est impossible, en bonne philosophie, de trouver la source première du mouvement dans le fini; cette vérité est déjà reconnue. L'auteur du livre de l'unité, que nous avons déjà cité plusieurs fois, dit page 588 : « *Il n'y a rien hors du mouvement, et il n'y a point de mouvement ni physique ni intellectuel possible sans l'unité.* »

Il faut donc que partout où il y a mouvement, il y ait un principe vivant, et ces trois fluides, qui donnent à toute la nature la vie avec le mouvement, sont cette âme du monde dont parlent les anciennes traditions des peuples.

Cette idée paraîtra peut-être étrange à quelques-uns; mais comme qu'on veuille expliquer le monde, toutes les fois qu'on voudra remonter des effets aux causes, il faudra bien arriver enfin à la cause première qui est cette unité indivisible de l'être divin. Il faudra bien supposer un point de contact entre Dieu et le monde qu'il régit; or, tout ce qui touche à la vie communique la vie; la vie ne se manifeste dans la matière qu'en s'exprimant en elle, et le point de contact entre la matière et Dieu ne peut être que cette matière fluide qui est par sa nature la plus voisine possible de l'esprit.

Mais ce qui empêche notre esprit de saisir de suite de pareilles conclusions, c'est que nous nous sommes fait une fausse idée de la vie. Nous ne regardons ordinairement comme vie que celle qui manifeste au dehors sa conscience; mais arrivée à ce point-là, la vie a déjà atteint une grande perfection, et elle a parcouru une infinité de degrés depuis son état élémentaire. L'idée de vie, dans sa plus grande abstraction, renferme bien, il est vrai, l'idée d'une détermination quelconque, car, comme dit M. Lamennais: « *L'indéterminé n'est pas et ne peut pas être;* » mais elle peut se concevoir sans aucune conscience, sans aucun sentiment ni de son être, ni même de sa distinction; or, la vie, telle qu'elle est dans les fluides, est à l'état tout-à-fait rudimentaire; elle n'a point d'autre formule que la figure mathématique de la molécule, privée de toute sensibilité, de toute spontanéité, elle n'a de la vie que le mouvement, et ce mouvement aveugle exécute fatalement la loi mathématique de la courbe qui la détermine.

Dans l'aimant, la vie commence à sortir de son état élémentaire, elle se groupe et forme un ensemble; dans la plante, la vie, plus compliquée encore, commence à s'individualiser et s'organise d'une manière plus variée et plus vivante. Toutefois, c'est toujours la matière fluide qui est l'élément de toute vie où la matière prend part; sans elle il n'y a que mort et inertie. Le germe organisé est bien une agglomération de molécules inertes, mais cette agglomération ne doit son arrangement qu'à l'industrie de l'électricité, son indestructibilité à la lumière, et son développement à l'expansion du calorique; ce n'est que d'une manière passive que la matière inerte participe à la vie; la façon que lui donnent les fluides lui empêche d'y être un obstacle, mais elle n'a jamais réellement la vie en elle, pas plus que le verre transparent n'a la lumière en lui.

La vie des plantes, comme celle de l'aimant, est une vie aveugle qui n'a aucun sentiment d'elle-même; et quoique sous d'autres rapports elle paraisse bien supérieure, il en est un où elle semble moins parfaite, car elle ne nous montre pas ce centre indivisible où toute la vie converge; on dirait qu'elle est moins une.

Avec l'animal commence un nouvel ordre de choses. Ce n'est plus seulement une vie d'action, mais encore une vie de relation; elle se distingue et se sent en sentant ce qui n'est pas elle; l'individualité est affranchie des lois mathématiques qui dirigent la molécule, elle jouit de la spontanéité; il y a là plus que la vie, il y a le germe de l'idée du non-être. Cette forme matérielle effleure la forme spirituelle.

Enfin, l'homme réalise la vie spirituelle. Mais d'abord sachons bien en quoi consiste cette vie spirituelle, et nous verrons ensuite comment elle peut prendre naissance.

Ce qui détermine la vie, c'est la forme : donc la vie ne peut être spirituelle que par la forme spirituelle. Comment la forme spirituelle attire-t-elle la vie ? Si nous suivons les mêmes principes que précédemment, il faudra dire qu'elle attire la vie parce qu'elle exprime l'infini ou l'unité. Or, c'est par l'idée de l'être que l'esprit atteint l'unité et conçoit l'infini ; donc toute vie spirituelle suppose la double idée de l'être et du non-être, et par conséquent les sept facultés.

Ici le fait confirme la théorie, car les anges et les hommes, seuls êtres spirituels finis, jouissent de l'intelligence, de la raison et de la liberté.

On peut donc concevoir maintenant la création des anges. Dans les infinies divisions de la pensée divine, il y a différentes combinaisons où entre l'idée de l'être ; toutes ces combinaisons ont la puissance d'attirer l'être qu'elles expriment et de le personnaliser ; et par-là elles deviennent des anges, c'est-à-dire des esprits purs et sans mélange de matière.

Mais, dira-t-on, il suivrait de là que les anges sont éternels ; car les idées divines qu'ils réalisent étant éternelles en Dieu, ont dû avoir de toute éternité cette puissance d'attirer la vie. Cette objection peut s'appliquer à la création tout entière, qui n'est toute qu'une réalisation de la pensée divine ; et la réponse sera la même.

Les idées de Dieu sont éternelles en elles-mêmes, mais non quant à leur objet. Dieu conçoit tout éternellement, mais non sous le mode éternel. Prenons un exemple qui fera comprendre cela. Parmi les idées de Dieu se trouve celle du temps. Quand bien même Dieu a cette idée comme les autres de toute éternité, il ne peut concevoir le temps autrement qu'avec un commencement et une succession. Il ne peut donc le concevoir éternel, puisqu'il exclut l'idée d'éternité. Or, Dieu ne peut réaliser les choses autrement qu'il ne les conçoit; donc, quoiqu'il ait de toute éternité l'idée du temps, il n'a pu la réaliser de toute éternité.

Mais tous les êtres finis sont, par leur côté fini, sujets au temps; l'idée seule de fini exclut celle d'éternité; donc Dieu, tout en les concevant de toute éternité, les conçoit dans un ordre successif, dans une certaine relation avec le temps ou avec l'espace, et il n'a pu les réaliser autrement que dans un ordre successif qui suppose un commencement.

La création est une effloraison naturelle de la pensée divine; si elle pouvait être éternelle, elle le serait; si elle ne l'est pas, c'est que son idée exclut celle de l'éternité; de même, si elle n'est pas nécessaire, c'est que son idée exclut celle de nécessité.

Si la réalisation du fini, qui renferme l'idée de succession, a dû nécessairement avoir un commencement, le nombre des formules d'êtres qui sont dans l'intelligence divine n'a pas de terme assignable, cependant il est tout aussi naturel de réaliser les unes que les autres; il est donc à croire que toutes auront leur tour, et que si la création a commencé, elle ne finira pas. Dieu, dans l'œuvre des six jours, a créé tous les types, dont le nombre, comme nous l'avons vu, est limité, puisque, en dehors de Dieu, tous les êtres possibles peuvent se renfermer en trois séries : la matière inerte, qui exprime l'idée du non-être; la matière vivante, qui exprime l'idée du non-être jointe à la vie; enfin, l'intelligence, qui exprime l'union de l'être, a la double idée positive et négative, cette dernière étant finie.

Dieu ne crée donc plus de nouveaux types; mais la multiplication et le développement de ces types, la réalisation successive des innombrables nuances qu'ils peuvent revêtir continue encore et continuera toute l'éternité. Toujours du sein fécond de la pensée divine il s'échappera des esprits revêtus d'immortalité, comme l'oiseau s'échappe du nid où il a vécu renfermé jusqu'alors; toujours les vies matérielles se multiplieront et se succéderont dans le temps et dans l'espace; les mondes eux-mêmes semblent réaliser la même loi; les astronomes croient voir dans les innombrables nébuleuses qui se perdent dans la profonde voûte du ciel, des amas de matière élémentaire et des globes en formation; d'un autre côté la lune, comme un globe décrépit, semble avoir perdu son atmosphère, et avec lui la vie qui embellissait sa surface. Les comètes sont des corps gazeux; on dirait de quelques-unes, des atmosphères flottantes dans l'espace. Qui sait si elles ne sont pas destinées à revêtir d'un nouveau vêtement de vie les globes vieillis que leur course singulière les expose à rencontrer.

De toutes les vies, celle dont la formation est la plus difficile à concevoir, c'est celle de l'homme, en laquelle toutes les autres se renferment et s'unissent. Le germe humain, qui est le principe de la vie humaine, est le chef-d'œuvre de la création matérielle; aussi Dieu semble y avoir mis toute son attention, et il l'a pétri de ses propres mains avec le limon de la terre. Ce germe doit être double, puisque nous avons deux corps, deux organisations: l'une fluide, l'autre matérielle, qui est comme l'enveloppe et l'écorce de l'autre; écorce qui tombera lorsque le fruit sera mûr, enveloppe que nous laisserons à la terre pour nous envoler avec le corps spirituel, selon l'Écriture et saint Paul, dans un monde plus parfait et surnaturel. Nous avons dit que c'était la lumière qui donnait au germe organisé son indestructibilité : ce germe fluide, le plus parfait de tous qui doit donner naissance à un corps d'une destinée sans fin, ne doit-il pas être une agglomération de molécules du fluide le plus parfait, c'est-à-dire de molécules lumineuses? Saint Paul nous apprend que les corps spirituels des élus seront différents les uns des autres; mais toute cette différence il la place dans la plus ou moins grande clarté qui est la propriété de la lumière; il nous porte donc à penser que notre corps fluide n'est qu'une portion de fluide lumineux organisé et condensé, et dont la condensation et l'harmonie peuvent multiplier et embellir la lumière à un grand nombre de degrés.

Quoi qu'il en soit, ce germe lumineux et l'écorce matérielle qui l'accompagne, par la perfection de leur forme, attirent puissamment la vie. La vie, arrivée dans ce beau palais construit de main divine, ne s'y trouve point à l'étroit comme dans le germe bestial. Elle trouve dans le front de l'homme des images sensibles qui appellent l'idée, en lui laissant un libre champ de développement; c'est pourquoi la vie, par l'expansion qui lui est naturelle, agit dans l'homme, dans le temps, comme elle agit dans Dieu éternellement; elle engendre, finie, cette idée du non-être qui, infinie en Dieu, fait la seconde personnalité divine : cette forme spirituelle qui vient de naître appelle l'idée de l'être, comme la forme matérielle avait appelé la vie; la sagesse infinie de Dieu, une, indivisible comme l'être dont elle est la vive image, se manifeste alors dans l'homme, et son front est couronné de la double auréole de la vie infinie et de la forme infinie en un sens. Enfin l'idée de l'être, s'unissant à l'idée finie du non-être, produit la raison ou la lumière intellectuelle.

Dans cette admirable construction de l'homme, l'idée même de l'infini et la lumière qui en résulte trouvent en arrivant un logement royal préparé, où elles peuvent prendre possession de la matière; car ceux qui ont compté les organes du cerveau humain y ont trouvé l'organe de la causalité et celui de la comparaison.

Nous voyons que la forme spirituelle elle-même, à son point de départ, est dépendante de la forme matérielle dans laquelle elle se dilate; mais une fois qu'elle est constituée, qu'elle a acquis la conscience et par elle la personnalité, elle a une vie à part, qui peut lutter contre la vie matérielle, la dominer, la vaincre, la briser. Ce n'est plus alors la vie matérielle qui développe l'autre; mais la vie spirituelle se développe par elle-même, et malgré la résistance de la vie inférieure qu'elle entraîne plus ou moins dans son développement.

Enfin lorsque Dieu, par la révélation, tend la main à la vie spirituelle; lorsque la lumière infinie fait descendre en elle, par la grâce, les rayons de sa lumière, elle s'élève à une hauteur où le corps ne peut plus la suivre, du moins le corps grossier. Mais cette grandeur que donnent la foi et la sainteté reste cachée comme un trésor, jusqu'au jour de la récompense; alors elle brillera de tout son éclat, comme une lumière qui, renfermée dans un double vase, l'un intérieur et transparent, l'autre extérieur et opaque, apparaît tout d'un coup lorsque l'argile se brise, et ne laisse plus que la lumière et sa demeure de cristal.

Le corps humain se transmet de génération en génération, et, sous l'empire de la volonté libre, il peut s'améliorer ou se détériorer. L'art social amène peu à peu sa perfection par l'amélioration des races; il veille à son développement dans l'individu par l'éducation. C'est dans le type humain que la matière peut réaliser sa plus grande perfection, le degré auquel elle peut s'élever est inassignable; mais elle a atteint son sommet, lorsqu'écartant toute action humaine, l'Esprit-Saint a déposé lui-même dans le sein de Marie un germe, chef-d'œuvre de la Divinité; alors l'attraction avec l'infini a été telle, qu'elle a été complète et a réuni Dieu et la matière dans une même personne: « *Verbum caro factum est.* »

Nous voyons maintenant combien la puissance de la forme est plus grande que nous ne le pensions. C'est que la forme, quand elle est infinie, est aussi une personne divine. Mais ceci doit nous faire comprendre dans quelle grossière erreur sont ceux qui affectent de mépriser les formes saintes du culte, et qui voudraient réduire l'homme à une adoration métaphysique et abstraite de la Divinité. Certes, quand un Dieu descend du ciel pour nous apprendre les rites qui doivent accompagner le culte qu'on lui rend, ce culte surnaturel dont nous étions évidemment incapables de deviner les exigences, nous devons penser que les formes ne sont pas inefficaces, et qu'elles peuvent bien être puissantes aussi dans l'ordre de la grâce, puisqu'elles le sont tant dans l'ordre de la nature.

L'application de notre théorie de l'être à la physique nous a déjà fourni de nombreuses conséquences : ce n'est pas ici le lieu de les épuiser; mais qu'on m'en permette encore une, relative à la lumière.

Lorsque les physiciens traitent de l'arc-en-ciel et du spectre solaire, ils supposent ordinairement que la lumière composée de sept rayons se décompose par l'action du prisme. Dans notre théorie, il est impossible d'admettre la décomposition de la lumière; c'est au contraire la lumière qui est l'harmonie, et qui communique à toute matière son indestructibilité. Cherchons donc une hypothèse plus conforme aux principes que nous avons admis.

Les trois fluides, comme on le pense généralement, remplissent tout l'espace. On ne peut pas supposer leurs molécules pêle-mêle et sans aucun ordre; d'un autre côté, comme ils ne se manifestent à nous que par la matière inerte, leur régularité naturelle dans l'espace échappe à toute investigation directe. Cependant, quel que soit le centre de la création, il est raisonnable de penser qu'ils s'échappent de ce centre, et rayonnent de là dans toute la nature. Si donc nous admettons la supposition qui fait de la création un immense cône, les trois fluides partiront du sommet du cône et le rempliront tout entier de leur vie. La première idée qui se présente, c'est de grouper ces rayons trois à trois pour former un rayon triangulaire composé des trois fluides. Mais l'observation des courants électriques fait naître d'autres suppositions. En effet, dans tous les phénomènes où nous pouvons étudier le courant électrique, nous lui voyons toujours une marche transversale, relativement au grand axe du phénomène; c'est ce qu'on voit surtout dans l'aimant et dans le magnétisme terrestre. Au reste, la forme même des fluides indique une marche et une action différentes. Le calorique qui est sphérique a pour mouvement naturel de tourner autour de son centre et d'un axe que les circonstances doivent déterminer; la lumière qui est elliptique a pour mouvement naturel de tourner autour de son grand axe qui passe par les deux foyers; l'électricité qui procède par décomposition et recomposition, c'est-à-dire séparation et réunion alternative des deux demi-courbes de l'hyperbole, ne peut exécuter ce mouvement qu'en tournant autour d'un axe perpendiculaire à une ligne qui passerait par ses deux foyers. Ceci posé, si l'on veut que les mouvements des trois fluides puissent s'exécuter sans se contrarier, il faut que tous les axes soient parallèles et par conséquent que le rayon électrique soit perpendiculaire aux deux autres rayons, comme le représente la figure 18. Si le rayon lumineux tourne de gauche à droite, le rayon calorique qui l'avoisine doit tourner de droite à gauche comme l'exigent les lois mécaniques; si on suppose ensuite que l'hyperbole électrique tourne alternativement autour des deux axes des rayons lumineux et calorique, de sorte que l'axe de son mouvement soit tantôt entre les sommets des branches de l'hyperbole quand elle tourne autour de l'axe calorique, tantôt entre les ouvertures de ces mêmes branches quand elle tourne autour de l'axe lumineux, il en résultera que les molécules positives et négatives seront continuellement transportées dans deux sens divers; si l'une l'est de gauche à droite, l'autre le sera de droite à gauche. En effet, supposons (*fig.* 19) les molécules positives désignées par des voyelles, et les négatives par des consonnes; faisons-les tourner autour de l'axe calorique, les voyelles seront portées à droite, les consonnes à gauche, et se trouveront comme dans la *fig.* 20. Si alors elles tournent autour de l'axe lumineux, les voyelles continueront de passer à droite et les consonnes à gauche. En continuant ce mouvement alternatif, il y aura un double courant électrique, l'un positif, l'autre négatif, allant dans des sens opposés. C'est là le phénomène que nous présente l'électricité, lorsque son action est mise en évidence par la pile de volta ou le magnétisme. Ainsi les deux électricités tournent autour des rayons lumineux et calorique, en serpentant, et les trois fluides forment une immense contexture dont la lumière et le calorique sont la chaîne vivante, et l'électricité la trame infatigable.

Les trois fluides, ainsi mêlés et se touchant partout, se communiquent mutuellement leurs propriétés : le calorique donne aux deux autres la chaleur et le mouvement, l'électricité leur communique son influence chimique, et la lumière les rend lumineux et colorés, et ils imitent ainsi autant qu'il est en eux la communication des propriétés que nous avons admirées dans les trois personnes divines.

Quoi qu'il en soit au reste de l'arrangement des fluides, soit dans l'espace libre, soit lorsqu'ils se manisfestent dans la matière inerte, il est certain qu'ils sont tous les trois dans le rayon solaire, puisqu'il a la triple propriété calorique, chimique et lumineuse. Faisons donc passer le rayon solaire dans un prisme, et voyons ce qui doit arriver.

Les rayons des trois fluides, en passant par le cristal, divergeront; mais comme leur divergence est inégale, ils ne conserveront plus leur arrangement trois à trois, mais ils se sépareront les uns des autres. Or, comme les rayons électriques sont les plus divergents, les lumineux un peu moins et les caloriques moins encore, il s'ensuit que par le prisme les trois fluides doivent se diviser en trois faisceaux : l'un tout de calorique, l'autre d'électricité seule, l'autre de lumière pure.

Supposons que ces trois faisceaux se superposent en partie, il faudra que dans tout l'espace occupé par le fluide lumineux, il y ait lumière et couleur; le faisceau calorique sera éclairé dans toute la partie superposée au faisceau lumineux, et au-delà il manifestera de la chaleur sans lumière; le faisceau électrique sera de même coloré dans toute la partie qui coïncidera avec le faisceau lumineux, et au-delà il continuera invisible à produire les effets chimiques qui lui sont propres.

Mais ces fluides ne peuvent pas se mêler ainsi à la lumière sans modifier sa couleur jaune. L'intensité de chaleur qui se trouve à l'extrémité rouge du spectre solaire vous indique que c'est le calorique qui donne à la lumière cette nuance; lors donc que la lumière (*fig.* 15) commence à atteindre le bord du faisceau calorique, elle dévie vers le rouge, en passant par l'orangé, jusqu'à ce qu'arrivée à l'endroit où le calorique est dans toute sa force, elle arrive au rouge pur. La même chose se passe de l'autre côté du spectre entre la lumière et l'électricité; l'électricité, à mesure qu'elle rencontre la lumière, la fait dévier vers le bleu en la faisant passer par le vert; le bleu devient indigo lorsque l'électricité négative, qui est la plus divergente, vient se mêler à l'autre; enfin, le violet, qui termine et qui est un mélange du bleu et du rouge, indique que quelques rayons caloriques s'y trouvent mêlés là, soit qu'ils aient été entraînés par l'électricité négative, soit qu'il y ait là un commencement d'un second spectre très faible qui cesse ensuite d'être sensible. Au milieu, entre le faisceau calorique et le faisceau électrique, se trouve un espace où la lumière est seule; c'est l'espace qui est jaune.

Cette hypothèse se trouve en harmonie parfaite avec tous les faits observés par les physiciens; elle explique parfaitement pourquoi les sept couleurs procèdent par gradations insensibles, pourquoi l'action calorique se prolonge au-delà du spectre d'un côté et l'action chimique de l'autre. Enfin, elle n'introduit point dans le fluide lumineux une division inexplicable contraire à sa nature et à toutes les lois de l'analogie.

Ainsi, de même que le Verbe est l'image vivante de la Divinité, la matière est le miroir de l'esprit, et elle reproduit avec le cachet de la divisibilité tout ce qui se trouve en lui avec le cachet de l'unité. Dans la matière nous trouvons un symbole de l'infini, ce sont les fluides, et un symbole du fini, c'est la matière inerte. Les fluides, comme Dieu, sont trinité, et dans cette trinité, comme en Dieu, nous trouvons expansion, distinction et lumière; et dans la distinction positif et négatif, dans la matière inerte, comme dans le fini, nous trouvons une double forme qui est celle de la distinction et peut se considérer comme relativement positive et négative. Le calorique, comme le Père, est la source du mouvement direct ou de la force positive; l'électricité, comme le Fils, est la source de la force négative, qui dans la matière est l'attraction; la lumière, comme l'Esprit saint, est la source et la manifestation de toute beauté; enfin, les rapports de l'infini et du fini se retracent comme en un fidèle miroir dans les rapports des trois fluides et de la matière inerte : car d'un côté nous voyons manifestation de la Trinité par le verbe médiateur universel, et de l'autre manifestation des trois fluides par l'électricité, symbole du Verbe. Arrivée là, la loi physique se trouve ramenée à la loi universelle de l'être; car la manifestation, par le moyen du Verbe, c'est la loi éternelle de l'être qui n'arrive à la conscience de lui-même que par le moyen de la distinction; c'est aussi la création qui n'est de même qu'une manifestation par le Verbe; c'est tout, car il n'y a rien au-delà de ce qui renferme Dieu et la création, l'infini et le fini. La loi physique est donc ramenée à sa plus simple et plus complète expression.

CHAPITRE XXXV.

DU NOMBRE 40.

Lorsque nous avons étudié les sept attributs qui forment le cercle divin, nous avons vu presque toujours un nombre s'attacher spécialement à chacun d'eux comme un sceau caractéristique. Ainsi le nombre deux, source de toute division, est inséparablement lié à l'idée du non-être. L'idée de l'être ne peut se réaliser qu'en trois termes; la sainteté manifeste le nombre 9, le nombre 12 exprime le Saint-Esprit ou la lumière complète. Nous avons vu que la vie, séparée de l'intelligence, ne pouvait produire que six facultés; le nombre 6 caractérise donc spécialement la vie; le nombre qui semble le mieux convenir à la liberté c'est le nombre 7. En effet, c'est la liberté qui manifeste au dehors les 7 attributs, c'est la liberté qui, dans le sacrement de confirmation, reçoit les 7 dons du Saint-Esprit, c'est elle qui doit choisir entre le bien qui s'épanouit comme 7 fleurs brillantes, et le mal qui étale de son côté ses 7 formes hideuses.

L'unité se manifeste trois fois en Dieu, et toujours par le Père en qui elle a sa racine. Le Père est l'unité radicale de l'être; lorsque l'être a pris tout son développement, l'unité reparaît une seconde fois dans la sainteté qui ramène tout ce développement à l'unité première, en le rapportant à l'idée de l'être forme du Père; enfin l'unité se représente encore à nous sous une troisième dimension, lorsque l'éternité ramène à l'unité toute la durée de l'être en la jetant dans le moule de la substance une et indivisible. Nous avons donc trois attributs qui expriment l'unité, la vie, la sainteté et l'éternité; mais la vie et la sainteté sont déjà manifestées par d'autres nombres, l'éternité restera donc en possession.

N'est-ce pas une chose bien singulière que tous ces nombres qui caractérisent les sept attributs, additionnés ensemble, fassent précisément 40?

Le nombre 40 est répété trop de fois dans l'Écriture pour ne pas renfermer un mystère. La pluie du déluge a duré 40 jours, Moïse est resté 40 jours sur le Sinaï, les Israélites 40 ans dans le désert, Élie marcha 40 jours sans manger pour arriver au pied du mont Horeb; Jésus-Christ a jeûné 40 jours et a instruit ses disciples pendant 40 jours après sa résurrection. Quel sens peuvent avoir tous ces 40? Nous voyons d'abord la purification dans le déluge et dans le jeûne; nous voyons le terme d'une course et la délivrance dans l'introduction à la terre promise et dans l'ascension de Jésus-Christ; enfin, dans Moïse au Sinaï et dans Elie au mont Horeb, nous voyons la communication intime avec Dieu et la manifestation de la vérité. Or, toutes ces choses sont identiques au fond, car d'abord c'est la vérité qui juge et punit: « *Sermo quem ego locutus sum, ille judicabit eum in novissimo die;* la parole que j'ai prononcée, dit Jésus-Christ, le jugera au dernier jour. (Joan., 12.) » C'est la vérité qui purifie, comme le dit saint Pierre dans le premier concile de l'Eglise : « *Fide purificans corda eorum,* Dieu ayant purifié leur cœur par la foi (Act., 13) ; » c'est encore la vérité qui délivre selon Jésus-Christ : « *Veritas liberabit vos... Si ergo vos filius liberaverit vere liberi eritis ;* la vérité vous délivrera... si donc le Fils vous délivre, vous serez vraiment libres (Joan., 8). » N'avons-nous pas vu que la gourmandise était l'opposé de la foi ? Le jeûne, en séparant l'homme de la matière, le conduit donc à la foi ou à la vérité ; enfin la manne que les juifs ont mangée pendant 40 ans est un symbole de la vérité, nourriture céleste.

Le nombre 40 doit donc exprimer les degrés par où nous arrivons à la pleine connaissance de Dieu ; le chemin par lequel nous montons à Dieu, le pénétrant de plus en plus, et par lequel Dieu descend jusqu'à nous se manifestant toujours davantage. Or, n'avons-nous pas vu les différents degrés que nous avons acquis de la connaissance de Dieu, caractérisés par différents nombres ? le nombre 40 devra donc être la réunion de tous ces nombres. Et, en effet, si nous ajoutons les nombres que nous avons tout-à-l'heure attachés à chacun des attributs divins, à la vie 6, à la liberté 7, à la lumière 12, à la sainteté 9, à la sagesse 3, à la justice 2, à l'éternité 1, nous aurons 40.

Chose remarquable ! distribués ainsi, ces nombres se trouvent dans une progression semblable à celle de la lumière, dans les couleurs de l'arc-en-ciel. En effet, dans l'arc-en-ciel, nous voyons la lumière croître d'abord du rouge jusqu'au jaune, symbole de l'Esprit-Saint, où elle atteint sa plus grande intensité, puis de là décroître jusqu'au violet, la moins lumineuse des sept couleurs. Or, la série de nos nombres étant 6, 7, 12, 9, 3, 2, 1, nous les voyons également croître de 6 jusqu'à 12 qui répond à l'Esprit-Saint, et décroître de là jusqu'à 1 qui correspond au violet et à l'éternité.

Le nombre 40 exprime donc, comme l'avait déjà dit saint Augustin, notre pèlerinage vers la vérité, notre chemin vers le ciel, chemin lumineux, où nous apprenons successivement à connaître la nature et cette vie immense dans laquelle, selon l'expression de saint Paul, nous vivons, nous nous mouvons et nous sommes, « *In ipso enim vivimus, movemur et sumus* (*Luc,* 17) ; » l'infini, dont l'idée luit au fond de notre âme, la distinction des êtres renfermée dans la grande distinction de l'être et du non-être, les sublimes prérogatives et les devoirs de la liberté, la perfection de la sainteté, les merveilles de la lumière et de l'amour, et qui se terminera par le repos dans la grande unité de l'éternité. Les anges vont et viennent dans ce chemin pour nous montrer la route et soutenir nos pas ; ils montent et descendent le long de cette mystérieuse échelle, dont celle de Jacob n'était que le symbole, et Jacob a dû y compter aussi 40 degrés, lorsqu'il la voyait si belle et si lumineuse unir le ciel et la terre.

Nous aussi nous l'avons parcourue à notre manière cette mystérieuse échelle, non point dans l'allégorie d'un songe, mais dans le domaine plus réel de la pensée, nous en avons compté tous les échelons, et de chacun d'eux nous avons vu jaillir une lumière. Nous la verrons un jour dans une pensée plus parfaite, nous la contemplerons avec extase dans le miroir éblouissant de l'intelligence divine ; mais cette vive lumière nous est cachée maintenant, ce n'est que dans une autre vie qu'on déchirera le voile qui la recouvre ; il faut donc nous arrêter et borner là notre tâche.

CONCLUSION.

Du sommet où nous sommes arrivés, jetons les yeux derrière nous et embrassons d'un seul regard tout l'espace parcouru.

Lorsqu'un voyageur explore une chaîne de montagnes, il marche avec peine dans ces lieux inexplorés, il perd et retrouve plusieurs fois sa route; mais enfin lorsqu'il est arrivé au point le plus élevé de la chaîne, et qu'il domine tous ces sommets dont l'ombre lui cachait le ciel, il contemple avec joie l'horizon qui s'étend à perte de vue tout autour de lui, il voit d'un seul coup-d'œil tout le chemin qu'il a suivi, reconnaît ses fausses routes, rectifie les idées qu'il s'était faites, et comprend tout d'une manière plus exacte et plus précise, parce qu'il voit tout dans l'ensemble.

Nous avons aussi suivi une route longue et difficile; on ne peut, dès le premier pas, prévoir le point de vue qu'on aura à la fin; on ne peut, au milieu de roches escarpées, marcher avec la même aisance que dans la plaine unie : il a donc dû nous échapper des embarras d'expressions, des redites, des inexactitudes, des observations mal fondées, des points de vue qui semblent peut-être contradictoires, et j'en demande pardon au lecteur.

Essayons maintenant de grouper en un seul faisceau les idées fondamentales du système, débarrassées de leurs développements, et revêtues de l'expression la plus exacte possible, afin que, placées ainsi en présence les unes des autres, elles s'éclairent mutuellement; que ce soit comme un symbole philosophique qui résume toute la pensée de l'œuvre. Seulement je proteste contre ceux qui, sans se donner la peine de lire les preuves, voudront me juger d'après ce résumé complètement inintelligible sans ce qui précède.

Au commencement est l'être, l'être n'est pas indéterminé, mais il se distingue du non-être; il voit qu'il est l'être, et ces deux points de vue, participant à l'unité de la substance qu'ils affectent, produisent par leur union la conscience qui est aussi la lumière et l'harmonie.

La conscience que l'être a de lui-même est triple : par la distinction ou l'idée du non-être, il a de lui une conscience négative; par l'idée de l'être, il a une conscience positive; par l'union de ces deux idées, une conscience complète ou harmonique. C'est la conscience intelligente qui fait la personnalité; Dieu a donc trois personnalités. La conscience positive s'appelle Père, la conscience négative s'appelle Fils, la conscience harmonique s'appelle Esprit-Saint. Le Père est le principe des deux autres, car il est l'être radical et l'unité première; c'est lui qui engendre la distinction ou la forme qui est le Fils; la forme, par son énergie, devient double en reflétant l'être comme un miroir éternel. Dans le Fils, la double forme, c'est-à-dire l'idée de l'être et du non-être, subsistent à l'état distinct; mais le Père, par son indivisible unité, unissant ce qui dans le Fils est distinct, produit la lumière ou l'Esprit-Saint qui procède ainsi de l'un et de l'autre. Il y a donc en Dieu trinité de personne, et dans cette trinité quatre termes distincts. Toutefois ces trois personnes ne sont point l'une sans l'autre, elles sont toutes les trois co-éternelles, toutes les trois infinies.

Il ne peut y avoir plus de trois personnes infinies, parce que ces trois mots, le positif, le négatif et l'harmonique, renferment toutes les formes, toutes les combinaisons de formes, et tous les rapports sous lesquels l'être peut avoir conscience de lui-même. Cependant l'être peut encore se développer sans multiplier les personnes, et il produit en effet trois termes qui ne sont que l'action ou la manifestation des trois divines personnes. Le Père est vie et puissance, mais par lui-même il ne serait qu'une puissance aveugle, puisque ce n'est que par le Fils qu'il est intelligent, et par l'Esprit qu'il est conscience parfaite ou lumière. Cette puissance, aveugle par elle-même, est déliée par la lumière, qui lui indique la route qu'elle doit suivre; alors elle agit, et cette action, ce fruit du Père dans l'Esprit-Saint, de la vie dans la lumière, c'est la liberté.

C'est par l'intelligence ou la distinction que Dieu entre en possession de lui-même, car c'est par elle d'abord qu'il sait qu'il est. La distinction par le contraste de sa divisibilité sans limite, lui fait sentir comme une infinité de parties dans son être et dans la durée de son être; mais pour qu'il possède réellement cette multiplicité de détails, il faut qu'il les rattache à un centre unique qui assurera sa propre identité. Or c'est dans la substance une et indivisible du Père que l'action du Fils trouve ce centre et cette identité; cette identité de l'être, ce produit du Fils dans le Père, c'est l'éternité. Enfin l'Esprit-Saint agit à son tour; la lumière est le guide de l'être : c'est elle qui l'entraîne où elle veut; elle tient donc entre ses mains les destinées de l'être, et c'est elle qui doit le conduire au bonheur qui est sa fin; mais le bonheur c'est la jouissance de soi; la jouissance de soi ne peut se trouver que dans l'unité : il faut donc que la lumière, par son action, ramène tout le développement de l'être à l'unité intelligente dont elle trouve le modèle dans l'idée de l'être ou la sagesse; cette action de la lumière, ce fruit du Saint-Esprit dans la sagesse, c'est la sainteté. L'être, dans son entier développement, atteint donc sept termes, il est vie, liberté, lumière, sainteté, sagesse, justice et éternité. Tel est le cercle de l'être.

Parmi les quatre termes de la Trinité, il en est un qui est l'idée du non-être, et qui s'appelle aussi justice ou encore distinction. Sa fonction, c'est d'introduire la diversité dans l'unité; il distingue, il sépare, il abstrait; dans l'idée du non-être se trouve l'idée du moindre être, qui comprend l'innombrable multitude des types finis. Tout ce qui est dans l'être doit se réaliser, mais ce qui est fini renferme en lui l'idée de mesure et de succession; ce qui est fini exclut l'idée d'absolu, d'éternel, de nécessaire. Dieu ne peut réaliser autrement qu'il ne conçoit. Ainsi la création, quoiqu'elle soit une effloraison naturelle de la pensée divine, ne peut être ni éternelle ni nécessaire; Dieu a donc dû commencer la création dans le temps, et il ne peut réaliser les êtres que dans l'ordre successif dans lequel il les conçoit.

Quelque indéfini que soit le nombre possible des créatures, elles peuvent se ramener toutes à quelques types généraux, déterminés par la nature même de l'être éternel; car la distinction de l'être ne peut agir que sur lui-même, et dans le cercle de la triple personnalité, où toute individualité a sa cause première, il n'y a que quatre termes, lesquels circonscrivent l'action de la distinction. La distinction ou l'idée du non-être agit d'abord sur elle-même, elle se sépare et s'abstrait de tout le reste, et réalisant cette idée du non-être, cette négation de l'être, elle produit la matière inerte dont toutes les propriétés sont négatives, et qui n'a de réalité que la forme, limite entre la matière et l'esprit, entre le non et le oui.

La distinction s'attaque alors à la vie, mais la vie ne peut se concevoir à l'état purement indéterminé; il lui faut une forme. Cependant elle peut subsister sans forme, spirituelle, et limitée seulement par la matière. Or il y a attraction éternelle entre la vie infinie et toute forme capable de la contenir. Sitôt que Dieu a réalisé ces formes, la vie se répand dans tout l'univers avec le mouvement, depuis la molécule fluide, qui n'a que la vie mathématique, jusqu'à la plante qui a la vie végétative, jusqu'à l'animal qui a la vie sensitive.

La distinction s'attaque alors à l'idée de l'être; mais l'idée de l'être ne peut subsister sans la distinction ou l'idée du non-être qu'elle suppose; l'idée de l'être, qui est une forme spirituelle infinie, appelle nécessairement la vie; la seule abstraction qu'on puisse faire dans cette combinaison, c'est de réduire l'idée du non-être à des proportions finies : c'est ce que fait Dieu, et la nature angélique s'échappe des mains du Créateur. Il reste encore un des quatre termes de la Trinité : c'est la lumière ou l'harmonie; mais ici la distinction ne peut rien, car l'harmonie suppose le tout, et ne peut subsister sans lui; il est impossible d'en rien abstraire, et la distinction a fini son œuvre; elle a produit la matière, l'animal et l'ange, qui correspondent à la distinction, la vie et l'idée de l'être. Tout ce que la distinction a touché est devenu fini, multiple, divisible; l'harmonie qu'elle n'a pu atteindre est restée infinie, une, indivisible; il n'y a qu'un Dieu : Dieu, c'est l'harmonie éternelle des trois personnalités infinies.

Mais voilà que l'Esprit-Saint intervient dans l'œuvre de la création; il veut y mettre son cachet, qui est l'harmonie, et ramener à l'unité tout ce que la distinction a séparé en se jouant selon sa propre expression. L'harmonie suppose tous ses éléments, l'Esprit-Saint suppose la Trinité; puisqu'il veut agir, il faut donc que la Trinité rassemble son conseil, et Dieu dit : Faisons l'homme à notre image, l'homme qui réunira en une seule personnalité toutes les œuvres de la distinction, l'homme à la fois matière, animal et ange. Cependant ce n'est encore là qu'une ébauche, un préambule de l'œuvre; la pensée de l'Esprit-Saint est plus profonde encore, et la création de l'homme ne saurait y satisfaire, car l'harmonie ne sera satisfaite, et l'unité complète, que lorsque les quatre termes de l'être seront confondus dans une personnalité unique; une telle conception ne pouvait venir que de l'Esprit-Saint; aussi c'est lui qui a conçu dans le sein de Marie Jésus-Christ à la fois homme et Dieu; homme qui contient trois termes de l'être, Dieu qui est le quatrième. Jésus-Christ est donc le centre de l'être, il est à la fois le fini et l'infini, et, selon l'expression consacrée, « *il a fait les deux choses une seule, fecit utraque unum.* » C'est en lui que se touchent Dieu et la création, l'unité et la division : il me semble voir le prisme que nous exposons au soleil : il est unité d'un côté, multiplicité de l'autre; en lui se trouvent en même temps la lumière une qui descend du ciel, et les sept nuances qui viennent se peindre sur la terre. C'est donc par lui et par lui seul que Dieu peut venir jusqu'à nous, et que nous qui avons le bonheur de le connaître, nous pouvons nous élever jusqu'à Dieu, c'est-à-dire l'harmonie, l'unité, la lumièr éternelle.

Entrons maintenant dans les détails de ce plan magnifique. Chacune de ces séries d'êtres a ses lois. La loi de la matière pure, de celle que nous avons appelée inerte, est de n'en point avoir; car elle exprime l'idée du non-être; seule, elle n'est que chaos, inertie, mort, ténèbres; elle a une forme moléculaire : voilà le seul point par où elle puisse entrer en contact avec l'être; par cela seulement elle est intelligible.

Avec les fluides, matière vivante, la vie entre dans la nature, et le contact de la vie et de la forme, du positif et du négatif, produit la beauté matérielle. Alors la matière devient capable de refléter toutes les merveilles de l'être; elle symbolise la Trinité dans les trois fluides, les trois couleurs et les sections coniques; elle représente les rapports de Dieu avec sa créature par les rapports des fluides avec la matière inerte; elle manifeste dans l'arc-en-ciel et les sept notes de la gamme le nombre sacramentel des attributs divins; dans ses divers états et dans les saisons, le nombre 4; enfin, dans l'échelle chromatique de cette même gamme et dans les douze mois de l'année, elle reflète le nombre incommunicable de la lumière infinie.

La matière élevée à la vie végétative se revêt de mille grâces et de mille beautés qui font l'ornement du palais préparé pour le passage de l'homme; élevée à la vie sensitive, elle atteint sa plus haute perfection en produisant la conscience négative de l'animal avec ses six facultés. C'est là le dernier effort de la forme matérielle; la forme spirituelle seule peut aller plus loin.

Mais toutes ces manifestations de la forme matérielle sont négatives et indirectes; aucun rayon direct de la beauté divine ne nous parvient par son moyen; ce n'est point Dieu que nous voyons en elle, ce n'est que son reflet; disons mieux, ce n'est que sa négation; car la création matérielle, selon la profonde allégorie de Platon, c'est l'ombre de Dieu qui passe devant nous.

Avec l'ange et l'homme apparaît une nouvelle série d'êtres; car, outre la forme négative et la vie, nous avons un troisième terme de la Trinité : c'est la forme positive ou l'idée de l'être, qui, avec la forme négative, constitue la forme spirituelle et produit la conscience intelligente.

Ici Dieu semble prodiguer son être et vouloir se donner tout entier, car nous voyons briller les sept perfections divines dans la plus belle de ses créatures. Sera-t-elle donc une nouvelle divinité? Non, cela est impossible, car tous les attributs de Dieu ne sont pas communicables. Dieu est l'harmonie éternelle, et lui seul peut l'être. Qu'est-ce en effet que l'harmonie dans son sens absolu? c'est l'équation, l'égalité de l'idée de l'être et de l'idée du non-être; cette équation est essentiellement unique, elle ne peut constituer qu'un être : cet être est Dieu. Dieu ne peut donc pas faire un autre être qui possède l'harmonie absolue, parce qu'il ne peut pas faire que cette suprême équation soit distincte et différente d'elle-même; tout au contraire, les disproportions entre l'idée de l'être et celles du non-être sont en nombre infini; et ces disproportions sont les types des intelligences finies. Ainsi Dieu ne se donne pas tout entier, il ne le peut pas; il n'y a, il ne peut y avoir qu'un Dieu. Comptons donc ce que Dieu donne.

Des deux idées de l'être et du non-être, une est indivisible; si Dieu la donne, il faut qu'il donne tout ou rien : il a tout donné. L'autre est divisible, Dieu peut la donner avec mesure; c'est ce qu'il a fait. Remarquons une chose : ce qui est divisible peut se donner réellement, sans se donner entièrement; ce qui est indivisible se donne absolument ou ne se donne pas du tout; ainsi, quoique Dieu ne nous donne pas toute sa forme négative, il nous la donne cependant. Parcourons maintenant l'échelle tout entière. La vie est une, Dieu la communique toute; sa liberté, nous l'avons absolument; Dieu rend les armes devant la liberté humaine, et traite d'égal à égal avec elle; l'harmonie est incommunicable, Dieu ne la donne nullement; à la place il nous donne la raison qui est notre conscience et notre unique personnalité; il peut nous attirer vers l'harmonie, nous inviter à suivre sa lumière, mais non nous la donner; nous pouvons nous rapprocher d'elle, nous pourrons la poursuivre avec délices toute l'éternité, mais l'atteindre! jamais. Dieu nous offre la sainteté, et nous pouvons la saisir, car nous pouvons et nous devons avoir vers l'infini ou l'unité une tendance absolue; nous savons déjà que Dieu nous a donné l'idée absolue de l'être, que nous avons à un certain degré l'idée du non-être: reste l'indivisible éternité. L'éternité, comme l'harmonie, est l'équation de deux termes infinis; l'harmonie est l'équation de l'idée du non-être avec l'idée de l'être; l'éternité est l'équation de cette même idée du non-être, avec l'être lui-même qui est la vie ou la substance. Cette équation est impossible en nous, puisque l'un des deux termes est fini; Dieu ne peut donc pas nous donner l'éternité; nous avons dans notre origine une tache ineffaçable, on ne peut plus devenir éternel quand on ne l'a pas toujours été; à la place de l'éternité, Dieu nous a donné la mémoire, au moyen de laquelle nous possédons par l'identité notre être fini. Ainsi, répétons-le, Dieu est l'*harmonie éternelle*, et lui seul peut l'être.

Ceci nous conduit à un rapprochement auquel nous n'avions pas songé : nous venons de voir que dans les sept attributs divins, deux étaient incommunicables ; or il y a dans la gamme deux demi-tons, et ces deux notes, qui, dans l'ascension de la gamme, ne peuvent point se répéter dans un demi-ton subséquent, sont précisément le *mi* qui répond à l'Esprit-Saint, et le *si* qui répond à l'éternité.

L'être est infini, il ne peut y avoir deux êtres infinis ; mais l'être est un et indivisible : il ne peut donc y avoir d'être fini en tant qu'être. Il n'y a qu'un être, il n'y a qu'un mode d'être infini et une conscience de ce mode ; mais la forme ou le mode étant divisible, il y a une infinité de modes d'être fini. Or, l'être pris abstractivement, l'être indéterminé, n'est pas, ne peut pas être, ne peut même en aucune façon se concevoir. Si l'être est, il est sous un mode ; le mode absolu est infini, le mode infini renferme la conscience de lui-même : c'est pourquoi la Trinité est nécessaire et éternelle. Mais puisque sans le mode, l'être n'est pas, et ne peut pas être, toute espèce de propriété dépend du mode ; ainsi c'est au mode seulement que sont imputables la liberté ou l'inertie, la conscience ou l'impénétrabilité, la vie ou la divisibilité, la grandeur ou la faiblesse, le mérite ou le démérite, la responsabilité.

Chaque mode d'être porte en soi une distinction qui l'empêche de se confondre avec aucun autre ; cette distinction est, ou purement formelle, ou individualité, ou personnalité. Dans la matière, elle n'est que la forme qui la rend intelligible ; elle est individualité dans l'animal ; et l'individualité, c'est le rapport de la forme matérielle à la vie ; dans l'ange et l'homme, elle est personnalité ; et la personnalité, c'est le rapport de la forme spirituelle à la vie, ou la conscience intelligente. Tout être intelligent se résume et se distingue dans sa conscience ; tout être animal dans sa sensibilité, toute matière dans sa forme. Dieu est Dieu par sa conscience, et c'est par là qu'il est à jamais distinct de tout être fini ; et cette conscience de Dieu comprenant absolument l'infini positif, l'infini négatif, et elle-même qui est leur rapport, forme une triple personnalité. Aucun mode d'être fini ne peut donc ni être Dieu, ni le devenir jamais.

Pour constituer un mode d'être fini, il suffit à Dieu, et même il n'a d'autre possibilité que de réaliser par partie le seul côté de l'être qui soit négatif et divisible.

Qu'est-ce que réaliser une partie de l'idée du non-être? C'est lui communiquer l'être ou la substance ; positivement si l'on réalise un être vivant, négativement si on réalise un être matériel. Pour pouvoir communiquer l'être, il faut le posséder, c'est-à-dire en avoir pleine conscience ; Dieu seul l'a, voilà pourquoi il a seul la toute-puissance créatrice. L'être que Dieu nous a prêté ne nous appartient pas, nous ne possédons que notre limite et nous ne pouvons donner que cela ; c'est ce que nous faisons, quand par l'art nous donnons une forme à une de nos pensées ; à jamais impuissants comme Pygmalion à donner la vie à notre œuvre.

C'est dans la Trinité que l'idée du non-être se réalise à son état infini ; cet acte éternel ne peut se répéter. Lorsque Dieu fait une créature, quelque parfaite qu'elle soit, dès que l'idée du non-être qui est réalisée n'est plus infinie, on voit disparaître inévitablement deux des termes de l'échelle divine; cela change la conscience ou le rapport, puisqu'il change un des deux termes du rapport ; or, la conscience étant changée, peu importe que les autres formes de l'être soient ou non infinies, car la conscience étant limitée par le terme fini, ne comprend rien en dehors de lui, et tout l'être se résumant dans la conscience, tout l'être est fini. Ainsi, quoique nous ayons absolument la vie, et la sagesse, la puissance de la liberté et de la sainteté (1), ces quatre termes infinis ne sont point dans notre conscience infiniment ; cela suffit : nous ne sommes pas Dieu, nous ne le serons jamais ; une distinction ineffaçable nous sépare ainsi que tout être fini de l'être par lui-même ; Dieu seul est Dieu, et rien autre n'est Dieu. Le panthéisme est donc à jamais détruit, car il est percé sur le terrain même où il s'est toujours retranché : l'unité de substance.

Une fois le mode d'un être connu, il est facile de comprendre ses lois, qui ne sont que l'expression de ce mode.

La conscience qui résume et personnifie l'intelligence créée, c'est le rapport entre deux termes dont l'un est infini et l'autre fini ; or, entre l'infini et le fini, il n'y a qu'un rapport nécessaire, et par conséquent certain et lumineux. La vérité ou la lumière, ou la certitude, n'est donc en l'homme qu'à l'état élémentaire. Peut-elle par elle-même sortir de cet état? Il semble voir dans l'intelligence les éléments d'un développement négatif, c'est-à-dire de division ; car tout mode d'être contient implicitement en lui tous les modes d'êtres inférieurs, de même que le mode infini les contient tous ; on peut donc conclure que l'ange abandonné à sa propre nature est capable de tout le développement mathématique. Mais l'intelligence de l'homme est limitée dans son développement par un mode inférieur qui est l'organisation animale ; la conscience animale ne peut se développer que par les sensations, et par conséquent par une matière extérieure ; l'homme supposé la seule

(1) Je dis puissance de la liberté, car la liberté et la sainteté ne sont point des facultés fondamentales, elles ne sont en Dieu que l'action d'une des trois personnes ; elles supposent l'action de l'être, elles ne peuvent donc être données à un être fini et par conséquent successif, qu'en puissance ; et si l'être n'agit pas, elles restent sans réalisation, tout absolues qu'elles soient en puissance.

créature, et abandonné à lui-même, serait donc toujours resté à son point de départ. L'univers matériel, manifestation négative de la pensée divine, donnant un aliment aux sens de l'homme, devient pour son intelligence un moyen indirect de ce développement négatif naturel à l'ange, et lui manifeste pour ainsi dire les subdivisions de son propre être. Quelle eût été la nature et la rapidité de ce développement sans aucune révélation? il est difficile d'en faire une juste appréciation. Toutefois les faits nous en donnent une triste idée; nous voyons que le développement scientifique des peuples a toujours été en raison d'une révélation plus détaillée sur la nature divine; la notion de la Trinité a laissé des traces profondes dans les théogonies des Égyptiens, des Indiens, des Chinois, des Juifs. Platon est regardé comme le philosophe qui ait le plus approché de l'Évangile. Les peuples retombent dans la barbarie en s'éloignant de la révélation; tant qu'ils ne sont qu'incrédules à la révélation, et qu'ils en conservent la mémoire, ils peuvent encore développer la science; mais quand ils l'oublient comme le mahométan, la science s'éteint; le sauvage même n'est point sans révélation, et au-dessous du sauvage, qu'est-ce que la science?

Si un mode d'être contient et comprend tous les modes inférieurs, ni il ne contient ni il ne comprend les modes supérieurs; il ne peut essayer de s'élever à eux, il ne peut même en avoir l'idée par lui seul. La conscience de l'animal ne soupçonne nullement la raison de l'homme, elle ne la soupçonnera jamais; elle est finie sous tous les rapports, et entre le fini et l'infini il y a un abîme que rien ne peut combler, sinon Dieu tout entier; l'incarnation seule a pu vaincre la difficulté et élever à Dieu la conscience sensible de Jésus-Christ. Si donc il n'y avait pas dans notre conscience un élément infini, Dieu n'aurait pu se faire connaître à nous qu'en s'incarnant en nous; mais notre conscience renfermant l'idée élémentaire de l'infini, il n'était pas besoin de cela; il suffisait de provoquer et de manifester en nous cette idée de l'infini : c'est ce que Dieu a fait par la révélation extérieure. La vérité, au moment où elle est révélée, n'est point dans notre conscience, mais dans notre science. Nous savons, nous ne comprenons pas; nous possédons des termes distincts l'un de l'autre, mais nous ne possédons point leurs rapports mutuels ni leur sens complet. Par la révélation que Dieu fait de lui, nous entrons en soupçon du mode d'être infini, et notre conscience est excitée à s'élever jusqu'à lui; mais avant d'entreprendre cette ascension, il faut que l'homme ait confiance dans ce soupçon, qu'il espère en le suivant trouver le bonheur, car toute action a le bonheur pour but et pour motif; en un mot, cette ascension présuppose la foi. La foi est le principe de l'ordre surnaturel, ordre qui se compose de trois termes, conséquence l'un de l'autre : savoir, aimer, posséder; savoir surnaturellement, aimer surnaturellement, posséder surnaturellement.

La vérité ne saurait reculer. Lorsque l'intelligence a entendu la voix de Dieu, elle ne peut l'oublier; si elle refuse de croire, sa conscience et sa science restent divergentes; il y a en elle deux lumières ennemies, son mode d'être est divisé.

La fin de l'être, c'est le bonheur; sa loi, le moyen d'y parvenir : ce moyen, c'est l'unité; l'unité se réalise par la conscience. Quand dans un être il n'y a qu'une seule lumière, il marche infailliblement à sa fin; ainsi, au-dessus de nous Dieu, et au-dessous l'animal. La révélation séparant en nous l'idée de l'être et celle du non-être, nous met dans l'alternative de choisir entre elles deux. Si nous choisissons l'idée de l'être telle que la révélation l'a faite, nous montons à l'unité, et par conséquent au bonheur ; si nous choisissons l'idée négative, si nous restons dans notre conscience primitive, nous restons dans la division, nous nous fixons dans le mal ou le malheur.

C'est donc la révélation surnaturelle, c'est-à-dire celle qui nous parle du mode d'être infini, qui nous donne la science du bien et du mal ; elle divise la route de l'homme, qui, dans sa première unité, conduisait à un bonheur naturel et la partage en deux ; l'une qui conduit à la béatitude souveraine de Dieu, l'autre au malheur. Il n'est plus temps lorsque la révélation est posée de vouloir s'en tenir au bonheur naturel. La route positive qui mène à Dieu est immuable comme lui ; la route négative, ou celle de la personnalité finie, seule est mobile et peut en rejoignant l'autre rétablir l'unité ; la révélation a détruit la terre ou la nature, elle ne laisse plus que le ciel et l'enfer. Voilà pourquoi il y a deux sociétés : ceux qui montent à Dieu par la foi sont les fidèles ou les saints ; ceux qui prétendent pouvoir rester dans la lumière et la fin primitive sont ce qu'on appelle le monde, auquel on renonce par le baptême.

La révélation une fois posée, la loi de l'homme, ou son moyen d'arriver à l'unité et au bonheur, peut s'exprimer ainsi : *s'attacher à l'idée de l'être plutôt qu'à l'idée du non-être*. En un mot, la loi de l'homme, c'est la foi surnaturelle. Or cette loi est celle même de Dieu ; car c'est en concentrant l'être dans l'idée de l'être que la conscience divine produit la sainteté qui est l'unité et la béatitude divine. Toute la différence entre Dieu et nous, c'est que dans cet acte, l'homme dépassant sa conscience, fait un acte de confiance ou de foi, tandis que dans ce même acte, Dieu, dont la conscience est infinie, fait un acte de lumière.

La foi, en distinguant et ramenant à une unité distincte, c'est-à-dire à l'harmonie, la conscience confuse de l'homme, met en évidence et transforme les sept facultés qui reflètent en lui les sept attributs divins; sa vie désormais est espérance, sa liberté force, sa conscience charité et humilité; sa route au bonheur tempérance, son intelligence justice, et sa mémoire prudence : ce sont là les sept vertus.

L'incrédulité, confirmant dans la division la conscience déchirée de l'homme, défigure ses sept nobles facultés; désormais sa vie est désespoir et paresse, sa liberté avarice et peur, sa conscience égoïsme et orgueil, sa route au bonheur impureté, son entendement doute, matérialisme et gourmandise, son intelligence envie et injustice, sa mémoire hésitation, mobilité et colère : ce sont là les sept péchés.

Par la révélation, le bonheur de l'homme, qui est sa fin, n'est plus devant lui, il est au-dessus de lui; il faut donc pour l'atteindre qu'il s'élève sans cesse au-dessus de lui-même, et que, dilatant sa conscience, il rapproche sans cesse son mode d'être du mode infini; c'est la révélation qui a posé la loi du progrès indéfini, loi que l'homme accomplit librement par sa coopération à la grâce.

Cette loi, Dieu l'a posée par le seul moyen qui fût possible, car il ne pouvait faire monter la conscience libre, malgré elle; il ne pouvait changer sa destinée sans son consentement, ni demander son consentement sans la lui faire connaître. Au reste, la marche que Dieu a suivie en cela semble être une loi universelle; et cette loi, c'est de diviser l'être pour le ramener ensuite à l'unité qui est sa perfection. On dirait que Dieu possède seul le grand secret de diviser lui-même sa propre forme dans la double idée.

Mais toute créature est divisée par Dieu. Dieu commence par séparer les deux molécules de la matière inerte, au moyen de l'électricité, avant de produire par leur réunion tous les corps. Dans la Genèse, chaque nouvelle beauté de la création est précédée d'une séparation. Il sépare la forme de l'animal, par le sexe, pour lui faire produire sa sixième faculté qui est sa fin et sa béatitude, l'amour sensible. Il sépare spécialement la femme de l'homme pour le même but. Enfin il sépare par la révélation l'idée de l'être de celle du non-être, pour faire produire à l'intelligence la sainteté qui est sa fin et sa béatitude. Toute intelligence demande donc pour devenir complète une révélation qui la divise; cette révélation est naturelle si elle est négative, c'est-à-dire ne développant pas l'idée d'unité : peut-être alors peut-elle se faire par la vue même de la création; elle est surnaturelle si elle pénètre dans l'essence divine et s'élève jusqu'à la Trinité: alors il faut une intervention spéciale de Dieu parlant à l'homme. Age de discernement ou de discrétion, et âge de raison, sont synonymes : c'est la distinction qui précède et amène la lumière.

Pour aider l'homme dans cette sublime et difficile route de la sainteté, Dieu lui offre les sept dons de l'Esprit-Saint, qui attirent vers la suprême harmonie les sept facultés spirituelles, et les sept sacrements qui descendent jusqu'à l'infirmité de l'être sensible, afin d'élever l'homme tout entier vers sa fin suprême.

Enfin, dans ce commerce continuel qui se fait dans l'homme entre l'esprit et la matière, la lumière infinie pénètre ces deux natures, intelligente et animale, et s'échappe au dehors par les facultés inférieures, comme par un prisme sensible. Alors apparaissent les beaux-arts, comme six belles fleurs; les arts, la joie et l'ornement de cette vie, les arts, reflet du ciel sur la terre, les arts, par lesquels les sensibilités humaines se racontent dans leur langage quelque chose de l'éternelle harmonie.

O harmonie de l'être, divine! sublime! infinie! avec quelle joie ineffable mon cœur se dilate en toi! comme tu me fais bien sentir que tu es la lumière et le beau, en même temps que l'unité et le bonheur! En toi je saisis mieux le tout et chaque partie du tout; en toi les êtres se renvoient l'un à l'autre la clarté qui part du centre; en toi je vois le sens de chaque créature, et je me comprends moi-même; chaque rayon de lumière, chaque son qui vibre dans l'air me donne un nombre divin; dans chaque mouvement de la vie, dans chaque forme, dans chaque couleur, je vois briller une loi de l'être; l'insecte, la fleur ont un langage; le grain de sable lui-même ne reste pas muet, la nature tout entière me devient un livre fécond, inépuisable, où se trouvent tous les tons, toutes les couleurs, tous les accents, depuis le gracieux jusqu'au sublime, depuis la fleur qui fait rêver, jusqu'à la voûte du ciel et ses brillantes sphères, dont l'harmonie ravit dans l'extase.

Mais surtout, ô harmonie éternelle, comme en toi la voie surnaturelle de la sainteté me paraît resplendir de la lumière infinie! Que la fin de l'homme est sublime! que sa destinée est grande! car c'est vers toi qu'il faut qu'il monte d'une ascension sans fin, et cette route merveilleuse, comme celle que les soleils pressés forment dans le ciel d'un pôle à l'autre, n'est tracée que par des flots de lumière. C'est dans cette route que je comprends la mission et la médiation du Christ, qui est lui-même *la voie, la vérité et la vie*; j'y découvre toute la grandeur de la foi, la puissance sans limite de l'espérance, la beauté éblouissante de la charité; j'y vois l'humilité qui ouvre la porte du bonheur, la justice qui fait distinguer les fausses routes, la tempérance qui les ferme, la force qui réalise, la prudence qui persévère. C'est toi, suprême harmonie, qui place comme des fanaux les sept dons de l'esprit, et qui laisse échapper de ton sein comme un fleuve de douceur et de beauté la grâce qui nous ramène sans cesse vers le sein fécond où est cachée l'infinie béatitude. Comme elles se transforment et s'éclairent, ces énigmes qui tourmentaient ma pensée et assombrissaient mon regard! En toi je vois radieuse la croix qui détruit la pauvre destinée naturelle, je trouve pleine de douceur la prière qui tourne la marche de mon être vers le but suprême, et le temple saint me paraît beau comme le vestibule du ciel! Maintenant je comprends avec bonheur le culte et ses rites mystérieux! dans chacune de ses formes je lis l'amour, l'amour qui approche l'homme de Dieu et Dieu de l'homme, l'amour qui console, qui fortifie, qui élève, qui ravit; l'amour qui révèle les nombres divins et initie l'homme aux mystères du ciel.

Et cependant on dit que nous avons un voile épais devant les yeux, que nous ne voyons que par énigme, que nous n'entendons que l'écho mourant des derniers sons; oh! quelle sera donc ma joie quand je vous verrai face à face, lumière incréée, être infini, suprême harmonie!

L'œuvre est finie maintenant: sera-t-elle prise dans son vrai sens? je l'espère; cependant je sens le besoin de redire encore une fois sa pensée fondamentale; cette pensée, la voilà: *Union de la science et de la foi;* mais il faut l'expliquer à fond.

La foi, c'est la parole révélatrice de Dieu, nous parlant du mode infini de l'être; c'est aussi la parole de l'Église cautionnée par Dieu. Mais il y a cette différence: la parole positive de Dieu, dite avec une connaissance infinie, est infailliblement vraie sous tous les rapports; elle rayonne en tous sens; la parole négative de l'Église n'est infaillible que dans un sens, celui précisé par elle, elle n'a qu'un rayon; ce rayon seul est l'objet de la foi. Les conclusions tirées par les individus, soit de la parole de Dieu, soit de la parole de l'Église, qui font une grande partie de la pensée chrétienne, ne sont point encore du domaine de la foi, et n'ont point acquis son immutabilité absolue.

La science, ce sont les phénomènes constatés et leurs lois; mais seulement lorsque, par la formule mathématique, ces lois se rattachent à l'unité et participent à la certitude négative. Les hypothèses des savants et leurs conjectures, les systèmes et les faits mal observés, tout cela n'est point encore de la vraie science.

Il y a deux transformations possibles dans la pensée finie de l'homme : d'abord lorsqu'elle renferme une contradiction réelle, un rapport faux, elle peut et doit se transformer par la destruction; mais cette destruction n'est qu'apparente; on ne peut détruire un rapport faux qu'en y substituant un rapport vrai : détruire ainsi, c'est créer. Secondement, toute pensée finie, quoique vraie, peut se transformer en se complétant; une vérité ajoutée à une vérité, sans rien changer à cette vérité, modifie les conclusions qu'on avait d'abord tirées d'elle. La foi et la science peuvent toujours se transformer ainsi, car, en tant que renfermées dans la conscience humaine, qui est finie, elles ne pourront jamais y être à l'état complet, c'est-à-dire infini sous tous les rapports.

Ceci posé, je le déclare, l'objet fondamental de ma foi, c'est l'harmonie éternelle; j'ai en elle une confiance que nul martyre ne saurait ébranler, pas même celui de l'esprit et du cœur; et comme l'harmonie éternelle c'est Dieu, l'article fondamental de ma foi est celui-ci : je crois en Dieu. Il en est qui condamnent la foi, parce qu'ils ne voient pas ses rapports avec la science ; il en est qui condamnent la science, parce qu'ils ne voient pas ses rapports avec la foi. Blasphème des deux parts ! la foi et la science ne sont pas de l'homme, mais de Dieu ; Dieu est descendu lui-même du ciel pour nous apporter la foi, et la science, c'est la pensée que Dieu a de la création ; lorsque l'homme, en la rencontrant, a cru peut-être la créer, elle l'attendait depuis l'éternité. Or, croire que ce qui est de Dieu est inconciliable, c'est blasphémer l'Esprit-Saint qui est harmonie, c'est nier Dieu. Lors même que je ne verrais encore aucun rapport entre les faits les mieux constatés de la science et les dogmes les plus explicites de la foi, je croirais à ces rapports sans les comprendre, je croirais contre toute espérance, parce que je crois en Dieu, qui est l'harmonie éternelle. Désespérer de l'union de la science et de la foi, c'est désespérer de Dieu et s'éloigner à jamais de lui ; penser que la science et la foi sont inconciliables, qu'elles ne pourront se réunir sans se sacrifier l'une ou l'autre, c'est croire à la destruction et à la division, c'est mettre sa confiance dans l'enfer, c'est le commencer dans son cœur. C'est pourquoi je crois que la science et la foi peuvent s'unir et qu'elles le feront ; que ni l'une ni l'autre ne sera sacrifiée dans cette union ; qu'au contraire, c'est en se développant l'une et l'autre continuellement qu'elles s'uniront toujours de plus en plus.

Il est donc évident à tous qu'il n'a pu entrer dans ma pensée d'altérer en quoi que ce soit, ni la foi ni la science que j'aime du même amour que j'ai pour Dieu. Mais il est difficile de déterminer le point où finit la foi et où commence l'opinion. On se trouve souvent dans l'embarras où se trouva sainte Hélène en présence des trois croix dont une seule avait été teinte du sang divin. Bien des auteurs ont cru que le plus sûr était de laisser intact tout ce qui avait la moindre apparence de foi, même cet amas de conclusions et de conjectures que chacun, depuis dix-huit siècles, accumule sur le dépôt divin ; est-ce bien réellement le parti le plus sûr? Sainte Hélène eût-elle rendu un grand service aux hommes en laissant dans le doute la sainteté des trois croix? non, certes, il était d'un haut intérêt pour le monde entier de savoir laquelle il fallait adorer; sainte Hélène a eu le courage de demander un miracle et la foi de l'obtenir, et l'Eglise reconnaissante l'a placée sur ses autels, auprès de cette croix qu'elle lui avait révélée.

Un excès de timidité est plus funeste à la religion que la témérité même; car tant qu'on confondra ce qui ne doit point aller ensemble, l'harmonie sera à jamais impossible, parce que l'éternelle loi des êtres est qu'en tout et partout la distinction doit précéder l'harmonie et le bonheur. C'est dans cette conviction que j'ai marché avec hardiesse : j'ai remué de terribles questions qu'on ne gagnerait rien à laisser dormir; les discussions qu'elles soulèveront peuvent seules faire jaillir la lumière. Si dans une œuvre aussi difficile, le scalpel de mon intelligence a touché quelque chose sainte, son ignorance seule en est la cause; je l'ai fait contre ma volonté la plus formelle, je me condamne et me rétracte d'avance.

Oui, la société souffre horriblement de confusions qui entretiennent de cruelles divisions, confusion de l'esprit et de la matière qui ne savent point distinguer leurs lois respectives; confusion de l'Église et de l'État qui se suspectent et s'oppriment; confusion de la nature et de la grâce, qui n'ont pas la même fin, et qui tendent injustement à se détruire au lieu de s'harmoniser; et toutes ces confusions sont renfermées dans la confusion de la science et de la foi, qui empiètent l'une sur l'autre, et ne se touchent que pour se contredire et se combattre.

Après bien d'autres, je viens de faire un nouvel effort pour établir entre elles une véritable harmonie ; c'est là tout le but de cette œuvre, c'est là toute la pensée de ma vie. Toutefois il est moralement impossible que, remuant tant et de si hautes questions, je n'aie pas commis quelque erreur. La critique, le bon sens et l'autorité dogmatique, si elle s'en occupe, les dévoileront peu à peu.

Nul livre n'est sans erreur, puisqu'une vérité incomplète est erreur en un sens ; nul homme ne peut se vanter d'exprimer une vérité positive (c'est-à-dire non mathématique) d'une manière irréprochable ; la révélation seule, dictée par une intelligence infinie, jouit de cette justesse absolue d'expression, que nous ne comprenons pas entièrement, mais qui se manifeste à nous de plus en plus, à mesure que notre intelligence grandit.

Mais, moins que toute autre, une œuvre philosophique peut espérer d'atteindre à cette justesse absolue. La pensée pure a trois modes de manifestation, la science, la théologie, la philosophie. Il est de la plus haute importance de bien discerner les caractères de ces trois manifestations qu'il serait souverainement injuste de juger avec la même règle.

La théologie, c'est l'expression de la foi. Fondée tout entière sur la parole divine et l'interprétation de l'Église, elle s'enseigne avec autorité.

La science, c'est l'expression de la distinction humaine. Fondée sur les faits, elle se démontre par les mathématiques, qui mesurent le temps et l'espace dont tous les faits matériels ne sont qu'une modification.

La philosophie exprime la lumière ou la conscience humaine; elle est l'effort que fait cette lumière pour se dilater; par elle l'homme essaie d'entrer en jouissance de la foi et de la science, en les ramenant à l'unité; il entreprend de réaliser le progrès auquel la foi l'invite et que la science lui aide à achever; il s'efforce de ravir un des rayons du ciel, de pénétrer dans cette suprême harmonie, qui est la béatitude divine. Cet acte, le plus sublime qui soit de l'esprit humain, est aussi difficile et aussi dangereux qu'élevé; car Dieu seul possède l'harmonie, lui seul pourrait faire une philosophie parfaite. L'homme donc qui s'élance à la découverte de l'inconnu, qui essaie de pénétrer dans ces régions dont il ne connaît pas les pôles, n'a souvent pour se guider que la conjecture, et en même temps qu'il a l'espérance de conquérir de grandes vérités, il risque de tomber dans de profondes erreurs. Aussi l'œuvre philosophique mêlée d'incertitude ne s'enseigne pas avec autorité comme la foi, ne se démontre pas comme la science; elle se propose à la raison, et attend du temps sa confirmation.

Quelque fondés que me paraissent les développements de cette œuvre, je ne me permettrais donc pas d'enseigner comme prêtre ce que je propose comme philosophe. Le prêtre ne devrait jamais donner sous forme d'enseignement que ce qui est revêtu de la certitude de la foi. C'est pourquoi j'ai prévenu le lecteur, dans la préface, que ce titre de prêtre ne devait influer en rien sur sa confiance : si je l'ai décliné, c'est uniquement pour justifier le clergé, en ma personne, de l'accusation qu'on lui fait d'être ennemi des idées et de vouloir étouffer l'intelligence.

La philosophie est la plus précieuse richesse de l'homme : elle est le prélude du ciel, puisqu'elle commence à le mettre en jouissance de la vérité. Par elle il savoure le beau intellectuel, comme par l'art le beau sensible. Celui qui, poussé par l'amour de la vérité et non par l'orgueil, entreprend des recherches philosophiques, est donc comme un conquérant qui essaie d'agrandir le territoire de son pays. Ces trois conquêtes, celle des frontières, celle de l'art, celle de la philosophie, sont accompagnées de dangers : l'artiste risque d'être blessé par la séduction de la matière, le philosophe par l'apparence de la lumière et la perfidie de la logique, le conquérant par le fer de l'ennemi; mais quand le guerrier qui s'est dévoué pour sa patrie ne revient qu'après avoir laissé le plus pur de son sang sur le champ de bataille, insulte-t-on à sa blessure? loin de là, le bon sens public l'environne d'une auréole de gloire. Pourquoi n'en serait-il pas de même du philosophe? ne devrait-on pas le bénir des lumières qu'il a conquises, lui savoir gré même de ses efforts infructueux, et non point vouer toute sa personne à la haine, parce qu'il n'a pas eu autant de succès que de bon vouloir? Malheureusement si la postérité est équitable, les contemporains ne le sont pas toujours.

Il est des temps où la philosophie doit être prudente. Lorsque la société spirituelle, une dans sa pensée, vit dans la paix et l'harmonie, la philosophie doit craindre, par des recherches indiscrètes, de troubler cette paix et de diviser les esprits; dans ces temps-là, les philosophes, repoussés par l'instinct social, sont obligés de se cacher et de former avec leurs disciples des sociétés secrètes. Mais maintenant la division des esprits est au comble, la foi et la science, ou plutôt les hommes de la foi et les hommes de la science sont en guerre ouverte. Dans des temps pareils, la discussion et la hardiesse ne sont pas à craindre, et la philosophie, lorsqu'elle rencontre la vérité, est le seul moyen de rétablir l'harmonie.

Toutefois ce n'est point sans danger que l'on se jette ainsi au milieu de combattants acharnés. Lorsque les Sabines se jetèrent au milieu de leurs frères et de leurs époux, elles fondèrent un grand empire, mais elles risquèrent leur vie.

Bien souvent, hélas! celui qui essaie de concilier les esprits s'expose en même temps aux coups de l'aveugle intolérance et de l'incrédule raillerie, et risque ainsi le repos de toute sa vie; mais il a tenté l'œuvre la plus sublime que puisse tenter le génie de l'homme; et cette pensée doit suffire à le consoler, si le succès ne vient pas le combler de la plus pure de toutes les joies.

Le monde souffre beaucoup aujourd'hui; il souffre dans sa pensée, parce qu'elle est divisée. Il me semble que la charité oblige quiconque croit voir un moyen de conciliation de le proposer, qu'il soit sûr ou non de son effet; c'est ce que j'ai fait dans cette œuvre; et en le faisant, j'ai accompli un devoir de conscience. Si je ne réussis pas, qui voudra me reprocher de l'avoir entrepris? Mais si j'avais pu rapprocher quelques esprits divisés jusque-là, si je pouvais hâter d'un jour l'ère d'une nouvelle paix, oh! je mourrais trop heureux; je descendrais avec délices dans ma tombe, si je voyais luire sur elle un nouveau reflet de l'éternelle harmonie.

FIN.

TABLE

DU TOME DEUXIÈME.

Sceaux. — Impr. de E. Dépée.

www.ingramcontent.com/pod-product-compliance
Ingram Content Group UK Ltd.
Pitfield, Milton Keynes, MK11 3LW, UK
UKHW020424200726
13857UKWH00002B/269